贵州省科技厅、贵州财经大学软科学联合资金项目《贵州科技型中小企业供应链融资模式及信用评价研究》（项目编号：黔科合体 R 字〔2012〕LKC2025 号）

科技型中小企业供应链融资模式及信用评价研究

张　目　孙雅芳　著

科学出版社

北　京

内 容 简 介

本书以供应链融资模式及信用风险为逻辑主线，既吸收国内外供应链融资模式分析及信用风险评价的先进理论与方法，又结合国内供应链融资业务的发展现状及科技型中小企业特点，以科技型中小企业供应链融资模式及信用评价体系为研究对象，较系统地研究了供应链融资模式及其风险、银行与科技型中小企业的演化博弈、利益相关者的收益分配机制、各参与主体之间的委托代理激励机制、供应链融资模式下科技型中小企业信用风险评价指标体系及指标组合赋权方法、供应链融资模式下科技型中小企业信用状态的组合评价模型、供应链融资模式下科技型中小企业信用评价中模糊积分模型的应用等问题。

本书可供管理学、应用经济学等相关学科的高校师生，供应链管理及信用风险管理领域的科研工作者，科技型中小企业管理者，银行金融机构管理者及对科技金融领域感兴趣读者等相关人员阅读参考。

图书在版编目(CIP)数据

科技型中小企业供应链融资模式及信用评价研究 / 张目，孙雅芳著.
—北京：科学出版社，2019.9
ISBN 978-7-03-051045-7

Ⅰ.①科⋯　Ⅱ.①张⋯　②孙⋯　Ⅲ.①高技术企业-中小企业-供应链-融资模式-研究-中国　②高技术企业-中小企业-供应链-信用评级-研究-中国　Ⅳ.①F279.244.4

中国版本图书馆 CIP 数据核字 (2016) 第 303835 号

责任编辑：莫永国 / 责任校对：彭　映
责任印制：罗　科 / 封面设计：墨创文化

科学出版社 出版
北京东黄城根北街16号
邮政编码：100717
http://www.sciencep.com
四川煤田地质制图印刷厂印刷
科学出版社发行　各地新华书店经销

*

2019 年 9 月第 一 版　　开本：787×1092 1/16
2019 年 9 月第一次印刷　　印张：9.75
字数：260 000

定价：99.00 元
(如有印装质量问题，我社负责调换)

前　　言

科技型中小企业是我国中小企业队伍中的一支新生力量。科技型中小企业以其自身所特有的创新性和高成长性，对提高我国的科技水平和创新能力发挥着战略性的作用，已成为推动我国社会经济发展的重要力量。然而，由于信息不对称、担保能力弱、经营风险高导致科技型中小企业融资难、融资贵等问题。供应链融资作为一种能实现多方共赢的新型融资方式，从供应链的角度评估中小企业的信用风险，注重供应链的稳定性、贸易背景的可靠性，是解决中小企业融资难问题的有效途径。融合科技型中小企业的发展特征，对供应链融资模式、供应链融资模式下科技型中小企业信用评价体系进行研究，对进一步加大对科技型中小企业的信贷支持力度、促进科技和金融结合、推进自主创新具有重要的理论意义和现实意义。

本书以供应链融资模式及信用风险为逻辑主线，既吸收国内外供应链融资模式分析及信用风险评价的先进理论与方法，又结合国内供应链融资业务的发展现状及科技型中小企业特点，以科技型中小企业供应链融资模式及信用评价体系为研究对象，较系统地研究了供应链融资模式及其风险、银行与科技型中小企业的演化博弈、利益相关者的收益分配机制、各参与主体之间的委托代理激励机制、供应链融资模式下科技型中小企业信用风险评价指标体系及指标组合赋权方法、供应链融资模式下科技型中小企业信用状态的组合评价模型、供应链融资模式下科技型中小企业信用评价中模糊积分模型的应用等问题。

本书在演化博弈分析中，考虑了科技型中小企业的技术创新风险，体现了科技型中小企业的特征；在收益分配机制研究中，提出风险调整的 Shapley 值，体现了"贡献优先，兼顾风险"的收益分配原则；在委托代理激励机制研究中，得出银行对科技型中小企业、银行对物流企业的最优激励合约安排；在信用风险评价指标体系中引入技术创新能力等指标，突出了科技型中小企业特点；在指标赋权中，引入基于相对熵的组合赋权法，更好地兼顾了主观偏好和客观信息；在信用评价方法上，采用模糊综合评价法、模糊积分等不确定多属性综合评价方法，体现了信用评价的模糊性或指标之间的交互性；同时，引入组合评价法，提高了综合评价的全面性、科学性和合理性。本书注重理论联系实际，对各种理论和方法的原理只作简要介绍，对分析和计算步骤的介绍则力求详尽，突出了实用性和可操作性。本书集中体现了博弈论与信息经济学、多属性综合评价方法在供应链融资领域的应用，内容新颖、丰富，可为学界后续研究和业界实际操作提供参考。

本书在撰写过程中，研究生孙雅芳参与完成了第 3、12 章，研究生朱海参与完成了第 11 章，本科生张桃花参与完成了第 10 章，研究生梁舸霈、张裕、王露阳做了大量的基础性工作，科学出版社对本书的编写和出版给予了大力支持，莫永国编辑为本书做了大量的组织工作，在此一并表示感谢！由于作者水平有限，书中难免出现疏漏和不足，希望广大读者提出宝贵意见，以便进一步修改完善。

2019 年 4 月于贵阳

目　　录

第1章 绪 论

1.1 研究背景、意义及目的

科技型中小企业是指拥有一定科技人员,掌握自主知识产权、专有技术或先进知识,通过科技投入开展创新活动,提供产品或服务的中小企业[《天津市科技型中小企业认定管理办法(试行)》(津科计[2010]196 号)]。自 20 世纪 80 年代以来,以高新技术为基础的科技型中小企业的发展一直是各国政府和理论界关注的重点。国外科技型中小企业的迅速发展,特别是美国硅谷的成功实践表明,科技型中小企业是各国发展和建立国家创新高新技术体系的重要主体。在我国,科技型中小企业是中小企业队伍中的一支新生力量。科技型中小企业以其自身所特有的创新性和高成长性,对提高我国的科技水平和创新能力发挥着战略性的作用,已成为推动我国社会经济发展的重要力量。

长期以来,在国务院和各部门、各地方的大力支持下,科技型中小企业取得了长足发展。但是,我国科技型中小企业仍然面临创新能力有待加强、创业环境有待优化、服务体系有待完善、融资渠道有待拓宽等问题。由于信息不对称、担保能力弱、经营风险高(经营风险高是指科技成果转化为产品的不确定性,产品市场表现的不确定性)导致科技型中小企业融资难、融资贵。当前我国科技型中小企业融资难问题仍十分突出,具体表现在:①直接融资渠道偏窄;②间接融资渠道受限;③无法满足资金特性需求。为缓解科技型中小企业融资难问题,科学技术部等八部委在《关于促进科技和金融结合加快实施自主创新战略的若干意见》(国科发财〔2011〕540 号)中提出了"鼓励商业银行先行先试,积极探索,进行科技型中小企业贷款模式、产品和服务创新"的政策意见。科技部在《科技部关于进一步推动科技型中小企业创新发展的若干意见》(国科发高〔2015〕3 号)中提出了"引导金融机构面向科技型中小企业开展服务创新,拓宽融资渠道"的政策意见。国务院在《国务院关于强化实施创新驱动发展战略进一步推进大众创业万众创新深入发展的意见》(国发〔2017〕37 号)中提出了"完善债权、股权等融资服务机制,为科技型中小企业提供覆盖全生命周期的投融资服务"的政策意见。由此可见,扩大信贷支持力度仍然是缓解科技型中小企业融资难问题的重要手段。

供应链融资是把供应链上的核心企业及其相关的上下游配套企业作为一个整体,根据供应链中企业的交易关系和行业特点制定基于货权及现金流控制的整体金融解决方案的一种融资模式。作为一种能实现多方共赢的新型融资方式,供应链融资从供应链的角度评估中小企业的信用风险,注重供应链的稳定性、贸易背景的可靠性,它是解决中小企业融资难问题的有效途径。目前,供应链融资主要包括应收账款融资、存货质押融资、预付款融资三类业务模式。

本书将融合科技型中小企业的发展特征,对供应链融资模式及其演化稳定策略、收益分配机制和激励机制、供应链融资下科技型中小企业信用评价指标体系和综合评价模型等问题展开系统研究。本书的研究将拓展供应链融资理论和信用风险管理理论的研究领域，对进一步加大对科技型中小企业的信贷支持力度、促进科技和金融结合、推进自主创新具有重要的理论意义和现实意义。

1.2　国内外研究现状及评述

1.2.1　国外相关研究

供应链融资业务的发展大致经历了四个历史阶段：以票据贴现为代表的起步阶段、以贸易融资为代表的初级阶段、以供应链融资为代表的中级阶段和以互联网供应链融资为代表的高级阶段(雷蕾和史金召，2014)。

随着供应链融资业务实践的不断发展，国外对供应链融资的概念与理论的研究日趋成熟。Sidney(2002)探讨了美国联合包裹服务公司(United Parcel Service，UPS)资本如何利用其母公司的航运、物流和仓储业务优势来开展供应链融资。Buzacott和Zhang(2004)在库存管理中首次尝试将资产融资纳入生产决策过程。他们认为，初创企业的成长能力主要受限于有限资本和对银行融资的依赖。Buzacott和Zhang(2004)的模型论证了在初创企业中联合考虑生产和融资决策的重要性，并通过考察一家银行和一组零售商在"报童环境"中的决策来解释资产融资的动机。Berger和Udell(2004)提出了一个更完整的中小企业信贷可得性问题分析概念框架。在这个框架中，贷款技术是政府政策和国家金融结构影响信贷可得性的关键渠道，供应链融资则是重要的贷款技术之一。David(2005)根据全球商业智能，提供了2005年供应链融资新趋势的信息，涉及采购订单的发行、买方支持计划的实施、商业物流中供应商管理库存的使用。Lamoureux(2007)在总结前人研究的基础上，对供应链金融的概念做了重新定义。他认为，供应链金融是在以核心企业为主导的企业生态圈中，对资金的可得性和成本进行系统优化的过程。Srinivasa Raghavana和Mishra(2011)考虑一个由单一零售商和制造商组成的两级供应链，两个企业都面临着财务约束，无法生产/订购最优数量。其研究结果表明，为制造商融资的贷款人也有为零售商融资的动机，如果供应链中有一家公司的现金足够低，那么联合决策(供应链融资)不仅对贷方有利，对零售商和制造商也有利。

在供应链融资的概念与理论研究日趋成熟的同时，国外对供应链融资模式及信用风险的相关研究也逐渐丰富起来。

1)供应链融资模式相关研究

(1)在应收账款融资模式方面。Saulnier和Jacoby(1943)总结了美国20世纪40年代应收账款融资(主要指票据贴现业务，无供应链特征)的发展情况。Koch(1948)首次对存货融资和应收账款融资展开了研究。Klapper(2004)详细阐述了反向保理的机制。他认为，与普通保理不同，在反向保理模式中，保理公司选择信用良好的企业作为核心企业，与核心企业签署合作协议，对其供应商提供保理融资服务。Klapper(2006)认为，保理的独特之处在于，贷方提供的信贷与供应商应收账款的价值明确相关，而不是供应商的整体信誉。因此，保理允许高风险供应商将其信贷风险转移给高质量的买家。在司法执行力较弱、支持优先权主张的记录不完善的国家，保理可能特别有用，因为应收账款是出售的，而不是抵押的，而且贴现应收账款不是破产中小企业的财产的一部分。Beck和 Demirguc-Kunt（2006）认为，金融和机构发展有助于缓解中小企业的增长限制，增加其获得外部融资的机会，从而在不同规模的企业之间建立公平的竞争环境。租赁和保理等具体融资工具可以有助于促进融资渠道的拓宽，即使缺少发达的机构、信用信息共享系统和更具竞争力的银行结构。Tsai（2008）以计划期内各期间的现金流入、流出及净流量的标准差为衡量标准，建立企业的供应链现金流量风险模型。Tsai 建议采用应收账款为标的来发行资产支持证券的方法，缩短现金转换周期、降低现金流风险。Iacono 等（2015）研究表明，竞争、利率、应收账款数量和公司的营运资本目标是决定直接收益的关键市场因素，反向保理可以为所有供应链参与者带来直接收益，但这些收益对市场条件非常敏感。Liebl 等（2016）认为，供应链反向保理的目标包括：延长应付账款周转天数、降低供应商违约风险和简化流程。整合供应商的数量、供应商对其买方的依赖性、内部再融资和反向保理成本之间的差异以及目标协议的多样性，都强烈影响着这些目标，从而影响反向保理解决方案的结构。

（2）在存货质押融资模式方面。Koch（1948）首次对存货融资和应收账款融资展开了研究。随后，Sutkowski（1963）对《统一商法典》（Uniform Commerical Code，UCC）下的存货融资模式进行了研究。Eisenstadt（1966）对金融公司开展仓单贷款的方法进行了分析。Wessman（1990）则对买价存货融资模式进行了分析，并给出一个有限交叉抵押的案例。Hofmann（2009）首次从物流服务供应商（logistics service provider，LSP）的角度探讨了供应链中存货融资的重要性。Hofmann 认为，由于这一领域的活动可能提供额外的利润和差异化选择，因此物流服务提供商的决策者可能希望估计其服务目录扩展的潜力。

（3）在预付款融资模式方面。Hartley-Urquhart（2000）提出了预付款融资模式和供应链融资系统的设计理念，并于 2000 年获得相关专利。在其提出的预付款融资模式中，金融机构、供应商和零售商在数据库层面共享订单信息；金融机构基于订单信息为零售商提供融资完成提前采购；融资到期时，零售商将所得销售货款与银行进行结算。Fenmore（2004）对一种新兴的物流金融业务——订单融资进行了模式分析。Basu 和 Nair（2012）探讨了电子商务环境下的预付款融资模式，指出通过预付融资订货可有效解决物流的滞后性，释放 B2B 物流中受到限制的价值。

2）供应链融资信用风险相关研究

目前，国外关于供应链融资信用风险的相关研究主要集中于质押物信用质量、质押率、风险迁移、风险评估等几个方面。

Sopranzetti（1998）认为，当一个保理不能在卖方的事后信用管理水平上达成契约时，就会产生道德风险问题。他利用新的保理数据对均衡保理合约的结构进行了实证检验，检验结果发现，卖方应收账款池的信用质量和卖方破产的可能性都对卖方的追索权保理倾向产生了负面影响。

Sopranzetti（1999）认为，受到迈尔斯投资不足问题困扰的公司可以通过出售高信用质量的应收账款来减轻投资不足的严重性。Sopranzetti(1999)建立的模型解决了应收账款信用质量的临界点水平,并论证了该临界点是企业债务风险的增函数;该模型的预测对保理和应收证券化合约的属性具有广泛的涵义。

Li 等(2006)确定适当的商品抵押物贷款价值比,可以有效地降低银行存货融资的信用风险。基于约简方法,Li 等(2006)建立了贷款价值比确定的基本模型。在该模型中,综合考虑了外生违约概率、商品担保品价格波动性、贷款的市场化频率和到期时间等因素,银行可以确定具体存货融资业务的适当贷款价值比,以保持风险承担水平的一致性。

Qin 和 Ding(2011)构建了供应链融资风险-信息迁移模型,该模型讨论了企业面临现金约束时采用存货融资的前提条件。Qin 和 Ding(2011)利用 Matlab 软件对供应链整体运行和银行行为进行了模拟,模拟结果表明,当贷款条件满足时,总风险值降低;风险迁移发生在融资过程中,在此过程中,信息-风险比例更为合理。

Zhao 等(2015)探讨了来自外部资源的金融大数据集在改善金融机构对供应链融资客户经营失败的可预测性中的可能应用。此外,Zhao 等(2015)还对基于纳税行为、纳税额、企业和行业特征的融资客户风险评估进行了重点研究。

1.2.2　国内相关研究

1)供应链融资模式相关研究

国内对供应链融资模式的相关研究主要从供应链融资模式分析、供应链融资模式创新、互联网供应链融资模式分析、供应链融资模式的应用等几个方面展开。

(1)供应链融资模式分析。对应收账款融资模式、存货质押融资模式、预付款融资模式等主要业务模式进行分析,有助于完善供应链融资模式。罗齐等(2002)提出了一种推动质押贷款,促进中小企业发展的融通仓模式,并分析了融通仓获得金融机构的授信额度和成立独特的信用担保体系两种运作模式。杨绍辉(2005)分别讨论供应链融资服务与企业现金流管理的财务关系、应收账款融资服务和存货融资服务的业务操作模式和产品设计。冯耕中(2007)从法律特性、核心思想、业务模式和未来发展几个方面对物流金融做出分析和讨论。闫俊宏和许祥秦(2007)基于供应链金融的核心理念及特点,针对应收款、预付款和存货分别设计了应收账款融资、保兑仓融资和融通仓融资等三种基本融资模式。李毅学等(2007)在深入剖析物流金融的基本结构后,将物流金融的各种业务归纳为应收账款融资、订单融资和存货质押融资三种基本形式。李瑞(2010)从供应链融资的概念和特点入手,总结了供应链融资的主要运作模式。他认为基于特定环节的融资方案有基于应收账款的融资方案和基于库存商品的融资方案。李霞(2010)提出了供应链融资的概念,并对保兑仓融资模式、融通仓融资模式和应收账款融资模式等中小企业供应链融资的主要模式进行了比较分析。李艳华(2012)对供应链金融的内涵以及功能进行简单描述,对其潜在的风险进行总结,并分析了三种融资模式。阮平南和张文婧(2012)分析了供应链金融业务中的应收账款融资模式,并建立了应收账款融资模式定价博弈模型,得到影响供应链金融体系效益最大化的因素。谢世清和何彬(2013)分析了以美国联合包裹服务公司(United Parcel Service，UPS)为代表的物流企业主导模式、以通用电气信用公司(General Electric Credit Company，GECC)为代表的企业集团合作模式、以渣打银行(Standard Chartered Bank，SCB)为代表的商业银行服务模式，并对这三种模式进行了比较分析。王芬和苏丹(2014)在分析物流金融与供应链金融区别的基础上，分析了中小企业供应链金融的主要模式，提出了中小企业供应链金融组织模式的创新关键。刘园等(2016)从中小企业供应链融资模式及其风险管理角度对中小企业供应链融资的三种业务模式进行分析，并运用模糊综合评价法对中小企业供应链融资风险进行综合评价。

(2)供应链融资模式创新。对应收账款融资模式、存货质押融资模式、预付款融资模式等主要业务模式进行创新探索，有助于供应链融资模式的发展。赵道致和白马鹏(2008)以加速中小型物流企业的资金周转和费用结算为研究目标，提出了一种基于应收票据管理的物流金融创新模式(即，NRF-LC 服务模式)。邵娴(2013)提出了一种以"菜篮子"工程中的中心批发市场为核心发展农业供应链金融的新模式。李蜀湘和颜浩龙(2014)提出了"农户+政府组织+龙头企业+金融机构"的农产品供应链金融模式。唐中君等(2016)将电影产业链中的发行商作为供应链融资的核心企业，提出了发行商完片担保供应链融资模式，并从多个维度对保险公司完片担保供应链融资模式和发行商完片担保供应链融资模式进行了对比分析。邹宗峰等(2016)研究了"数据质押"这一新型供应链融资模式，界定了数据质押的概念内涵，建立了协同运作模型，介绍了主要融资步骤。高凡雅和王喜(2016)构建了"三流一池"融合的"块状"中小企业集群供应链融资模式。杨斌等(2016)提出了一种新型的"供应商回购"供应链金融模式，建立了包含供应商、零售商和银行的 Stackelberg 三方博弈模型，并求解出最优边界。顾婧等(2017)针对现有供应链金融模式在运作效率、信息沟通以及风险控制等方面的不足，提出了中小企业供应链金融新模式。宋华和卢强(2017)以创捷供应链有限公司为例，对基于虚拟产业集群的供应链金融创新进行了深入探索与分析，并构建了虚拟产业集群中供应链金融创新路径的理论框架与模型。

(3)互联网供应链融资模式分析。互联网供应链融资是"互联网+"与"供应链融资"相融合的产物，是利用了互联网 IT 技术从而具备高度线上化、自动化特性，并且在市场结构、交易结构、运营方式、风控技术等方面得以创新的金融服务。近年来，国内学者对互联网供应链融资模式的分析研究日益丰富。屠建平和杨雪(2013)对电子商务平台下供应链金融的四种模式与传统的融资模式进行了对比分析，并运用平衡积分卡构建了电子商务平台绩效评价指标体系，采用双模糊模型对其进行简要的评价。郭菊娥等(2014)运用理论研究和对比研究等方法，对线上供应链金融的模式演进与风险要素进行了深入分析。汪传雷和王栋梓(2014)基于电子商务平台和物流服务商交互配合作用，通过分析淮矿物流"平台+基地"供应链金融运作模式，研究企业如何通过构建"平台+基地"模式实现物流、信息流和资金流的同步协调。杨光等(2015)首先分析了电商购物节环境下的供应链金融模式类别，进而分析了电商购物节环境下开展供应链金融的风险，并提出了相应的风险管控对策。徐鲲等(2016)以第四方物流双边平台下供应链融资模式为研究对象，采用合作博弈理论中的夏普利值法对供应链融资的收益进行分配。刘斌和胡莎(2016)研究了互联网背景下供应链融资模式的创新，并从供应链融资困境出发，阐述了互联网对传统供应链金融的影响。李小金和胡雯莉(2017)基于银行与 B2B 电商竞争与合作关系将供应链金融分为联合授信、单独授信、委托授信三种模式，详细分析各模式的一般性操作流程，并将国内实践与之进行分类对接。于辉等(2017)从供应链金融的视角出发，研究了银行借贷和电商借贷两种模式，构建了供应商通过订单作为抵押向电商平台融资的两方博弈批发价契约模型。

(4)供应链融资模式的应用。对应收账款融资模式、存货质押融资模式、预付款融资模式等主要业务模式在不同行业中的应用进行探讨，有助于供应链融资模式的推广。刘圻等(2011)基于整个农业产供销链条中不同环节的农产品特征及资金需求特征，针对性地对农业核心企业上下游的中小农业企业开发设计相适应的供应链融资产品。彭磊和郑晗(2011)探讨预付账款融资模式、动产及货权质押融资模式、回购担保融资业务等供应链融资模式，为汽车行业各企业成功融资提供参考。陶永宏和宋玉(2012)探讨了以造船业为核心企业针对供应商的应收款融资，以供应商为核心的针对造船业授信的预付款融资，造船企业自身可以应用的存货融资模式。张智勇等(2013)阐述供应链金融的两种主要形式在集中采购模式中的应用，为缓解我国中小医药生产企业融资困难问题提供参考。周良凤和蒲艳萍(2014)对采购链融资模式(订单融资)、生产链融资模式(动产质押融资)、销售链融资模式(应收账款融资)等供应链融资模式在中小型农业企业中的应用进行了分析。杨光和谢家平(2016)分别从供应商和经销商的角度提出了新能源汽车供应链金融模式，并对存在的供应链金融风险进行了分析。卢慧芳和董国姝(2016)为充分满足新能源汽车产业的融资需求，结合供应链融资的理论与实践，提出了预付款即保兑仓融资、应收账款融资、私募股权基金融资和融资租赁公司融资等融资模式。袁姣等(2017)对广东银行在线结算模式、重庆医保基金预付模式和浙江综合模式进行分析，初步将金融领域的供应链融资方式(应收账款融资、存货质押融资、预付款融资)应用到我国药品集中采购的药款结算中。

2) 供应链融资信用风险相关研究

国内对供应链融资信用风险的相关研究主要从供应链融资企业信用评价指标体系、供应链融资企业信用评价方法等几个方面展开。

(1)供应链融资企业信用评价指标体系。建立完善的供应链融资企业信用评价指标体系，是科学评价供应链融资企业信用状态的基础性工作。白少布(2009)根据供应链融资业务特性以及影响融资企业信用风险的供应链要素或绩效，提出了以融资企业本身的信用风险评价子体系、核心企业信用风险评价子体系、融资企业贸易项目风险子体系以及贸易供应链绩效评价子体系组成的面向供应链融资企业信用风险评价指标体系。许圣道和程少卿(2011)从供应链融资整体或核心企业入手，对其信用进行评价；同时从供应链融资内部企业的相互关联入手，采用订货量、产品竞争力、协调性和合作效率等指标完善供应链融资中的中小企业信用评价指标体系。夏立明等(2011)根据供应链金融的业务特性，提出了以融资主体信用风险评价、融资债项信用风险评价、宏观环境风险评价三个子评价体系组成的基于供应链金融的中小企业信用风险评价指标体系。陈长彬和盛鑫

(2013)通过分析影响供应链金融信用风险的各种因素，并根据 3C 理论，选择供应链金融的信用风险评价指标，构建供应链金融的信用风险评价体系。刘云枫和王海燕(2013)从银行角度出发，根据供应链融资的业务特点以及融资过程中可能出现的风险点，提出了中小企业信用风险的评估体系。鲍彬彬和邵俊岗(2014)筛选出影响中小企业供应链融资风险的指标因素，建立了包括融资企业资质指标、核心企业资质指标、供应链运行状况指标、融资项下交易资产质量指标四个评价指标在内的评估体系。罗勇和陈治亚(2015)基于模糊综合法构建了由客户企业信用、供应链信用和客户企业所在地信用状况等 3 个一级指标构成的供应链金融客户信用评价指标体系。田美玉和何文玉(2016)从中小企业综合实力、核心企业资信状况、融资项的资产状况、供应链关系状况及宏观经济环境五个方面初步构建了供应链金融融资模式下中小企业信用风险评估指标体系。吴晶妹和赵睿(2017)应用三维信用评价指标体系对供应链融资模式中的中小企业信用评价体系进行了改良。

(2) 供应链融资企业信用评价方法。运用合理的供应链融资企业信用评价方法，是科学评价供应链融资企业信用状态的关键性工作。目前，国内学者采用的供应链融资企业信用评价方法主要有 Logistic 模型、模糊数学方法、灰色系统理论、神经网络、支持向量机、其他方法等。

①Logistic 模型。熊熊等(2009)研究了供应链金融模式下的信用风险评价问题，提出了考虑主体评级和债项评级的信用风险评价体系，用主成分分析法(principal components analysis，PCA)和 Logistic 回归方法建立信用风险评价模型。白少布(2010)采用有序多分类 logistic 模型建立了企业供应链融资信用违约概率模型，并提出了不同等级的信用违约概率估计方法；基于违约贡献度，建立了企业信用违约风险预警模型，设计并详细说明了风险预警流程。贝一辉等(2012)利用主成分分析法和 Logistic 回归分析进行供应链金融模式下汽车制造企业的信用评价。刘远亮和高书丽(2013)用主成分分析法和 Logistic 回归方法建立了供应链金融模式下的小企业信用风险识别模型。李晓宇和张鹏杰(2014)从融资企业、核心企业、第三方企业以及外部风险 4 个方面对商业银行供应链融资风险进行评价研究，提出了基于 Logistic 分析的商业银行信用风险评价模型，对商业银行在供应链融资过程中的违约概率进行预测。逯宇铎和金艳玲(2016)通过对汽车行业上市的中小企业数据进行实证分析，用 Lasso-logistic 模型筛选出 16 个对供应链金融信用风险有显著影响的变量，同时进行参数估计。杨军和房姿含(2017)在供应链金融视角下分析了三种典型农业中小企业融资模式，构建 Logistic 模型，以农业类中小企业为例，利用因子分析方法对供应链金融信用风险进行有效预测。

②模糊数学方法。孔媛媛等(2010)在分析供应链金融模式的信用风险评价体系的基础上，结合模糊集和影响图理论建立了模糊影响图评价模型，对评估中难以量化的问题进行模糊处理，对变量之间的模糊影响关系进行分析，最后计算出信用风险概率分布。张涛和李丽娜(2011)考虑中小企业自身的特点和所处整个供应链的水平，建立基于供应链融资的中小企业信用评价指标体系，并采用基于层次分析法(analytic hierarchy process，AHP)和熵值法的模糊综合评价法进行信用评价。刘长义和孙刚(2011)提出供应链金融模式下信用评价指标体系建立的准则，构建了信用评价指标体系，并建立了基于

聚类分析和模糊可拓层次分析法的信用评价模型。白少布(2011)建立了供应链融资企业信用水平评价指标体系,构造了评价指标的重合区间隶属度函数和隶属度向量,针对供应链融资企业信用水平,提出了阀值模糊评价、隶属度向量模糊评价以及典型模糊综合评价方法。夏立明等(2013)构建了基于时间维的供应链金融视角下中小企业信用风险评价模型,在各个时间点上选用微粒群算法和模糊综合评价方法对其进行信用风险评价。刘园等(2016)从中小企业供应链融资模式及其风险管理角度对中小企业供应链融资的三种业务模式进行分析,并运用模糊综合评价法对中小企业供应链融资风险进行综合评价。

③灰色系统理论。李勤和龚科(2014)研究了供应链金融模式下中小企业的信用风险,构建出主体评级与债项评级相结合的评价体系,运用层次分析法和灰色综合评价法,通过实例比较供应链金融与传统商业信贷模式下中小企业的信用水平,结果表明供应链金融在一定程度上缓解了中小企业的融资困境。刘艳春和崔永生(2016)在供应链视角下,对中小企业信贷风险中财务和非财务指标同时进行衡量,建立了一套中小企业信用风险评价指标体系,采用探索性因子分析和结构方程模型的验证性分析方法建立了供应链下的中小企业信用风险评价模型;进一步通过结构方程各观测变量指标的标准化回归系数,计算和确定评价指标的权重矩阵;运用灰色综合评价方法对供应链下的中小企业信用风险进行了评估。

④神经网络。杜跃平和任宇哲(2013)通过建立 BP 神经网络供应链融资客观信用风险评价模型,并且运用"3σ 准则"做出初始信用风险评价,规避评价主体对样本信用评价的主观偏差。范黎波等(2014)在供应链金融模式中引入了神经模糊系统,构建了我国中小企业信用风险评级的神经模糊模型。吴屏等(2015)结合供应链金融的信用风险因素和线上独有的特性归纳了 30 个线上供应链金融信用风险因子,并运用 SPSS 软件中的神经网络分析工具构建了风险评估模型。

⑤支持向量机。胡海青等(2011)提出了综合考虑核心企业资信状况及供应链关系状况的信用风险评估指标体系,运用机器学习的方法支持向量机(support vector machine,SVM)建立供应链金融信用风险评估模型。胡海青等(2012)从供应链金融的视角,提出了新的中小企业信用风险评估指标体系,运用机器学习的方法 SVM 建立信用风险评估模型,并与 BP 神经网络算法进行了实证对比。胡莲和胡波(2014)结合模糊积分和支持向量机理论,建立了模糊积分 SVM 集成的供应链金融信用风险评估模型。胡莲(2014)采用 SVM 方法对信用风险数据进行分类学习,建立基学习器;接着通过 AdaBoost 集成算法对基学习器迭代训练,生成最终的供应链金融信用风险评估模型。

⑥其他方法。供应链融资企业信用评价的其他方法包括:决策树、信用计量(CreditMetrics)模型、熵值法、网络分析法(analytic network process,ANP)、贝叶斯分类法、模糊 TOPSIS(technique for order preference by similarity to an ideal solution,TOPSIS)法等。

王琪(2010)结合供应链金融的特点,建立基于决策树的供应链金融模式信用风险评估体系。牛晓健等(2012)借鉴 CreditMetrics 模型的思路,通过实地调研国内 S 银行 2009~2011 年开展汽车行业供应链融资的真实交易数据,计算了供应链融资的风险转移矩阵，结合供应链融资的特点对我国商业银行开展的供应链融资进行量化风险测度。龙云飞(2013)通过分析中小企业供应链融资信用风险的影响因素，并建立指标体系，运用熵值客观赋权的方法对供应链融资进行信用风险评价。杨怀珍等(2014)构建了供应链融资企业信用风险评价指标体系，针对指标体系内不完全独立指标之间相互影响的关系，建立供应链融资企业信用风险评价的 ANP 模型。牟伟明(2014)介绍了供应链融资模式及其运作机理，并以贝叶斯分类法建立关于中小企业供应链融资信用风险的评价模型。周文坤和王成付(2015)运用数据包络分析(data envelopment analysis，DEA)、AHP 和基于左右得分的模糊 TOPSIS 相结合的评价方法对中小企业在供应链融资中的信用风险进行评价。

1.2.3 简要评述

随着供应链融资业务实践的不断发展，国外对供应链融资的概念与理论的研究日趋成熟。与此同时，对供应链融资模式及信用风险的相关研究也逐渐丰富起来。在供应链融资模式相关研究中，对应收账款融资模式的研究较多，对存货质押融资模式和预付款融资模式的研究相对较少，这与供应链融资业务的发展实际相符。目前，国外关于供应链融资信用风险的相关研究主要集中于质押物信用质量、质押率、风险迁移、风险评估等几个方面。由于供应链融资模式大多存在质押物，因此国外研究更多关注质押物信用质量和质押率问题。

国内对供应链融资模式的相关研究主要从供应链融资模式分析、供应链融资模式创新、互联网供应链融资模式分析、供应链融资模式的应用等几个方面展开。其中，供应链融资模式创新和互联网供应链融资模式是本领域未来的发展方向。国内对供应链融资信用风险的相关研究主要从供应链融资企业信用评价指标体系、供应链融资企业信用评价方法等几个方面展开。在供应链融资企业信用评价指标体系构建中，融资企业资质、核心企业资质、供应链运行状况、融资项下交易资产质量、宏观经济环境等是学者们重点考虑的指标。目前，国内学者采用的供应链融资企业信用评价方法主要有 Logistic 模型、模糊数学方法、灰色系统理论、神经网络、支持向量机、其他方法等。其中，多元统计分析方法中的 Logistic 模型、模糊数学方法和人工智能方法中的神经网络、支持向量机得到了较多的应用。

综上所述，国内外关于供应链融资模式、供应链融资信用风险等问题的相关研究成果，对本书理解供应链融资模式运作机理、供应链融资中各参与主体之间的博弈关系、供应链融资中的激励问题等提供了有益的借鉴；其中一些好的理论和方法，也为本书建立供应链融资企业信用评价体系提供了较好的研究基础。但是，目前国内外相关研究主要是针对一般中小企业的，对于科技型中小企业，则需要考虑其发展特征(如技术创新能力、成长性等)。本书将融合科技型中小企业的发展特征，较系统地分析供应链融资模式及其演化稳定策略、收益分配机制和激励机制，探索建立供应链融资模式下科技型中小企业信用评价指标体系，并在此基础上提出供应链融资模式下科技型中小企业信用评价的一类新方法。

1.3　研究内容与技术路线

1) 研究内容

作为一种能实现多方共赢的新型融资方式，供应链融资从供应链的角度评估科技型中小企业的信用风险，注重供应链的稳定性、贸易背景的可靠性，它是解决科技型中小企业融资难问题的有效途径。本书的主要研究内容概括如下。

（1）在对供应链融资的概念、特点及三种主要运作模式进行概述的基础上，重点剖析了应收账款融资模式、存货质押融资模式、预付款融资模式的运行流程及其面临的信用风险、债项风险、操作风险和法律风险。

（2）在存货质押融资模式下，运用有限理性的生物演化博弈理论，对银行与科技型中小企业两类群体的行为特点和演化发展过程进行综合分析，探讨银行和科技型中小企业在借贷过程中行为的变化轨迹并得出最终的演化稳定策略，以达到长期稳定的信贷合作关系。

（3）引入局中人 i 按边际贡献分配的收益权重 w_1 和局中人 i 按风险分担比例分配的收益权重 w_2，提出风险调整的 Shapley 值；进而构建存货质押融资模式下银行、科技型中小企业、核心企业与第三方物流企业等利益相关者的收益分配模型；并通过数值分析，演示最佳收益分配方案的确定过程。

（4）引入 Holmstrom 和 Milgrom 的多任务委托代理理论，构建应收账款质押融资中银行与科技型中小企业的多任务委托代理模型，在科技型中小企业两项任务努力的成本函数相互独立和相互依存两种情形下，分别探讨银行对科技型中小企业的激励机制设计问题，以期得出最优激励合约安排。

（5）以 Holmstrom 和 Milgrom 的多任务委托代理模型为基础，构建存货质押融资中银行与物流企业的多任务委托代理模型，并运用于对物流企业激励问题的分析，期望得出在此条件下的最优激励合约安排，从而为建立健全存货质押融资中银行对物流企业的激励机制提供理论依据。

（6）根据应收账款质押融资的内涵及业务流程，对应收账款质押融资的主要风险来源进行分析；在此基础上，结合科技型中小企业特点，遵循评价指标的选取原则，构建应收账款质押融资模式下科技型中小企业信用风险评价指标体系。

（7）根据存货质押融资的内涵及业务流程，对存货质押融资的主要风险来源进行分析；在此基础上，结合科技型中小企业特点，遵循评价指标的选取原则，构建存货质押融资模式下科技型中小企业信用风险评价指标体系。

（8）根据预付款融资的内涵及业务流程，对预付款融资的主要风险来源进行分析；在此基础上，结合科技型中小企业特点，遵循评价指标的选取原则，构建预付款融资模式下科技型中小企业信用风险评价指标体系。

（9）在对存货质押融资业务模式及风险来源进行分析的基础上，构建存货质押融资模式下科技型中小企业信用评价指标体系；运用主成分分析法构建存货质押融资模式下科技型中小企业信用评价模型；并以 24 家中小板上市公司为样本，运用该模型进行算例分析。

（10）考虑到主客观赋权法各有优缺点，分别采用主观赋权法中的层次分析法和客观赋权法中的熵权法（entropy weight method，EWM）对存货质押融资模式下科技型中小企业信用评价指标进行赋权；并运用基于相对熵的组合赋权法综合主、客观赋权结果，从而实现指标的组合赋权。

（11）根据模糊综合评价原理，构建存货质押融资模式下科技型中小企业信用状态的模糊综合评价模型。其中，选用正态隶属函数来确定因素集中的每个因素隶属于每个备择元素的隶属度；采用基于相对熵的组合赋权法来确定指标权重。以 24 家中小板上市公司为样本，运用该模型进行了算例分析。

（12）利用模糊 Borda 法对主成分分析法和模糊综合评价法这两种单一方法的评价结果进行组合，得出组合评价结果，从而构建基于模糊 Borda 法的存货质押融资模式下科技型中小企业信用状态的组合评价模型。以 24 家中小板上市公司为样本，运用该模型进行了算例分析。

（13）引入信息集成能力较强的 Choquet 模糊积分，构建存货质押融资模式下科技型中小企业信用评价的模糊积分模型。其中，模糊测度选用能够较好解决复杂性和表现能力之间矛盾的 2-可加模糊测度；指标权重采用基于相对熵的组合赋权法确定；指标间的交互关系和交互度由专家确定。以中小板中的科技类上市公司为样本，运用该模型进行了算例分析。

2）技术路线

本书相关技术路线如图 1-1 所示。

1.4　主要创新点

（1）运用有限理性的生物演化博弈理论，分别建立技术创新风险下和贷后核查机制下银行与科技型中小企业的演化博弈模型，并进行演化稳定性分析。考虑按边际贡献分配和按风险分担比例分配两种收益分配策略的相对重要性，引入局中人 i 按边际贡献分配的收益权重 w_1 和局中人 i 按风险分担比例分配的收益权重 w_2，在传统 Shapley 值的基础上，提出了风险调整的 Shapley 值；基于风险调整的 Shapley 值，构建了存货质押融资模式下银行、科技型中小企业、核心企业与第三方物流企业等利益相关者的收益分配模型，并通过数值分析，演示最佳收益分配方案的确定过程。

（2）假设应收账款质押融资中借款企业有两项工作任务：提高短期还款能力和提高短期还款意愿，引入 Holmstrom 和 Milgrom 的多任务委托代理理论，构建应收账款质押融资中银行与科技型中小企业的多任务委托代理模型，在科技型中小企业两项任务努力的成本函数相互独立和相互依存两种情形下，分别探讨银行对科技型中小企业的激励机制设计问题，以期得出最优激励合约安排。假设存货质押融资中物流企业有两项工作任务：质押物价值评估和质押物保管服务；以 Holmstrom 和 Milgrom 的多任务委托代理模型为基础，构建存货质押融资中银行与物流企业的多任务委托代理模型，并运用于对物流企业激励问题的分析，期望得出在此条件下的最优激励合约安排。

```
┌─────────────────────┐
│        绪论          │
└─────────────────────┘
           │
┌─────────────────────┐
│  供应链融资模式及其   │
│      风险分析         │
└─────────────────────┘
     │              │
┌──────────────┐  ┌──────────────┐
│ 存货质押融资模 │  │ 基于合作博弈的 │
│ 式下银行与科技 │  │ 存货质押融资中 │
│ 型中小企业的演 │  │ 利益相关者的收 │
│ 化博弈分析     │  │ 益分配研究     │
└──────────────┘  └──────────────┘
     │              │
┌──────────────┐  ┌──────────────┐
│ 应收账款质押融 │  │ 存货质押融资中 │
│ 资中银行对科技 │  │ 银行对物流企业 │
│ 型中小企业的激 │  │ 的激励机制研究 │
│ 励机制研究     │  │                │
└──────────────┘  └──────────────┘
```

┌──────────────┐ ┌──────────────┐ ┌──────────────┐
│ 应收账款质押融 │ │ 存货质押融资模 │ │ 预付款融资模式 │
│ 资模式下科技型 │ │ 式下科技型中小 │ │ 下科技型中小企 │
│ 中小企业信用风 │ │ 企业信用风险评 │ │ 业信用风险评价 │
│ 险评价指标体系 │ │ 价指标体系研究 │ │ 指标体系研究   │
│ 研究   │ │   │ │   │
└──────────────┘ └──────────────┘ └──────────────┘

┌─────────────────────┐
│ 基于主成分分析的存货 │
│ 质押融资模式下科技型 │
│ 中小企业信用评价体系 │
└─────────────────────┘

┌─────────────────────┐
│ 存货质押融资模式下科 │
│ 技型中小企业信用评价 │
│ 指标组合赋权方法研究 │
└─────────────────────┘

┌──────────────┐ ┌──────────────┐ ┌──────────────┐
│ 存货质押融资模 │ │ 存货质押融资模 │ │ 存货质押融资模 │
│ 式下科技型中小 │ │ 式下科技型中小 │ │ 式下科技型中小 │
│ 企业信用状态的 │ │ 企业信用状态的 │ │ 企业信用评价的 │
│ 组合评价模型研 │ │ 模糊综合评价模 │ │ 模糊积分模型   │
│ 究   │ │ 型   │ │   │
└──────────────┘ └──────────────┘ └──────────────┘

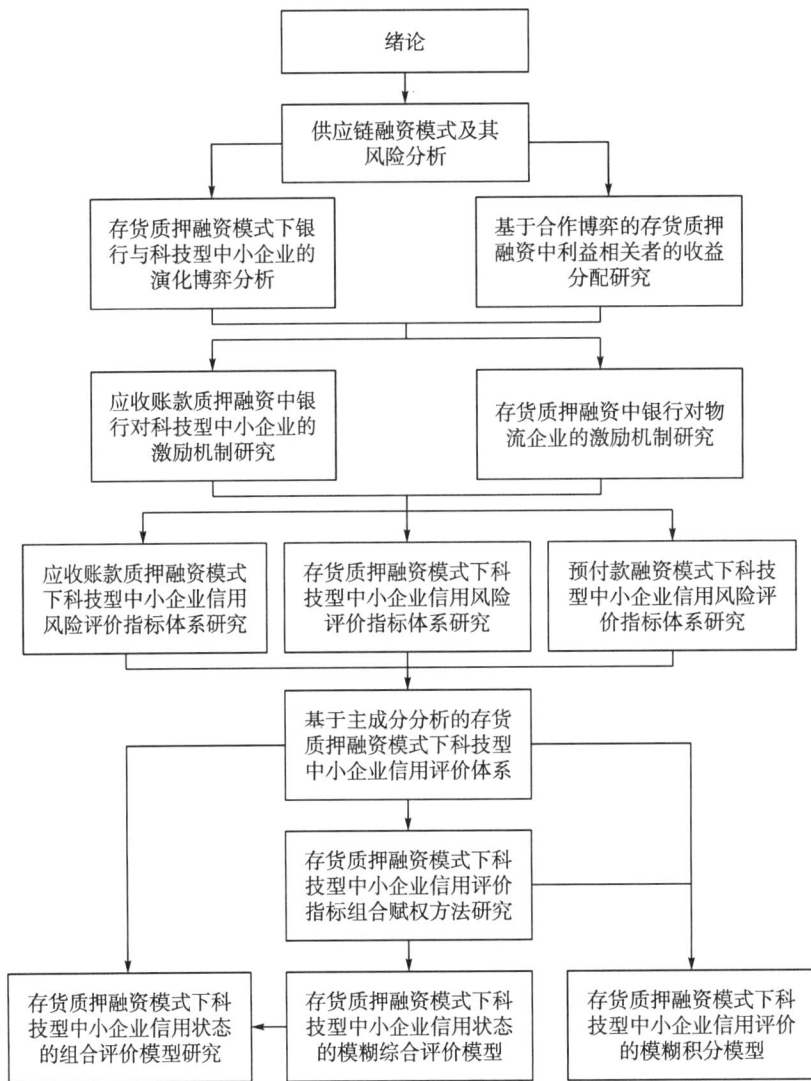

图 1-1　技术路线

(3)在已有研究基础上,结合科技型中小企业特点,遵循评价指标的选取原则,从借款企业的信用风险、核心企业的信用风险、应收账款的特征及担保安排、应收账款质押融资的法律风险、应收账款质押融资的道德风险、供应链运营状况等六个方面构建应收账款质押融资模式下科技型中小企业信用风险评价指标体系;从借款企业的信用风险、存货权属及担保安排、存货的变现风险、供应链系统风险、物流企业的监管风险等五个方面构建存货质押融资模式下科技型中小企业信用风险评价指标体系;从借款企业的信用风险、核心企业的信用风险及回购能力、质押物权属及担保安排、质押物的变现风险、物流企业的监管风险、供应链的运营状况等六个方面构建预付款融资模式下科技型中小企业信用风险评价指标体系。

(4)考虑到主客观赋权法各有优缺点,分别采用主观赋权法中的层次分析法和客观赋权法中的熵权法对存货质押融资模式下科技型中小企业信用评价指标进行赋权，并运用基于相对熵的组合赋权法综合主、客观赋权结果，从而实现指标的组合赋权。在组合赋权的基础上，根据模糊综合评价原理，利用正态隶属函数确定指标的隶属度，构建了存货质押融资模式下科技型中小企业信用状态的模糊综合评价模型，并以 24 家中小板上市公司为样本，运用该模型进行了算例分析。

(5) 为了提高综合评价的全面性、科学性和合理性，利用组合评价法中的模糊 Borda 法对主成分分析法和模糊综合评价法 (fuzzy comprehensive evaluation，FCE) 这两种单一方法的评价结果进行组合，得出组合评价结果，从而构建了基于模糊 Borda 法的存货质押融资模式下科技型中小企业信用状态的组合评价模型。本书以 24 家中小板上市公司为样本，算例分析结果证明了组合评价模型的可行性和有效性。与单一方法相比，组合评价结果具有较高的可信度，可为商业银行进行信贷决策提供参考。

(6) 针对供应链融资企业信用风险评价指标之间存在的交互性，引入信息集成能力较强的 Choquet 模糊积分，构建存货质押融资模式下科技型中小企业信用评价的模糊积分模型。其中，采用基于指标权重和指标间交互度的默比乌斯变换系数计算 2-可加模糊测度。考虑到主、客观赋权法的局限性，采用基于相对熵的组合赋权法确定指标权重；指标间的交互关系和交互度由专家确定。以中小板中的科技类上市公司为样本，算例分析结果证明了该模型的可行性和有效性。

第 2 章　供应链融资模式及其风险分析

2.1　引　　言

供应链融资模式主要包括应收账款融资模式、存货质押融资模式、预付款融资模式三类业务模式。其中，应收账款融资模式包括应收账款质押融资、应收账款保理、应收账款证券化等具体业务模式；存货质押融资模式包括存货质押授信、融通仓、统一授信、仓单质押授信等具体业务模式；预付款融资模式包括卖方担保差额退款、卖方担保货物回购、未来提货权质押融资、"先票/款后货"融资等具体业务模式。对应收账款融资模式、存货质押融资模式、预付款融资模式等主要业务模式进行分析，有助于完善供应链融资模式。

(1) 在应收账款融资模式分析方面。王海涛(2011)对应收账款质押与应收账款保理模式进行了法理比较和外部因素比较。赵艳(2014)介绍了应收账款质押融资的概念、基本流程等，重点分析了应收账款质押融资风险及其原因，并提出了相应的对策建议。张晓建(2012)介绍了应收账款保理和应收账款保理实施的业务流程。黄斯赫(2006)针对企业开展应收账款证券化所面临的现实障碍，提出了一系列可供参考的证券化模式，并对这些模式进行了评价。李茜(2011)在介绍应收账款证券化相关概念的同时，着重探讨了供应链背景下应收账款证券化的运作流程，并对该模式的适用性进行了分析。

(2) 在存货质押融资模式分析方面。邓哲锋等(2009)提出了第四方物流参与融通仓业务，并详细分析其参与的可行性，给出了委托、统一授信及联盟等第四方物流参与的融通仓运作模式。王勇等(2010)提出委托模式、统一授信模式、共同委托模式和联盟模式(银行和物流企业)四种融通仓运作模式，并对每种模式的特点进行了比较。祁洪祥(2010)通过阐述基于供应链的融通仓业务的运作模式、操作流程、设计思路，提出基于供应链的融通仓业务模式的创新点为物流与资金流集成的一体化与实现供应链的无缝连接。俞雯(2015)在阐述相关概念及融通仓基本运作模式的基础上，对第四方物流参与下的融通仓运行可行性、发展中面临的主要困境进行了研究。

(3) 在预付款融资模式分析方面。张晓洁(2010)通过对保兑仓业务模式的分析，具体阐述了保兑仓业务模式的运作过程，分析保兑仓业务在实施中存在的风险，并针对风险提出规避措施。王超(2011)从保兑仓的角度研究了供应链金融模式的运作机理、供应链整体的收益以及银行的运作决策。任慧军等(2013)依据保兑仓模式业务的流程，分别对各个业务环节上可能存在的风险进行分析，并提出了防范与控制风险的措施。

本章将综合已有文献，在对供应链融资的概念、特点及三种主要运作模式进行概述的基础上，重点剖析应收账款融资模式、存货质押融资模式、预付款融资模式的运行流程及面临的主要风险，从而为后续研究提供理论基础。

2.2　供应链融资概述

2.2.1　供应链融资的概念及特点

1) 供应链融资的概念

2009 年，深圳发展银行-中欧国际工商学院"供应链金融"课题组在广泛的实证研究基础之上，从系统论角度及多个分维度，对供应链金融进行了专业化的经验梳理和理论建构，并提出了具有一定代表性的供应链金融(supply chain finance，SCF)的概念。

所谓供应链金融是指，在对供应链内部的交易结构进行分析的基础上，运用自偿性贸易融资的信贷模型，并引入核心企业、物流监管公司、资金流导引工具等的风险控制变量，对供应链的不同节点提供封闭的授信支持及其他结算、理财等综合金融服务(深圳发展银行-中欧国际工商学院"供应链金融"课题组，2009)。

供应链金融的内涵可以从以下三个方面来理解。第一，供应链金融反映了授信思维模式的创新，银行金融机构跳出单个企业的局限，站在产业供应链的全局和高度，围绕供应链上的"1"家核心企业，将供应商、制造商、分销商、零售商以及最终用户这"N"个节点连成一个整体，把单个企业不可控的风险转化为供应链整体可控的风险，整合供应链金融资源，全方位地为供应链整体提供综合金融服务。第二，供应链金融系统中存在多方参与主体(资金需求方、资金供给方、供应链金融业务支持型机构、监管机构等)。其中，由银行金融机构或核心企业、第三方物流企业、电子商务平台等充当组织者，为供应链上的节点企业提供定制化的综合金融服务，由此形成了各具特色的供应链金融运作模式(如应收账款融资、存货质押融资、预付款融资等)。第三，供应链金融以开发金融工具，实现供应链上物流、信息流和资金流的高效整合为目的，在资源优化配置的同时进一步提高整个供应链的运营绩效。供应链金融已开发的金融工具包括：对供应商的信贷产品(如存货质押贷款、应收账款质押贷款、保理等)，对购买商的信贷产品(如仓单融资、原材料质押融资等)，供应链上下游企业相互之间的资金融通(如"提前支付折扣""延长支付期限"等)。除此而外，银行金融机构还提供财务管理咨询、现金管理、应收账款清收、结算、资信调查等中间业务产品(深圳发展银行-中欧国际工商学院"供应链金融"课题组，2009；王晓东和李文兴，2015)。

2) 供应链融资的特点

从银行的角度看，供应链融资与传统的银行融资业务的区别主要在三个方面：第一，供应链融资对供应链成员的信贷准入评估不是孤立的，银行首先评估核心企业的财务实力、行业地位以及对整个供应链的管理效率；第二，供应链融资对供应链成员的融资严格局限在其与核心企业的交易活动；第三，供应链融资还强调授信还款来源的自偿性，即引导销售收入直接用于偿还授信(深圳发展银行-中欧国际工商学院"供应链金融"课题组，2009)。

根据供应链融资的内涵以及供应链融资与传统的银行融资业务的区别，综合已有文献，可以认为供应链融资具有以下几个特点。

(1)融资需求具有连续性和循环性。由于供应链上下游企业之间形成了相对稳定的产、供、销关系，同类贸易行为在上下游企业之间会持续和循环发生，由此产生的融资需求同样具有连续性和循环性。

(2)授信资金运用具有对应性和封闭性。供应链中的融资需求与其贸易行为之间具有明确的指向性，授信资金直接运用于供应链中的采购、生产和销售活动。银行通过设置封闭性贷款操作流程来保证专款专用，借款企业无法将资金挪作他用，授信资金运用具有对应性和封闭性。

(3)授信还款来源具有自偿性和确定性。供应链融资的第一还款来源为供应链中贸易活动自身产生的现金流，银行通过对供应链中贸易活动的货权、物流和资金流的控制，可有效地监控授信的偿还。

(4)融资服务之间存在紧密关联性。由于供应链上下游企业之间存在着连续的产、供、销交易，对上游供货商的应收账款、下游采购商的预付货款支付的及时性是授信及时归还的前提和主要保障。

(5)风险具有转移性和传递性。风险转移性主要体现在银行围绕核心企业，管理上下游节点企业的资金流和物流，并把单个企业的不可控风险转变为供应链整体的可控风险。风险传递性是指由于供应链从产品开发、生产到流通过程是由多个节点企业共同参与，因此风险因素可以通过供应链流程在各个企业间传递和累积，并显著影响整个供应链的风险水平(林树红，2010；陈君，2013；张敬峰和王平，2013)。

2.2.2 供应链融资主要运作模式

供应链金融模式就是供应链与金融结合在一起形成的标准样式，表现为在供应链金融系统中多方参与主体之间的某种持续平衡稳定的功能结构关系以及有规律可循的交流互动方式。由于这种结构关系和交互方式具有多样性，从而呈现出多种不同的供应链金融模式(王晓东和李文兴，2015)。

从银行角度来看，根据风险控制体系的差异和解决方案的维度导向，供应链融资主要有三种运作模式：应收账款融资模式、存货质押融资模式和预付款融资模式。

(1)应收账款融资模式。在销售阶段，采用基于应收账款融资的供应链融资业务模式，以弥补"卖出存货"与"收到现金"期间的现金流缺口。应收账款融资是指处于供应链上游的债权企业(中小企业)以未到期的应收账款作为担保向商业银行申请贷款的业务。作为担保的应收账款应来自具有较高信用等级的核心企业。应收账款融资业务参与主体包括：上游债权企业(中小企业)、下游债务企业(核心企业)和商业银行。同时，为了转移和降低商业银行所承担的信贷风险，核心企业在融资过程中起着反担保的作用，在中小企业发生违约时，负责弥补商业银行的信贷损失。应收账款融资模式主要包括：应收账款质押融资、应收账款保理、应收账款证券化。

(2)存货质押融资模式。在日常运营阶段，采用基于动产质押的供应链融资业务模式，以弥补"支付现金"至"卖出存货"期间的现金流缺口。存货质押融资是指中小企业以原材料、半成品和产成品等存货作为质押向商业银行申请贷款的业务。在业务操作过程中，第三方物流企业作为监管方参与进来，商业银行、中小企业和第三方物流企业签订三方合同，商业银行为中小企业提供短期贷款，第三方物流企业对质押存货甚至中小企业进行相应的业务控制。国外存货质押融资主要有委托监管模式、统一授信模式和物流银行模式。国内存货质押融资主要采用委托监管模式和统一授信模式，具体业务模式包括：存货质押授信、融通仓、统一授信、仓单质押授信等。

(3) 预付款融资模式。在采购阶段，采用基于预付款融资的供应链融资业务模式，以使"支付现金"的时点尽量向后延迟，从而减少现金流缺口。预付款融资是指在具备真实贸易背景的基础上，商业银行、商品买方和卖方签订三方合作协议，约定由商业银行向买方授信，专项用于其向卖方支付预付货款，卖方按照三方合作协议的约定承担发货、余额退款等责任，交易的资金流、物流、信息流在商业银行监控下封闭运作，并以商品销售回款作为第一还款来源的业务。预付款融资业务参与主体包括：上游核心企业、下游中小企业、商业银行和第三方物流企业(或有)。预付款融资模式主要包括卖方担保差额退款、卖方担保货物回购、未来提货权质押融资、"先票/款后货"融资。

2.3　应收账款融资模式的运行流程及风险分析

2.3.1　应收账款融资模式的运行流程

应收账款融资是指以中小企业对供应链下游核心企业的应收账款凭证为标的物(质押或转让)，由商业银行向处于供应链上游的中小企业提供的，期限不超过应收账款账龄的短期授信业务(李浩和黄晓峰，2014)。应收账款融资的参与主体包括中小企业(债权企业)、核心企业(债务企业)和商业银行等。根据应收账款债权是否发生转移，应收账款融资模式可以分为应收账款质押融资和应收账款保理。

(1) 应收账款质押融资。在应收账款质押融资中，中小企业(债权企业)以应收账款债权作为质押向商业银行申请贷款，应收账款质押融资流程图如图 2-1 所示。

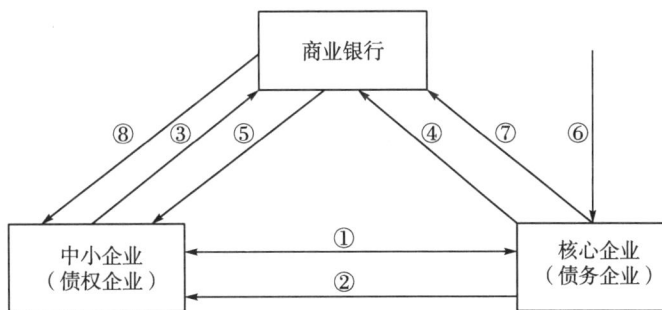

图 2-1　应收账款质押融资流程图

图 2-1 中的标号①~⑧表示的步骤含义为：①中小企业(债权企业)与核心企业签订贸易合同；②中小企业(债权企业)收到核心企业的应收账款凭证，核心企业成为债务企业；③中小企业(债权企业)将应收账款凭证质押给商业银行；④核心企业(债务企业)向商业银行出具应收账款凭证证明和付款承诺书；⑤商业银行向中小企业发放贷款；⑥核心企业(债务企业)销售产品后收到货款；⑦核心企业(债务企业)将应付账款支付到中小

企业在商业银行的指定账号；⑧应收账款质押合同注销（邢丽丽，2011）。

（2）应收账款保理。在应收账款保理中，中小企业（上游企业）将应收账款债权转让给商业银行并通知核心企业（下游企业）直接付款给商业银行，应收账款保理流程图如图 2-2 所示。图 2-2 中的标号①～⑤表示的步骤含义为：①中小企业（上游企业）转让应收账款给商业银行；②商业银行和中小企业（上游企业）分别向核心企业通知转让；③核心企业（下游企业）分别向商业银行和中小企业（上游企业）确认转让；④商业银行出账给中小企业（上游企业）；⑤核心企业（下游企业）支付应付账款给商业银行（邢丽丽，2011）。

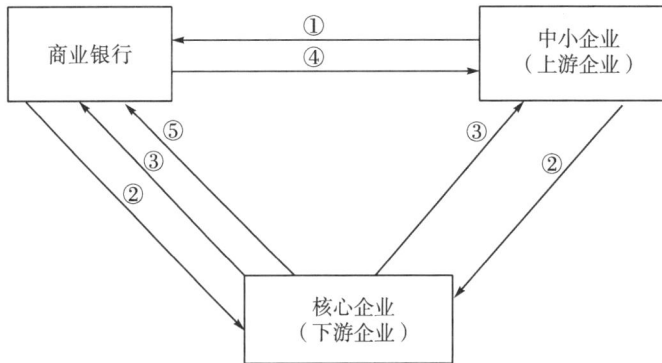

图 2-2   应收账款保理流程图

2.3.2   应收账款融资模式的风险分析

1）应收账款融资的信用风险

应收账款融资的信用风险主要包括核心企业的信用风险和中小企业的信用风险两类。从供应链整体来看，中小企业的融资需求主要来源于供应链中核心企业现金流压力的转移，其还款也主要来源于与核心企业之间的交易而产生的现金流（林树红，2010）。核心企业对中小企业实际上起到了反担保的作用，核心企业的信用状况直接影响了中小企业与其发生交易的质量。考察核心企业的信用风险需要关注其财务状况、行业地位、行业集中度、行业周期、对供应链系统的控制程度等。考察中小企业的信用风险必须关注中小企业的规模和生命周期阶段；也需要关注中小企业的财务状况，如盈利能力和资金周转能力，资产价值、流动性以及杠杆，交易记录和财务披露质量等；还需要关注中小企业的管理问题等（李毅学，2011a）。

2）应收账款融资的债项风险

以供应链中的物流、现金流作为供应链融资的还款支持手段是供应链融资的显著特征之一。因此，物流与现金流的安全、可控也是供应链融资风险管理重要的内容。物流的可变现性、市场价格的波动性、流转中的可控性，以及现金流实现的期限、方式、回流的可控性等都是供应链融资债项风险评估的重点，也是供应链融资是否可行的决定性因素（林树红，2010）。

在应收账款融资模式下，应收账款是还款的直接来源，因此应收账款的特征是商业银行考察的重中之重。应收账款特征需要考虑应收账款的账龄与账期、退货记录情况、受信人坏账率等因素(熊熊等，2009)。可质押的应收账款应具备以下条件：①购销合同已经生效，并且卖方已经履行合同项下的义务；②应收账款还未到期；③对应收账款的账龄和付款期限(指应收账款被质押之日起到购销合同约定的付款日)商业银行应明确最高期限；④卖方根据购销合同的约定应向买方收取的扣除预付款、已付款、佣金、销售折扣等后的款项净额，价格不能虚高(邢丽丽，2011)。

3) 应收账款融资的操作风险

根据《新巴塞尔资本协议(第三次征求意见稿)》的定义，操作风险是"直接或间接由人或系统的不适当或错误的内部处理，或外部事件所造成的损失的风险"。与传统的信贷业务相比，应收账款融资业务流程繁复，会带来更大的操作风险。应收账款融资的操作风险主要来源于内部欺诈、外部欺诈、涉及执行以及交易过程管理的风险事件(唐星星，2014；李思昊，2016)。

(1)内部欺诈是指内部人员参与的诈骗、盗用资产、违犯法律法规的行为。内部人员风险包括内部欺诈与越权、能力不匹配、权责不明晰等，人员缺乏相应的风险意识，易导致违规操作、与外部人员勾结等问题。

(2)外部欺诈是指第三方的诈骗、盗用资产、违犯法律的行为，主要包括担保欺诈和财务报表欺诈。担保欺诈是指借款企业更改或虚设应收账款数额，其常见的欺诈方式有：提前开票、虚假账期、挪用现金、欺诈性应收账款、价格虚高等。财务报表欺诈是指借款企业故意虚假陈述或者隐瞒相关报表内容来欺骗或误导商业银行，其常见的欺诈方式有：提前确认收入或制造收入事项、少报费用等。

(3)涉及执行以及交易过程管理的风险事件。内部流程风险主要包括业务流程制度不健全、制度不完善、内部风险控制不当、信息传递不及时等。

4) 应收账款融资的法律风险

由于应收账款是基于合同的金钱债权，根据我国《合同法》的有关规定，在应收账款基础合同下，存在合同权利撤销、变更、抵销、代位行使、诉讼时效期满等法律风险(徐欣彦，2009)。应收账款融资的法律风险主要包括：①应收账款债务人抵销权风险。若发生债务抵销，质押类贷款由于缺少质押标的会变成信用，质权人质权实现将没有保障。②应收账款债务人抗辩权风险。在基础合同当中，应收账款债务人可以依据《合同法》的规定行使先履行抗辩权；即便是出质人已经提供货物、服务，债务人也可就标的瑕疵等情况提出抗辩，在检验合格后再行付款。③应收账款的时效性风险。用于设定质押的应收账款债权作为合同债权需受诉讼时效约束，过诉讼时效的将成为自然债权，丧失胜诉权，得不到法院保护或支持(陈福录，2007；张兴光，2008)。

2.4 存货质押融资模式的运行流程及风险分析

2.4.1 存货质押融资模式的运行流程

　　存货质押融资是中小企业以自己拥有的存货作为质押物，并将质押物交给商业银行指定的第三方物流企业做监管，以获取商业银行短期贷款的融资方式(刘园等，2016)。存货质押融资的参与主体包括中小企业(借款企业)、第三方物流企业和商业银行等。国内存货质押融资主要采用委托监管模式和统一授信模式，其具体业务模式包括：存货质押授信、融通仓、统一授信、仓单质押授信等。存货质押授信中存货的监管地一般是在借款企业的生产地，监管公司派专员在实地监管。融通仓中存货的监管地不在借款企业的生产地，而是在第三方物流企业的仓库，第三方物流企业还要提供货物运输、价值评估、货物流动的监管、存货的保管等工作。

　　以融通仓业务模式为例，融通仓流程图如图 2-3 所示。图 2-3 中的标号①～⑥表示的步骤含义为：①借款企业、商业银行、第三方物流企业签订融资协议和仓库监管协议，借款企业将质押物存放到第三方物流企业的仓库；②第三方物流企业对存货价值进行核定后，向商业银行出具动产质押证明文件，通知商业银行发放贷款；③商业银行根据第三方物流企业提供的单据，根据核定的额度和存货的种类，按照一定的质押率给借款企业发放贷款；④借款企业按照经营过程的需要自由使用货物，并分阶段向商业银行偿还贷款取得存货或者向监管仓库补充新的物资以维持仓库水平；⑤商业银行通知第三方物流企业向借款企业发放与归还金额或补充物价值相等的货物；⑥第三方物流企业发出货物，借款企业将所得货物用于生产或销售(徐亮，2012)。

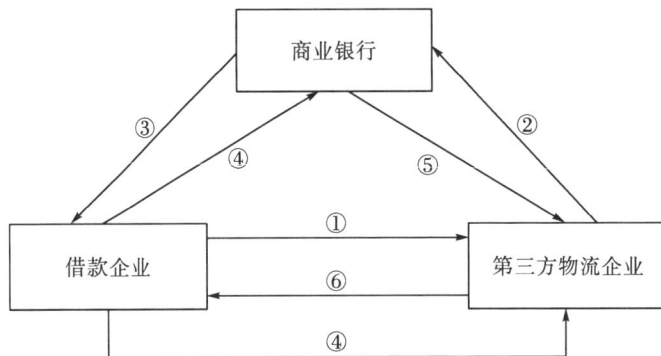

图 2-3　融通仓流程图

2.4.2 存货质押融资模式的风险分析

1)存货质押融资的信用风险

　　虽然存货质押融资业务更加注重债项风险的大小和质押物的变现风险，但信用风险仍然是商业银行在存货质押融资业务中必须关注的一类重要的非系统性风险。存货质押融资的信用风险主要指中小企业(借款企业)的信用风险，是指借款企业由于经营能力、市场环境、道德意识等多种原因未能按照债务合同的约定履行合同义务的可能性。美国货币监理署(Office of Comptroller of Currency，OCC)指出，大多数申请存货质押融资的借款企业都具有财务杠杆高于行业的平均水平、一般都有不均衡稳定的收入和现金流、负向的财务趋势等特征。因此，考察中小企业的信用风险必须关注中小企业的规模和生命周期阶段；也需要关注中小企业的财务状况，如盈利能力和资金周转能力，资产价值、流动性以及杠杆，交易记录和财务披露质量等；还需要关注中小企业的管理问题等(李毅学，2011a)。

2)存货质押融资的债项风险

在存货质押融资模式下，质押物是借款企业的第二还款来源，即当借款企业无法偿还贷款本息时，商业银行通过处置质押物得到的款项。因此，质押物的变现风险是存货质押融资业务中的重要风险，即由于各种原因导致质押物无法按预期变现而带来的风险。质押物的变现风险包括质押物价格风险、质押物仓储风险和质押物处置风险等(李毅学，2011a；盛巧玲和吴炎太，2012)。

(1)质押物价格风险是指质押物的市场价格在贷款期间内波动带来的风险。当质押物的价格上升时，质押物并不存在价格风险；而当质押物价格下降时，尤其是在短期内骤降时，导致质押物的价值低于贷款价值，就会带来巨大的价格风险。

(2)质押物仓储风险是指质押物在仓储过程中出现损坏或丢失；或者在动态质押中，借款企业滚动提取货物时提好补坏，以次充好，导致质押物的实际价值与评估价值不符，造成质押物价值不足，带来的潜在风险。

(3)质押物处置风险是指质押物处置变现能力的不确定性。当借款企业违约后，商业银行可采用变卖或拍卖等方式对质押物进行处置变现，若质押物的市场容量小，流动性不强或其他原因造成质押物处置变现成本增加或无法变现，就会影响贷款本息的回收。

3)存货质押融资的操作风险

存货质押融资业务通过对质押物的监控有效缓释了商业银行的信用风险，但同时又大幅增加了操作环节，带来了更多的操作风险。存货质押融资的操作风险主要包括：模式风险、流程风险、商业银行内部人员风险和第三方物流企业的监管风险。

(1)模式风险主要来源于以下几个方面：业务模式选择不适合、超额担保程度不适合、质押方式和监控强度选择不合理、业务结算情况与业务不匹配、资金使用不合理、没有必要的个人担保或第三方担保方式、没有必要的损害保险、监管方控制方式选择不合适、财务评估报告模式不合适等(深圳发展银行-中欧国际工商学院"供应链金融"课题组，2009)。

(2)流程风险主要是指在存货质押融资业务流程中标准化与信息化方面的不足造成的风险。例如，仓单标准化程度低，或缺乏业务流程操作标准等就会导致流程风险，而业务信息化程度较低，缺乏商业银行、第三方物流企业和借款企业联网的信息网络，也会增加流程风险(李毅学等，2010)。

(3)商业银行内部人员风险主要涉及内部欺诈与越权、能力不匹配、权责不明晰等，人员缺乏相应的风险意识，易导致违规操作、与外部人员勾结等问题，进而导致商业银行资金的损失(唐星星，2014)。

(4) 第三方物流企业的监管风险就是指在存货质押融资中，物流企业在负责质押物的直接监控和担保过程中可能出现的风险。例如，物流企业有可能欺骗、不负责任、虚假上报或者监管失误等(李莉等，2010)。

4) 存货质押融资的法律风险

根据《新巴塞尔资本协议》的规定，法律风险是一种特殊类型的操作风险，它包括但不限于因监管措施和解决民商事争议而支付的罚款、罚金或者惩罚性赔偿所导致的风险敞口。存货质押融资的法律风险主要包括以下几个方面。

(1) 质权的合法有效性风险。例如，出质人将质押物存放在自有仓库，质权人只是委托第三方物流企业进行监管的行为将导致质权不生效；出质人是否享有质押物完整的权利，如果仅凭发票和相关单据作为质押物权利人的证明，容易忽视出质人对出质动产的无权处分行为；如果质押物绝对灭失、毁损，那么质权也消灭，质权人享有物上代位权，但对质押物的保险金没有物上代位权。

(2) 动产质权优先受偿性受阻的风险。当动产抵押权和质权产生竞合时，《担保法解释》第七十九条第一款规定，同一财产法定登记的抵押权与质权并存时，抵押权人优先于质权人受偿。当动产质权与留置权产生竞合时，根据我国《物权法》的规定："债务人不履行到期债务的，债权人可以行使留置权，并有权就留置财产优先受偿；同一动产上已设立质权，该动产又被留置的，留置权人优先受偿。"如果债务人不向物流企业支付仓储保管费，那么物流企业可以对质押物行使留置权，且物流企业的留置权优先于质权人的质权。

(3) 质权实现的风险。例如，我国《担保法》第七十一条第二款规定："债务履行期届满质权人未受清偿的，可以与出质人协议以质物折价，也可以依法拍卖、变卖质物"。上述条款对质权的实现是较为不利。我国《民法通则》中规定："当事人一方因另一方违反合同受到损失的，应当及时采取措施防止损失的扩大；没有及时采取措施致使损失扩大的，无权就扩大的损失要求赔偿"。商业银行若未能如期变现质押物，当质押物价格进一步下降时，商业银行将无法弥补扩大的损失(韩仁哲，2015)。

2.5　预付款融资模式的运行流程及风险分析

2.5.1　预付款融资模式的运行流程

预付款融资是指在核心企业(上游卖方)承诺回购的前提下，中小企业(下游买方)以商业银行指定仓库的既定仓单向商业银行申请质押贷款，并由商业银行控制其提货权为条件的融资业务(邢丽丽，2011)。预付款融资业务参与主体包括：核心企业(上游卖方)、中小企业(下游买方)、商业银行和第三方物流企业(或有)。预付款融资模式主要包括：卖方担保差额退款、卖方担保货物回购、未来提货权质押融资、"先票/款后货"融资。以四方保兑仓融资模式为例，四方保兑仓流程图如图 2-4 所示。图2-4 中的标号①～

⑨表示的步骤含义为：①中小企业(下游买方)和核心企业(上游卖方)签订购销合同，并协商由中小企业(下游买方)申请贷款，专门用于支付购货款项；②中小企业(下游买方)凭购销合同向商业银行申请仓单质押贷款，专门用于向核心企业(上游卖方)支付该项交易的货款；③商业银行审查核心企业的资信状况和回购能力，若审查通过，则与核心企业(上游卖方)签订回购及质量保证协议；④商业银行与第三方物流企业签订仓储监管协议；⑤核心企业(上游卖方)在收到商业银行同意对中小企业授信的通知后，向商业银行指定第三方物流企业的仓库发货，并将取得的仓单交给商业银行；⑥中小企业(下游买方)向商业银行缴纳承兑手续费和首次承诺保证金，商业银行收到核心企业提交的仓单后，开立以中小企业为出票人、核心企业为收款人的银行承兑汇票，并交予核心企业(上游卖方)；⑦中小企业(下游买方)缴存保证金，商业银行释放相应比例的货物提货权给中小企业；⑧商业银行通知第三方物流企业释放相应金额的货物给中小企业；⑨中小企业(下游买方)获得货物提货权，去第三方物流企业仓库提取相应金额的货物；⑩循环步骤⑦~步骤⑨，直到保证金账户余额等于汇票余额，中小企业提完货物为止。若汇票到期，保证金账户余额不足，核心企业于到期日回购仓单项下的剩余货物(雷晓燕，2012)。

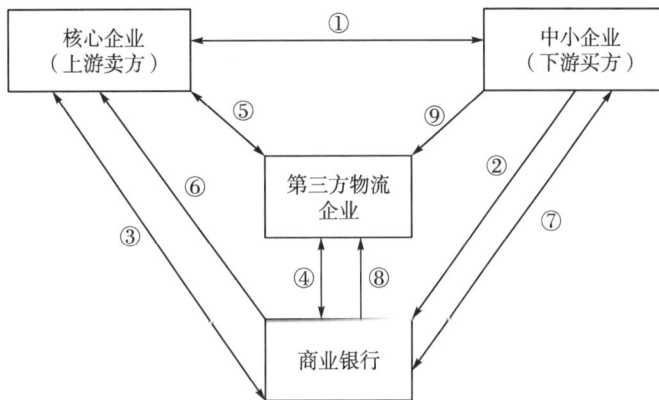

图 2-4　四方保兑仓流程图

2.5.2　预付款融资模式的风险分析

1)预付款融资的信用风险

预付款融资的信用风险主要包括核心企业的信用风险和中小企业的信用风险两类。由于预付款融资需要核心企业(卖方)提供连带担保责任并承诺回购，核心企业应在中小企业(买方)保证金账户余额不足的情况下回购仓单项下的剩余质押物，因此核心企业的信用状况及回购能力是预付款融资风险评估的重点。考察核心企业的信用风险需要关注其财务状况、行业地位、行业集中度、行业周期、对供应链系统的控制程度等。中小企业(买方)是预付款融资业务中的直接受信方，其信用状况直接关系到贷款本息能否按期收回。考察中小企业的信用风险必须关注中小企业的规模和生命周期阶段；也需要关注中小企业的财务状况，如盈利能力和资金周转能力，资产价值、流动性以及杠杆，交易记录和财务披露质量等；还需要关注中小企业的管理问题等(李毅学，2011a)。

2) 预付款融资的债项风险

预付款融资的债项风险主要包括质押物风险和仓单风险。

(1) 质押物风险包括质押物价格的稳定性、质押物质量的稳定性、质押物销售渠道的稳定性和质押物的变现能力等(李思远，2012)。质押物价格的稳定性是指质押物的市场价格总处于波动状态，若质押物的市场价格下跌，就会造成质押物的价值下降，若质押物的价值下降过度，甚至低于贷款金额，则商业银行面临的违约风险就会增大。质押物质量的稳定性主要考察质押物在出入仓时的易损程度和易腐烂程度，同时考察质押物是否有详细的货物保管说明。质押物销售渠道的稳定性主要考察借款企业是否存在固定的客户，当出现货物过剩、短缺时是否可以提供有效的解决方案。质押物的变现能力是指质押物能否按预期立即变现的能力。当债权未能按期得以清偿时，则债权人质押权即可实现。按照法律规定，质押权人可与质押人协议质押物折价，也可以依法拍卖、变卖质押物，此时质押物的变现能力显得尤为重要。

(2) 仓单风险主要体现在以下两个方面：①仓单未标准化。虽然我国《合同法》中规定了仓单上必须记载的内容：存货人的名称(姓名)和住所、仓储物的品种、数量、质量、包装、件数和标记、仓储物的损耗标准、储存场所、储存期间、仓储费、仓储货物保险情况、填发人、填发地点和填发时间；但是许多物流企业使用自行设计的仓单，仓单格式、内容、条款各不相同，有的物流企业甚全以入库单和提货单分别作为质押凭证和提货凭证，加大了仓单识别的难度，增加了质权人的风险；②仓单灭失、被盗和遗失。质押货物因某种原因丢失、变质或损坏，或仓单被盗和遗失，都将导致商业银行面临质押无效的风险(杨森，2014；谭秀丽等，2015)。

3) 预付款融资的操作风险

预付款融资的操作风险主要包括质押物的估值风险、质押物的监管风险、第三方物流企业与商业银行之间业务衔接上的操作风险等。

(1) 质押物的估值风险。由于第三方物流企业的评估技术不高、评估体系不完善，导致对质押物的价值评估失真，或对质押物价格的未来波动范围预测失误，可能带来质押物价值不足的风险(杨森，2014；谭秀丽等，2015)。

(2) 质押物的监管风险。在质押物的监管期间，由于第三方物流企业保管不善、发生火灾等意外事件，或者仓单遗失、出质企业恶意挂失，造成质押物缺失、变质、毁损等情况，导致商业银行面临质押无效的风险。此外，在质押物的监管期间还存在同一货物重复质押、质押物未得到全程监管而被非法挪用或质押物出库时提好补差、仓库内部管理和操作问题等一系列风险(谭秀丽等，2015；孙铭悦，2012)。

(3) 第三方物流企业与商业银行之间业务衔接上的操作风险。其主要是指第三方物流企业和商业银行在传递重要单据、原始凭证及其他相关信息时所隐含的风险。第三方物流企业与商业银行之间的信息传递机制不通畅将会导致信息不对称甚至信息失真或滞后等严重后果，造成第三方物流企业在银行监管上出现问题，从而产生业务衔接上的操作风险(杨森，2014)。

4) 预付款融资的法律风险

预付款融资的法律风险主要指相关法律法规不完善带来的法律纠纷风险。目前，我国与预付款融资业务相关的法律法规体系并不完善，当前只有《中华人民共和国经济合同法》、《中华人民共和国担保法》、《中华人民共和国民法通则》可以作为预付款融资业务的法律参考，但对仓单的法律效力、对提货人的具体要求和操作过程中的具体规范制度都没有具体法律可以参考，因此可能会给预付款融资业务带来法律纠纷风险（杨森，2014；谭秀丽等，2015）。例如，质押物的所有权在各法律主体间进行流转，权属不明确的质押物可能会产生法律纠纷；没有具体的单行法律对仓单的绝对和相对记载事项进行明确，或对仓单的签发和背书转让等行为进行规范，可能引发仓单风险；当借款企业未能按期还款，或第三方物流企业未能按约定进行仓储监管，而给商业银行造成损失时，除了处置质押物来弥补损失外，商业银行还要通过法律来维护自身的利益，此时可能面临因有关法律不健全而带来的风险。

2.6　本　章　小　结

本章综合已有文献，在对供应链融资的概念、特点及三种主要运作模式（应收账款融资模式、存货质押融资模式、预付款融资模式）进行概述的基础上，重点剖析了应收账款融资模式运行流程（以应收账款质押融资和应收账款保理为例）及其面临的信用风险、债项风险、操作风险和法律风险；存货质押融资模式运行流程（以融通仓为例）及其面临的信用风险、债项风险、操作风险和法律风险；预付款融资模式运行流程（以四方保兑仓为例）及其面临的信用风险、债项风险、操作风险和法律风险；从而为后续研究夯实了理论基础。

第3章 存货质押融资模式下银行与 科技型中小企业的演化博弈分析

3.1 引 言

随着世界经济浪潮的崛起，在世界产业升级、经济结构优化、科学技术革新的过程中，科技型中小企业均扮演着不可替代的角色，尤其是在提高国民收入、增加就业岗位、繁荣市场经济、稳定市场秩序和优化国民经济结构等方面均起到关键性的作用。据统计，我国科技型中小企业提供了全国约 66%的发明专利、74%以上的技术创新和 82%以上的新产品开发；同样在美国，创新型中小企业获得的美国专利数占总数的 60%(楼霁月，2013)。然而，由于信息不对称、担保能力弱、经营风险高等诸多原因(谢启明，2011)，导致科技型中小企业在其发展过程中面临融资难的困境。在无法顺利实现专利融资、股权融资、债券融资等融资方式的情况下，银行信贷仍然是目前科技型中小企业主要的融资渠道。因此，对银行信贷业务中各参与主体之间的博弈关系进行分析，有利于形成长期稳定的信贷合作关系，有利于实现信贷合作的多方共赢。

针对传统信贷业务中银行与企业的博弈关系，学者们进行了较为系统的理论分析。例如，王海侠(2000)运用博弈理论，对我国信贷市场效率及商业银行"惜贷"行为进行了探讨。结果表明，我国目前信贷市场可视为不完全信息不完美动态博弈，由于存在信息不对称现象，导致信贷市场效率较低，并由此引发商业银行的"惜贷"行为。汤振羽和陈曜(2001)以商业银行和企业为信贷业务参与人来构建博弈模型，分别从完全且完美信息动态博弈和完全但不完美信息动态博弈进行分析。李志赟(2002)建立了一个中小企业融资问题的分析框架。将中小金融机构引入模型，发现引入中小金融机构将使中小企业得到的信贷增加，增加社会的总体福利；并且在中小金融机构的信息优势、数量和中小企业的融资总额之间存在着正向关系。陈晓红和刘剑(2004)利用博弈论分析了中小企业的信用行为，结果发现，在静态博弈的条件下，中小企业的信用行为受中小企业自身及商业银行的期望效用等因素的影响；在一次动态博弈中，中小企业有可能产生失信的机会主义行为；在无限重复博弈，守信是中小企业的最优策略。王玥和秦学志(2008)以银企信贷关系为例，考虑主观和客观双重违约风险因素，在多渠道融资模式下得到信贷各方共赢博弈决策模型，并给出博弈均衡解。

随着演化博弈论的兴起，演化博弈理论被引入到传统信贷业务的博弈分析中。例如，易余胤和肖条军(2003)在无约束的市场条件下建立了一个进化博弈模型说明信贷市场的基本进化规律，通过对模型参数的分析来说明达到良好市场行为的策略和方法；并通过加入法律监督并对逃避还贷的企业予以处罚等市场约束条件对模型进行改进并做出分析。刘维奇和高超(2006)基于信息不对称，考查了企业在获得银行信用贷款后，银行核查力度和企业做假骗贷的影响因素，给出了银企博弈的一个动态模型，并运用进化博弈理论对该博弈模型进行了复制动态分析。梅强等(2009)借助演化经济学研究工具，建立银行和担保公司支付矩阵，分析银行和担保公司交往过程的演化模型，用数值仿真展示了决策参数的不同取值和初始条件的改变对演化结果的影响。梁益琳和张玉明(2012)建立银企演化博弈的理论框架，对创新型中小企业与商业银行的信贷行为演化过程及演化稳定性标准进行探讨，并从创新风险与监管奖惩两个维度构建银企演化博弈模型，分析两类群体在长期信贷博弈中的演化稳定策略。

供应链融资业务涉及银行、中小企业、核心企业、第三方物流企业等多个参与主体，与传统信贷业务相比，存在更为复杂的博弈关系。针对供应链融资业务中各参与主体之间的博弈关系，学者们进行了探索性分析。例如，何宜庆和郭婷婷(2010)运用博弈模型分别对三种供应链基本融资模式(信用担保融资模式、存货质押融资模式、应收账款质押融资模式)下的中小企业融资行为进行分析并比较各模式的优劣势。张明和韩瑞珠(2010)讨论了基于存货的融通仓融资模式，对融资各方参与者的行为进行博弈分析，从而得到在这种融资模式下有利于各方参与者的均衡策略。姚润民(2013)深入探讨了参与存货质押融资业务的商业银行、物流企业和融资企业三个主体的行为策略和两两之间的决策影响关系，通过构建三方博弈模型来寻找三者之间的博弈均衡。仇荣国(2014)分析了存货质押供应链金融融资模式中各主体间的博弈关系，对复制动态方程表示的银行、物流企业及中小企业利益函数进行数值分析，发现存货质押供应链金融融资模式对三方收益具有积极影响。

综上所述，目前国内关于传统信贷业务中银行与企业的博弈关系的研究成果较为丰富，而关于供应链融资业务中各参与主体之间的博弈关系的研究成果相对较少，尚缺乏供应链融资模式下银行与科技型中小企业演化博弈分析的研究成果。有鉴于此，本章以存货质押融资模式为例，运用有限理性的生物演化博弈理论，对银行与科技型中小企业两类群体的行为特点和演化发展过程进行博弈分析，探讨银行和科技型中小企业在借贷过程中行为的变化轨迹并得出最终的演化稳定策略，以达到长期稳定的信贷合作关系。

3.2　存货质押融资模式下银企演化博弈模型的构建

3.2.1　模型的假设条件

传统博弈理论假定参与人是完全理性的，且具有完全信息条件，但在现实经济生活中很难实现。与传统博弈理论不同，演化博弈论假设参与人是有限理性的，且不要求完全信息的条件。在存货质押融资中，参与人之间是有差别的，融资环境与博弈问题本身的复杂性将导致信息不完全和参与人的有限理性。

在存货质押融资模式下，演化博弈的两个参与人为银行(博弈方 1)和申请贷款的科技型中小企业(博弈方 2)。假定银行根据质押存货近期的市场价格信息，知晓质押物的价格均值为 $\overline{P}$，科技型中小企业提供的质押物数量为 N，则质押物的价值为 $N\overline{P}$；同时，银行根据质押物的适用性、变现能力，质押物、质押权利价值的变动趋势，质押权利的经济性等因素确定质押率为 θ（$0<\theta<1$），从而存货质押融资规模为 $\theta N\overline{P}$。另外，借贷双方共同预期的质押物期末价格为 P_t，银行支付给第三方物流企业的质押存货保管费用为 C。为了方便起见，假设科技型中小企业的债务资金全部来源于银行贷款，并假设银行贷款利率为 r，贷款期限为 t。银行只知道科技型中小企业投资 R&D 项目成功的平均概率为 λ，当 R&D 项目成功时，企业的投资收益率为 α；当 R&D 项目失败时，企业的投资收益为 0。科技型中小企业按时偿还贷款本息获得的银行信任收益为 S。

3.2.2 技术创新风险下银行与科技型中小企业的演化博弈模型

根据上述模型假设，首先构造在技术创新风险下的银企演化博弈模型（模型 I）。其中，技术创新风险下银行与科技型中小企业的支付矩阵如表 3-1 所示。

表 3-1　技术创新风险下银行与科技型中小企业的支付矩阵

		科技型中小企业	
		逾期违约	如期还款
银行	贷款	$-\theta N\overline{P}(1+r)+NP_t-C, \lambda\theta N\overline{P}(1+\alpha)-NP_t$	$\theta N\overline{P}r-C, \lambda\theta N\overline{P}(\alpha-r)+S$
	不贷款	(0,0)	(0,0)

根据上述模型假设及支付矩阵，设企业逾期违约和银行批准贷款的比例分别为 P 和 $Q(P,Q\in[0,1])$，则企业群体选择"逾期违约"和"如期还款"两种策略各自的期望得益 μ_{11}、μ_{12} 和企业群体的采取混合策略的平均得益 $\overline{\mu}_1$ 分别为

$$\mu_{11} = Q[\lambda\theta N\overline{P}(1+\alpha)-NP_t]$$
$$\mu_{12} = Q[\lambda\theta N\overline{P}(\alpha-r)+S]$$
$$\overline{\mu}_1 = P\mu_{11}+(1-P)\mu_{12}$$

类似可得银行群体选择"批准贷款"和"拒绝贷款"两种策略各自的期望得益 μ_{21}、μ_{22} 和银行群体的采取混合策略的平均得益 $\overline{\mu}_2$ 分别为

$$\mu_{21} = P[-\theta N\overline{P}(1+r)+NP_t-C]+(1-P)(\theta N\overline{P}r-C)$$
$$\mu_{22} = 0$$
$$\overline{\mu}_2 = Q\mu_{21}+(1-Q)\mu_{22}$$

得到企业群体采取"逾期违约"策略概率的基因复制动态方程为

$$\frac{dP}{dt} = P(\mu_{11}-\overline{\mu}_1) = P(1-P)(\mu_{11}-\mu_{12}) = P(1-P)Q[\lambda\theta N\overline{P}(1+r)-NP_t-S]$$

得到银行群体采取"批准贷款"策略概率的基因复制动态方程为

$$\frac{dQ}{dt} = Q(\mu_{21}-\overline{\mu}_2) = Q(1-Q)(\mu_{21}-\mu_{22}) = Q(1-Q)[P(NP_t-\theta N\overline{P}-2\theta N\overline{P}r)+\theta N\overline{P}r-C]$$

其中，$\dfrac{dP}{dt}$ 表示随着时间的变化，科技型中小企业选择"逾期违约"策略的概率的动态变化速度。这是有限理性博弈分析的核心，它描述了银行在做出不同策略选择时，科技型中小企业整个群体的一种演化过程（梁益琳和张玉明，2012）。

上述复制者动态模型描述了技术创新风险下科技型中小企业与银行信贷行为的演化过程。当 $\dfrac{\mathrm{d}P}{\mathrm{d}t} > 0$ 时，企业选择"逾期违约"的策略概率会增加，意味着企业会趋向于选择违约；反之，企业选择"逾期违约"策略的概率会减少，意味着企业会趋向于选择不违约。

可见，仅当 $P = 0,1$ 或 $Q = 0$ 时科技型中小企业群体中采取"逾期违约"策略的企业所占的比例是稳定的；仅当 $Q = 0,1$ 或 $P = (\theta N\overline{P}r - C)/(2\theta N\overline{P}r + \theta N\overline{P} - NP_t)$ 时，银行群体中采取"批准贷款"策略的银行所占比例是稳定的。因此，技术创新风险下的银企演化博弈模型存在五个局部均衡点：$E_1(0,0)$、$E_2(0,1)$、$E_3(1,0)$、$E_4(1,1)$ 和 $E_5\big(0,(\theta N\overline{P}r - C)/(2\theta N\overline{P}r + \theta N\overline{P} - NP_t)\big)$。

3.2.3　贷后核查机制下银行与科技型中小企业的演化博弈模型

尽管模型 I 刻画了技术创新风险下银行和科技型中小企业的演化博弈过程，但由于非对称信息条件下，批准贷款的银行还是无法保证企业会如期偿还贷款本息。因此在模型 I 中加入了银行贷后核查这一环节，构造贷后核查机制下的银企演化博弈模型（模型 II），以期达到防范信息不对称引起的道德风险，降低违约率的目的。

科技型中小企业在成功贷款之后，企业存在着做假骗贷的可能性，银行只知道企业的 R&D 项目成功率为 λ，无法真实地了解实际情况。企业在 R&D 项目成功后需要偿还银行贷款本金和利息，于是有些企业故意在 R&D 项目投资成功后欺骗银行，谎称投资失败。银行为了防范信息不对称引起的道德风险，在模型 II 中对借款企业采取贷后核查的办法，假设核查成本是 VL，并假设银行的贷后核查非常有效，即贷后核查可以完全准确地判断企业是否有蓄意欺骗行为。如果银行核查到企业在贷款后存在着欺骗的行为，那么企业必须承担惩罚成本 R（刘维奇和高超，2006），则 R 就是银行的所得收益，且 $VL < R$。由此构造贷后核查机制下的演化博弈模型（模型 II）。其中，贷后核查机制下银行与科技型中小企业的支付矩阵如表 3-2 所示。

表 3-2　贷后核查机制下银行与科技型中小企业的支付矩阵

		科技型中小企业	
		逾期违约	如期还款
银行	核查	$-\theta N\overline{P}(1+r) + NP_t - C - VL + R$ $\lambda\theta N\overline{P}(1+\alpha) - NP_t - R$	$\theta N\overline{P}r - C - VL$ $\lambda\theta N\overline{P}(\alpha - r) + S$
	不核查	$-\theta N\overline{P}(1+r) + NP_t - C$ $\lambda\theta N\overline{P}(1+\alpha) - NP_t$	$\theta N\overline{P}r - C$ $\lambda\theta N\overline{P}(\alpha - r) + S$

根据上述模型假设及支付矩阵，设银行对借款企业选择"贷后核查"的概率为 X，选择"不核查"的概率为 $(1-X)$，则企业群体选择"逾期违约"和"如期还款"两种策略各自的期望得益 μ_{31}、μ_{32} 和企业群体的采取混合策略的平均得益 $\overline{\mu}_3$ 分别为

$$\mu_{31} = X[\lambda\theta N\overline{P}(1+\alpha) - NP_t - R] + (1-X)[\lambda\theta N\overline{P}(1+\alpha) - NP_t]$$

$$\mu_{32} = X[\lambda\theta N\overline{P}(\alpha-r) + S] + (1-X)[\lambda\theta N\overline{P}(\alpha-r) + S]$$

$$\overline{\mu}_3 = P\mu_{31} + (1-P)\mu_{32}$$

类似可得银行群体选择"贷后核查"和"不核查"两种策略各自的期望得益 μ_{41}、μ_{42} 和银行群体的采取混合策略的平均得益 $\overline{\mu}_4$，分别为

$$\mu_{41} = P[-\theta N\overline{P}(1+r) + NP_t - C - VL + R] + (1-P)[\theta N\overline{P}r - C - VL]$$

$$\mu_{42} = P[-\theta N\overline{P}(1+r) + NP_t - C] + (1-P)[\theta N\overline{P}r - C]$$

$$\overline{\mu}_4 = X\mu_{41} + (1-X)\mu_{42}$$

得到企业群体采取"逾期违约"策略概率 P 的基因复制动态方程为

$$\frac{\mathrm{d}P}{\mathrm{d}t} = P(\mu_{31} - \overline{\mu}_3) = P(1-P)(\mu_{31} - \mu_{32}) = P(1-P)\{\lambda\theta N\overline{P}(1+r) - NP_t - S - XR\}$$

得到银行群体采取"贷后核查"策略概率 X 的基因复制动态方程为

$$\frac{\mathrm{d}X}{\mathrm{d}t} = X(\mu_{41} - \overline{\mu}_4) = X(1-X)(\mu_{41} - \mu_{42}) = X(1-X)(PR - VL)$$

上述复制者动态模型描述了贷后核查机制下科技型中小企业与银行信贷行为的演化过程。同样，模型Ⅱ存在着以下五个局部均衡点：$E_1'(0,0)$、$E_2'(0,1)$、$E_3'(1,0)$、$E_4'(1,1)$ 和 $E_5'\left([\lambda\theta N\overline{P}(1+r) - NP_t - S]/R, VL/R\right)$。

3.3　演化稳定性分析

3.3.1　模型Ⅰ的演化稳定性分析

从企业群体的基因复制动态方程来看，当 $Q \neq 0$ 时，且 $P=0$ 或 $P=1$ 时，$\frac{\mathrm{d}P}{\mathrm{d}t}=0$，所以 $P=0$ 和 $P=1$ 是 P 的两个稳定状态。

从银行群体的基因复制动态方程来看，当 $P \neq \dfrac{\theta N\overline{P}r - C}{2\theta N\overline{P}r + \theta N\overline{P} - NP_t}$，且 $Q=0$ 和 $Q=1$ 时，$\frac{\mathrm{d}Q}{\mathrm{d}t}=0$，所以 $Q=0$ 和 $Q=1$ 是 Q 的两个稳定状态。如果 $0 < P < \dfrac{\theta N\overline{P}r - C}{2\theta N\overline{P}r + \theta N\overline{P} - NP_t}$，$\mu_{21} - \overline{\mu}_2 > 0$，即企业选择"逾期违约"策略的概率小于某个值时，银行群体选择"批准贷款"策略的期望得益大于采取混合策略的平均得益，这时银行会趋向于"批准贷款"的选择，所以 $Q=1$ 是基因复制动态下的一个演化稳定策略。如果，$\dfrac{\theta N\overline{P}r - C}{2\theta N\overline{P}r + \theta N\overline{P} - NP_t} < P < 1$，$\mu_{21} - \overline{\mu}_2 < 0$，即企业选择"逾期违约"策略的概率大于某个值时，银行群体选择"批准贷款"策略的期望得益小于采取混合策略的平均得益，这时银行会趋向于"拒绝贷款"的选择，所以 $Q=0$ 是这个基因复制动态下的另一个演化稳定策略。

综上所述，两个演化稳定策略 $Q=0$ 和 $Q=1$ 的分界点为 $P = \dfrac{\theta N \overline{P} r - C}{2\theta N \overline{P} r + \theta N \overline{P} - N P_t}$。可

以看出，在存货质押融资模式下，在保持其他条件不变的情况下，借贷双方共同预期的质押物期末价值 $N P_t$ 越大，银行支付给第三方物流企业的质押存贷保管费用 C 越低，则银行趋向于"批准贷款"的区间范围越大，趋向于"拒绝贷款"的区间范围越小。

3.3.2　模型 II 的演化稳定性分析

从企业群体的基因复制动态方程来看，当 $X \neq \dfrac{\lambda \theta N \overline{P}(1+r) - N P_t - S}{R}$ 时，且 $P=0$ 或 $P=1$

时，$\dfrac{\mathrm{d}P}{\mathrm{d}t} = 0$，所以 $P=0$ 和 $P=1$ 是 P 的两个稳定状态。如果 $0 < X < \dfrac{\lambda \theta N \overline{P}(1+r) - N P_t - S}{R}$，

$\mu_{31} - \overline{\mu}_3 > 0$，即银行选择"贷后核查"策略的概率小于某个值时，企业群体选择"逾期违约"策略的期望得益大于采取混合策略的平均得益，此时企业会趋向于"逾期违约"的选择，所以 $P=1$ 是基因复制动态下的一个演化稳定策略。如果 $\dfrac{\lambda \theta N \overline{P}(1+r) - N P_t - S}{R}$

$< X < 1$，$\mu_{31} - \overline{\mu}_3 < 0$，即银行选择"贷后核查"策略的概率大于某个值时，企业群体选择"逾期违约"策略的期望得益小于采取混合策略的平均得益，此时企业会趋向于"如期还款"的选择，所以 $P=0$ 是基因复制动态下的另一个演化稳定策略。在保持其他条件不变的情况下，企业投资 R&D 项目成功的平均概率 λ 越大、存货质押融资规模为 $\theta N \overline{P}$ 越大、银行贷款利率 r 越高、质押物期末价值 $N P_t$ 越小、企业按时偿还贷款本息获得的银行信任收益 S 越低、企业承担的惩罚成本 R 越低，则企业趋向于"逾期违约"的区间范围越大，趋向于"如期还款"的区间范围越小。

从银行群体的基因复制动态方程来看，当 $P \neq \dfrac{VL}{R}$ 时，且 $X=0$ 或 $X=1$ 时，

$\dfrac{\mathrm{d}X}{\mathrm{d}t} = 0$，所以 $X=0$ 和 $X=1$ 是 X 的两个稳定状态。如果 $0 < P < \dfrac{VL}{R}$，$\mu_{41} - \overline{\mu}_4 < 0$，即企

业选择"逾期违约"策略的概率小于某个值时，银行群体选择"贷后核查"策略的期望得益小于采取混合策略的平均得益，此时银行会趋向于"不核查"的选择，所以 $X=0$ 是基因复制动态下的一个演化稳定策略。如果 $\dfrac{VL}{R} < P < 1$，$\mu_{41} - \overline{\mu}_4 > 0$，即企业选择"逾期违约"策略的概率大于某个值时，银行群体选择"贷后核查"策略的期望得益大于采取混合策略的平均得益，此时银行会趋向于"贷后核查"的选择，所以 $X=1$ 是基因复制动态下的另一个演化稳定策略。在保持其他条件不变的情况下，银行的核查成本 VL 越大，企业承担的惩罚成本 R 越低，则银行趋向于"不核查"的区间范围越大，趋向于"贷后核查"的区间范围越小。

从图 3-1 银企演化博弈的基因复制动态分析相位图可以看出，点 $(0,0)$ 应该是银行和企业所追求的最佳状态，即企业趋向于不违约，银行趋向于不核查。此时，企业和银行建立起一种互相信任的良好关系。但是，在点 $(0,0)$ 企业和银行之间最终没有形成演化稳定均衡。银行贷后核查的惩罚金额越大，企业越趋向于如期还款，此时银行会逐渐降低

贷后核查的比例，趋向于不核查策略，于是处于完全理性和完全非理性之间的企业群体会趋向于完全理性而逐渐增大违约率，导致企业和银行在反复循环博弈过程中最终都不会达到最佳点 $(0,0)$。

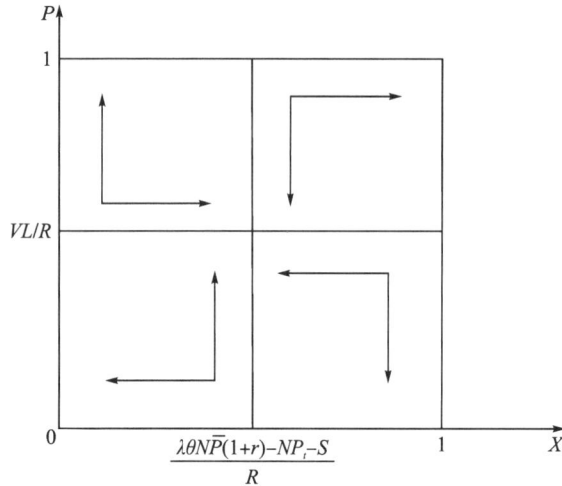

图 3-1　银企演化博弈的基因复制动态分析相位图

3.4　本章小结

1) 研究结论

本章以存货质押融资模式为例，运用有限理性的生物演化博弈理论，分别建立技术创新风险下和贷后核查机制下银行与科技型中小企业的演化博弈模型，分析银企信贷博弈过程中的群体演化过程和演化稳定策略，由此得出以下研究结论。

(1) 模型 I 的演化稳定性分析结果表明，在保持其他条件不变的情况下，借贷双方共同预期的质押物期末价值 NP_t 越大，银行支付给第三方物流企业的质押存货保管费用 C 越低，则银行趋向于"批准贷款"的区间范围越大，趋向于"拒绝贷款"的区间范围越小。

(2) 模型 II 的演化稳定性分析结果表明，① 在保持其他条件不变的情况下，企业投资 R&D 项目成功的平均概率 λ 越大、存货质押融资规模为 $\theta N\bar{P}$ 越大、银行贷款利率 r 越高、质押物期末价值 NP_t 越小、企业按时偿还贷款本息获得的银行信任收益 S 越低、企业承担的惩罚成本 R 越低，则企业趋向于"逾期违约"的区间范围越大，趋向于"如期还款"的区间范围越小。② 在保持其他条件不变的情况下，银行的核查成本 VL 越大，企业承担的惩罚成本 R 越低，则银行趋向于"不核查"的区间范围越大，趋向于"贷后核查"的区间范围越小。

2) 政策含义

(1) 为提高银行的贷款意向，企业应尽量选择那些市场价格波动不大或预期上升，功能形态较好，易损性较小，配套保管条件要求不高，销售渠道稳定，且数量较大的存货作为质押物，以提高借贷双方共同预期的质押物期末价值。此外，银行应尽可能选择与质押存货保管费用较低的第三方物流企业进行合作，以提高自身的贷款意向。

(2) 为降低企业的违约概率，银行应尽量选择那些技术创新风险适中，存货质押融资规模适度，贷款利率较低，预期的质押物期末价值较高的企业发放贷款，并赋予企业较高的信任收益和违约惩罚。同时，银行应尽可能的降低贷后核查成本，提高贷后核查的覆盖率。

(3) 在缺乏外部力量作用的情况下，仅仅依靠科技型中小企业的诚信意识以及银行的贷后核查机制，很难使得银企演化博弈模型达到演化稳定均衡。通过建立并完善第三方物流企业作为中介起监督作用的市场体系，有效降低了银行的信贷风险，激发了银行参与科技型中小企业信贷的积极性，也使发展中的科技型中小企业获得了相应的信贷支持，促使银企演化博弈模型达到演化稳定均衡。

第4章 基于合作博弈的存货质押融资中利益相关者的收益分配机制研究

4.1 引　言

在供应链融资模式下，银行以核心企业为出发点，为上、下游配套的科技型中小企业提供资金融通，相当于银行将资金注入整个供应链，能够激活整个供应链，提升整个供应链的市场竞争能力，从而实现银行与供应链上节点企业的多方共赢。因此，建立合理的收益分配机制对维持供应链融资中利益相关者的长期稳定合作关系具有重要意义。

合作博弈是研究人们达成合作时如何分配合作得到的收益，即收益分配问题。国内学者运用合作博弈对供应链融资中利益相关者的收益分配问题进行了一系列的研究。例如，金波（2013）构建了供应链融资成员间利益分配的 Shapley 模型，并将风险修正因子引入 Shapley 模型，修正了供应链融资成员间的利益分配。金波等（2013）运用合作博弈模型分析供应链融资成员的收益分配关系，探讨合作给供应链成员带来的增值效应。徐鲲等（2016）以第四方物流双边平台下供应链融资模式为研究对象，采用合作博弈理论中的 Shapley 值法对供应链融资的收益进行分配。高更君和黄芳（2017）根据供应链融资联盟收益分配的主要影响因素，在传统的 Shapley 值法的基础上引入了风险系数、投入成本、努力程度以及信息对称水平 4 个分配修正因子，弥补了影响因素的缺失。张晓杰和余万林（2017）在贷款利率市场化背景下，利用博弈论和契约协调理论，构建了银企供应链收益分成契约模型，分析了银行和企业的决策行为、银企供应链的合作博弈及供应链收益的 Pareto 改进问题，并给出了契约参数的取值范围。刘佳和隋超（2017）构建多主体合作对策模型，用基于贡献修正因子的 Shapley 值、GQP、简化的 MCRS 等方法对煤炭供应链融资合作联盟中各主体进行收益分配分析。此外，部分学者还专门针对存货质押融资中利益相关者的收益分配问题进行了研究。例如，江莹和陈德良（2012）基于合作博弈论，对物流金融运作模式——融通仓业务模式的收入分配问题进行建模，并进行了实例验证。黄彦菁（2014）从供应链角度出发，针对供应链金融服务模式以及存货质押融资模式进行了合作博弈分析，构建了基于供应链金融的中小企业存货质押融资合作博弈模型，并进行了实例验证。周盛世等（2015）介绍了统一授信存货质押融资的概念及其风险，鉴于其参与者的合作情况及对风险的厌恶程度，借助随机合作博弈理论，创建了风险分担比例决策模型，在参与者之间进行风险的适当转移，以达到最佳分配。程帆（2016）研究了统一授信模式下供应商、销售商、物流企业三方组成的供应链在季节性存货质押融资中各方的决策行为；在不合作与不同合作模式下构建资金约束下的非合作博弈模型，讨论销售商的再订购决策、物流企业的质押率决策间的博弈行为；基于 Shapley 值法建立了联盟合作博弈模型，分析联盟合作存在的可能性，求解得出联盟收益分配方式。

综上所述，当前国内学者针对供应链融资中利益相关者的收益分配问题的研究大多集中于对 Shapley 值的运用，并尝试引入风险修正因子对 Shapley 值进行修正，力图建立起"利益共享，风险共担"的分配机制。但上述修正未考虑按边际贡献分配和按风险分担比例分配两种收益分配策略的相对重要性。有鉴于此，本章首先引入局中人 i 按边际贡献分配的收益权重 w_1 和局中人 i 按风险分担比例分配的收益权重 w_2，提出风险调整的 Shapley 值；然后，构建存货质押融资模式下银行、科技型中小企业、核心企业与第三方物流企业等利益相关者的收益分配模型；最后，通过数值分析，演示最佳收益分配方案的确定过程。

4.2　合作博弈的基本概念

根据是否可以达成具有约束力的协议，博弈分为合作博弈和非合作博弈。合作博弈是研究人们达成合作时如何分配合作得到的收益，即收益分配问题。而非合作博弈是研究人们在利益相互影响的局势中如何选决策使自己的收益最大，即策略选择问题(施锡铨，2000；谢识予，2002；候定丕，2004)。如果局中人能够达成一个具有约束力的协议或协议在外在力量保证下强制执行，就是合作博弈；反之为非合作博弈。非合作博弈强调的是个人理性，并不注重集体理性，结果的效率性不确定；而合作博弈强调的是集体理性，即效率、公平、公正(施锡铨，2000；谢识予，2002；候定丕，2004)。合作博弈存在的两个基本条件是：第一，对联盟来说，整体收益大于其每个成员单独经营时的收益之和；第二，对联盟内部而言，应存在具有帕累托改进性质的分配规则，即每个成员都能获得不少于不加入联盟时所获的收益(董保民等，2008；刘小冬，2011)。

合作博弈的基本概念：设博弈的局中人集合为 $N = \{1, 2, \cdots, n\}$，N 是一个有限集，局中人用 $i(i = 1, 2, \cdots, n)$ 来表示。则称集合 N 的任意子集 S 为联盟，通常将空集 $\varnothing$、单点集 $\{i\}$、全集 N 均视为联盟，所有联盟的全体记为 2^n。

定义 4.1：给定一个局中人集合 $N = \{1, 2, \cdots, n\}$，合作博弈的特征型是有序数对 (N, v)。其中，特征函数 v 是从 2^n 到实数集 R^n 的映射，即 $v: 2^n \rightarrow R^n$，且 $v(\varnothing) = 0$。v 是与集合 N 中的每个联盟 $S \subseteq N$ 相对应的特征函数，$v(S)$ 表示联盟 S 中的局中人相互合作所能得到的效用(可以是收益，也可以是成本)。

定义 4.2：对于 $\forall i \in N$，若支付向量 $\boldsymbol{X} = \{x_1, x_2, \cdots, x_n\}$ 满足 $x_i \geqslant v(\{i\})$，且 $\sum\limits_{i=1}^{n} x_i = v(N)$，则称支付向量 $\boldsymbol{X}$ 为合作博弈 (N, v) 的一个分配。

定义 4.3：若对于 $\forall S_1, S_2 \in 2^n$，且 $S_1 \cap S_2 = \varnothing$，有 $v(S_1 \cup S_2) \geqslant v(S_1) + v(S_2)$，则称合作博弈 (N, v) 是超可加的；若对于 $\forall S_1, S_2 \in 2^n$，且 $S_1 \cap S_2 = \varnothing$，有 $v(S_1 \cup S_2) \leqslant v(S_1) + v(S_2)$，则称合作博弈 (N, v) 是次可加的；若对于 $\forall S_1, S_2 \in 2^n$，且 $S_1 \cap S_2 = \varnothing$，有 $v(S_1 \cup S_2) = v(S_1) + v(S_2)$，则称合作博弈 (N, v) 是可加的。

定义 4.4：若对于 $\forall S_1, S_2 \in 2^n$，有 $v(S_1 \cup S_2) + v(S_1 \cap S_2) \geqslant v(S_1) + v(S_2)$，则称合作博弈 (N, v) 是一个凸博弈；若对于 $\forall S_1, S_2 \in 2^n$，有 $v(S_1 \cup S_2) + v(S_1 \cap S_2) \leqslant v(S_1) + v(S_2)$，则称合作博弈 (N, v) 是一个凹博弈。

定义 4.5：在合作博弈 (N,v) 中，若对于 $\forall S \subseteq N,\{i\}$，有 $v(S \cup i) = v(S)$，则称局中人 i 为哑元局中人。

定义 4.6：在合作博弈 (N,v) 中，若对于 $\forall S \subseteq N,\{i,j\}$，有 $v(S \cup i) = v(S \cup j)$，则称局中人 i 与 j 是对称的(董保民等，2008；刘小冬，2011)。

4.3　Shapley 值

1953 年，Shapley 在对"公平"或"合理"进行严格的公理化描述的基础上提出了 Shapley 值这个解的概念，并证明了在任意一个有限集的合作博弈中，存在着唯一的 Shapley 值(Shapley，1953)。Shapley 值将收益(或成本)按照所有局中人的边际贡献进行分配(或分摊)。即，局中人 i 所应获得的收益(或所应承担的成本)等于该局中人对每一个它所参与的联盟的边际贡献的期望值。

设 $\varphi(v) = (\varphi_1(v), \varphi_2(v), \cdots, \varphi_n(v))$ 为合作博弈 (N,v) 的 Shapley 值，则局中人 i 所分配的收益为：

$$\varphi_i(v) = \sum_{S_i \subseteq N} \frac{(s_i - 1)!(n - s_i)!}{n!}\left[v(S_i) - v(S_i - \{i\})\right] \tag{4-1}$$

其中，S_i 表示集合 N 中包含局中人 i 的所有子集，s_i 为子集 S_i 中局中人的个数，n 为集合 N 中所有局中人的个数，$v(S_i)$ 为子集 S_i 的整体收益，$v(S_i - \{i\})$ 表示子集 S_i 中若局中人 i 不参与合作时获得的收益(董保民等，2008；刘小冬，2011；Shapley，1953)。

假设局中人按照随机顺序形成联盟，每种顺序发生的概率相等，均为 $1/n!$。局中人 i 与其前面的 $(s_i - 1)$ 人形成联盟 S_i，局中人 i 对联盟 S_i 的边际贡献为 $v(S_i) - v(S_i - \{i\})$。由于子集 $S_i - \{i\}$ 与子集 $N - S_i$ 的局中人排序共有 $(s_i - 1)!(n - s_i)!$ 种。因此，每种排序出现的概率为 $(s_i - 1)!(n - s_i)!/n!$。由此可见，局中人 i 在联盟 S_i 中的边际贡献的期望值即为 Shapley 值。Shapley 值是满足哑元性、有效性、对称性和可加性四个性质的唯一解(董保民等，2008；刘小冬，2011；Shapley，1953)。

性质 4.1：哑元性，即，对于合作博弈 (N,v) 中的哑元局中人 i，有 $\varphi_i(v) = 0$。

性质 4.2：有效性，即，对于合作博弈 (N,v)，有 $\sum_{i=1}^{n} \varphi_i(v) = v(N)$。

性质 4.3：对称性，即，合作博弈 (N,v) 中局中人 i 与 j 是对称的，则有 $\varphi_i(v) = \varphi_j(v)$。

性质 4.4：可加性，即，对于合作博弈 (N,u) 和 (N,v)，有 $\varphi(u + v) = \varphi(u) + \varphi(v)$。

4.4　风险调整的 Shapley 值

由式 (4-1) 可知，Shapley 值将收益按照所有局中人的边际贡献进行分配，即局中人 i 所应获得的收益等于该局中人对每一个它所参与的联盟的边际贡献的期望值，具有较高的合理性和积极性(孙世民等，2008)。然而，Shapley 值没有考虑风险因素对收益分配的影响，认为合作博弈 (N,v) 中每个局中人所承担的风险都是一致的，均为 $1/n$，这显然与现实存在一定差异。由于每个局中人的自身情况不同，在合作中所处的位置不同，导致每个局中人承担的风险及其程度也不尽相同。因此，为提高收益分配的公平性，应在 Shapley 值的基础上，对承担风险较大的局中人给予一定的收益补偿，对承担风险较小的局中人给予一定的收益扣减，从而建立起"利益共享，风险共担"的分配机制。戴建华和薛恒新（2004）引入风险修正因子 $\Delta R_i = R_i - (1/n)$ 对 Shapley 值进行修正，但未考虑按边际贡献分配和按风险分担比例分配两种收益分配策略的相对重要性。有鉴于此，本书提出如下的风险调整的 Shapley 值。

设 $\varphi'(v) = (\varphi'_1(v), \varphi'_2(v), \cdots, \varphi'_n(v))$ 为合作博弈 (N, v) 的风险调整的 Shapley 值，则局中人 i 所分配的收益为：

$$\varphi'_i(v) = w_1 \sum_{S_i \subseteq N} \frac{(s_i - 1)!(n - s_i)!}{n!} \left[v(S_i) - v(S_i - \{i\}) \right] + w_2 \frac{r_i}{r_1 + r_2 + \cdots + r_n} v(N) \tag{4-2}$$

其中，S_i 表示集合 N 中包含局中人 i 的所有子集；s_i 为子集 S_i 中局中人的个数；n 为集合 N 中所有局中人的个数；$v(S_i)$ 为子集 S_i 的整体收益；$v(S_i - \{i\})$ 表示子集 S_i 中若局中人 i 不参与合作时获得的收益；$v(N)$ 为集合 N 的整体收益；r_i 为局中人 i 所承担的风险，$r_1 + r_2 + \cdots + r_n$ 为集合 N 中所有局中人所承担的风险之和，则 $r_i / (r_1 + r_2 + \cdots + r_n)$ 为局中人 i 的风险分担比例；w_1 为局中人 i 按边际贡献分配的收益权重，w_2 为局中人 i 按风险分担比例分配的收益权重，$0 \leqslant w_1 \leqslant 1$，$0 \leqslant w_2 \leqslant 1$，且 $w_1 + w_2 = 1$。

w_1 和 w_2 可以根据给定的收益分配原则来确定；当 $w_1 = 1$，$w_2 = 0$ 时，式(4-2)退化为传统的 Shapley 值。风险调整的 Shapley 值同样满足有效性、对称性和可加性，但不满足哑元性，即对于合作博弈 (N, v) 中的哑元局中人 i，有 $\varphi_i(v) = 0$，但不一定有 $\varphi'_i(v) = 0$。

4.5　存货质押融资中利益相关者的收益分配模型

4.5.1　模型假设

为简化模型，假设由一个核心企业 (C) 和一个科技型中小企业 (T) 组成两级供应链，银行 (B) 向科技型中小企业 (T) 提供存货质押融资，第三方物流企业 (L) 作为监管方参与进来。这样，在存货质押融资模式下，银行、科技型中小企业、核心企业与第三方物流企业组成局中人集合 $N(B,T,C,L)$。局中人集合 N 中的联盟 S 包括：$\{B\}$、$\{T\}$、$\{C\}$、$\{L\}$、$\{B, T\}$、$\{B, C\}$、$\{B, L\}$、$\{T, C\}$、$\{T, L\}$、$\{C, L\}$、$\{B, T, C\}$、$\{B, T, L\}$、$\{B, C, L\}$、$\{T, C, L\}$、$\{B, T, C, L\}$。

银行、科技型中小企业、核心企业与第三方物流企业单独经营时的收益分别为：$v(B)$、$v(T)$、$v(C)$ 和 $v(L)$；银行与科技型中小企业组成的联盟收益为 $v(B,T)$，其他以此类推；银行、科技型中小企业与核心企业组成的联盟收益为 $v(B,T,C)$，其他以此类推；银行、科技型中小企业、核心企业与第三方物流企业组成的联盟收益为 $v(B,T,C,L)$。

存货质押融资中银行、科技型中小企业、核心企业与第三方物流企业的收益分配遵循"互惠互利原则"（王青，2015）。即，每个局中人在合作中获得的收益均大于自己单独经营时的收益：$\varphi_B > v(B)$，$\varphi_T > v(T)$，$\varphi_C > v(C)$，$\varphi_L > v(L)$。在考虑风险因素时，存货质押融资中银行、科技型中小企业、核心企业与第三方物流企业的收益分配还要遵循"风险与收益对称原则"(王青,2015)。即,每个局中人在合作中获得的收益均应与其承担的风险大小相匹配。

在存货质押融资模式下,科技型中小企业向银行提供质押物获得短期贷款,面临较大的经营风险;银行获得质押物并发放短期贷款,面临一定的信用风险;第三方物流企业负责质押物的监管,面临一定的质押物监管风险;核心企业责任捆绑,面临一定的供应链稳定性风险。假设科技型中小企业承担的风险为 r_T,银行承担的风险为 r_B,第三方物流企业承担的风险为 r_L,核心企业承担的风险为 r_C,则有 $r_T > r_B > r_L > r_C$。

4.5.2 模型构建

1)Shapley 值

由式(4-1)计算可得银行、科技型中小企业、核心企业和第三方物流企业的 Shapley 值。

①银行的收益为

$$
\varphi_B(v) = \frac{(4-1)!(4-4)!}{4!}\big[v(B,T,C,L) - v(T,C,L)\big] + \frac{(3-1)!(4-3)!}{4!}\big[v(B,T,C) - v(T,C)\big] +
$$
$$
\frac{(3-1)!(4-3)!}{4!}\big[v(B,T,L) - v(T,L)\big] + \frac{(3-1)!(4-3)!}{4!}\big[v(B,C,L) - v(C,L)\big] +
$$
$$
\frac{(2-1)!(4-2)!}{4!}\big[v(B,T) - v(T)\big] + \frac{(2-1)!(4-2)!}{4!}\big[v(B,C) - v(C)\big] +
$$
$$
\frac{(2-1)!(4-2)!}{4!}\big[v(B,L) - v(L)\big] + \frac{(1-1)!(4-1)!}{4!}\big[v(B) - v(\Phi)\big]
$$

$$
\varphi_B(v) = \frac{1}{4}\big[v(B,T,C,L) - v(T,C,L)\big] + \frac{1}{12}\big[v(B,T,C) - v(T,C)\big] + \frac{1}{12}\big[v(B,T,L) - v(T,L)\big] +
$$
$$
\frac{1}{12}\big[v(B,C,L) - v(C,L)\big] + \frac{1}{12}\big[v(B,T) - v(T)\big] + \frac{1}{12}\big[v(B,C) - v(C)\big] +
$$
$$
\frac{1}{12}\big[v(B,L) - v(L)\big] + \frac{1}{4}v(B) \tag{4-3}
$$

②科技型中小企业的收益为

$$
\varphi_T(v) = \frac{(4-1)!(4-4)!}{4!}\big[v(B,T,C,L) - v(B,C,L)\big] + \frac{(3-1)!(4-3)!}{4!}\big[v(B,T,C) - v(B,C)\big] +
$$
$$
\frac{(3-1)!(4-3)!}{4!}\big[v(B,T,L) - v(B,L)\big] + \frac{(3-1)!(4-3)!}{4!}\big[v(T,C,L) - v(C,L)\big] +
$$
$$
\frac{(2-1)!(4-2)!}{4!}\big[v(B,T) - v(B)\big] + \frac{(2-1)!(4-2)!}{4!}\big[v(T,C) - v(C)\big] +
$$
$$
\frac{(2-1)!(4-2)!}{4!}\big[v(T,L) - v(L)\big] + \frac{(1-1)!(4-1)!}{4!}\big[v(T) - v(\Phi)\big]
$$

$$
\varphi_T(v) = \frac{1}{4}\big[v(B,T,C,L) - v(B,C,L)\big] + \frac{1}{12}\big[v(B,T,C) - v(B,C)\big] + \frac{1}{12}\big[v(B,T,L) - v(B,L)\big] +
$$
$$
\frac{1}{12}\big[v(T,C,L) - v(C,L)\big] + \frac{1}{12}\big[v(B,T) - v(B)\big] + \frac{1}{12}\big[v(T,C) - v(C)\big] +
$$
$$
\frac{1}{12}\big[v(T,L) - v(L)\big] + \frac{1}{4}v(T) \tag{4-4}
$$

③核心企业的收益为

$$\varphi_C(v) = \frac{(4-1)!(4-4)!}{4!}\big[v(B,T,C,L)-v(B,T,L)\big] + \frac{(3-1)!(4-3)!}{4!}\big[v(B,T,C)-v(B,T)\big] +$$

$$\frac{(3-1)!(4-3)!}{4!}\big[v(B,C,L)-v(B,L)\big] + \frac{(3-1)!(4-3)!}{4!}\big[v(T,C,L)-v(T,L)\big] +$$

$$\frac{(2-1)!(4-2)!}{4!}\big[v(B,C)-v(B)\big] + \frac{(2-1)!(4-2)!}{4!}\big[v(T,C)-v(T)\big] +$$

$$\frac{(2-1)!(4-2)!}{4!}\big[v(C,L)-v(L)\big] + \frac{(1-1)!(4-1)!}{4!}\big[v(C)-v(\Phi)\big]$$

$$\varphi_C(v) = \frac{1}{4}\big[v(B,T,C,L)-v(B,T,L)\big] + \frac{1}{12}\big[v(B,T,C)-v(B,T)\big] + \frac{1}{12}\big[v(B,C,L)-v(B,L)\big] +$$

$$\frac{1}{12}\big[v(T,C,L)-v(T,L)\big] + \frac{1}{12}\big[v(B,C)-v(B)\big] + \frac{1}{12}\big[v(T,C)-v(T)\big] +$$

$$\frac{1}{12}\big[v(C,L)-v(L)\big] + \frac{1}{4}v(C) \tag{4-5}$$

④第三方物流企业的收益为

$$\varphi_L(v) = \frac{(4-1)!(4-4)!}{4!}\big[v(B,T,C,L)-v(B,T,C)\big] + \frac{(3-1)!(4-3)!}{4!}\big[v(B,T,L)-v(B,T)\big] +$$

$$\frac{(3-1)!(4-3)!}{4!}\big[v(B,C,L)-v(B,C)\big] + \frac{(3-1)!(4-3)!}{4!}\big[v(T,C,L)-v(T,C)\big] +$$

$$\frac{(2-1)!(4-2)!}{4!}\big[v(B,L)-v(B)\big] + \frac{(2-1)!(4-2)!}{4!}\big[v(T,L)-v(T)\big] +$$

$$\frac{(2-1)!(4-2)!}{4!}\big[v(C,L)-v(C)\big] + \frac{(1-1)!(4-1)!}{4!}\big[v(L)-v(\Phi)\big]$$

$$\varphi_L(v) = \frac{1}{4}\big[v(B,T,C,L)-v(B,T,C)\big] + \frac{1}{12}\big[v(B,T,L)-v(B,T)\big] + \frac{1}{12}\big[v(B,C,L)-v(B,C)\big] +$$

$$\frac{1}{12}\big[v(T,C,L)-v(T,C)\big] + \frac{1}{12}\big[v(B,L)-v(B)\big] + \frac{1}{12}\big[v(T,L)-v(T)\big] +$$

$$\frac{1}{12}\big[v(C,L)-v(C)\big] + \frac{1}{4}v(L) \tag{4-6}$$

由式(4-3)～式(4-6)可知

$$\varphi_B(v) + \varphi_T(v) + \varphi_C(v) + \varphi_L(v) = v(B,T,C,L)$$

2)风险调整的 Shapley 值

由式(4-2)计算可得银行、科技型中小企业、核心企业和第三方物流企业的风险调整的 Shapley 值。

①银行的风险调整收益为

$$\varphi'_B(v) = w_1\varphi_B(v) + w_2\left[\frac{r_B}{r_B + r_T + r_C + r_L}v(B,T,C,L)\right] \tag{4-7}$$

②科技型中小企业的风险调整收益为

$$\varphi_T'(v) = w_1\varphi_T(v) + w_2\left[\frac{r_T}{r_B + r_T + r_C + r_L}v(B,T,C,L)\right] \tag{4-8}$$

③核心企业的风险调整收益为

$$\varphi_C'(v) = w_1\varphi_C(v) + w_2\left[\frac{r_C}{r_B + r_T + r_C + r_L}v(B,T,C,L)\right] \tag{4-9}$$

④第三方物流企业的风险调整收益为

$$\varphi_L'(v) = w_1\varphi_L(v) + w_2\left[\frac{r_L}{r_B + r_T + r_C + r_L}v(B,T,C,L)\right] \tag{4-10}$$

由式(4-7)～式(4-10)可知

$$\varphi_B'(v) + \varphi_T'(v) + \varphi_C'(v) + \varphi_L'(v) = v(B,T,C,L)$$

4.6　数值分析

4.6.1　基础数据的设定

设由银行(B)、科技型中小企业(T)、核心企业(C)与第三方物流企业(L)组成四方合作博弈联盟$S(B,T,C,L)$。根据我国存货质押融资业务实践，结合本书的研究目的，设银行、科技型中小企业、核心企业与第三方物流企业单独经营(周期：6 个月)时的收益分别为 30000 万元、1000 万元、10000 万元、10000 万元，则联盟收益的基础数据如表 4-1 所示。

表 4-1　联盟收益的基础数据　　　　　　　　　　　(单位：万元)

S	$\{B\}$	$\{T\}$	$\{C\}$	$\{L\}$	$\{B,\ T\}$
$v(S)$	30000	1000	10000	10000	35650
S	$\{B,\ C\}$	$\{B,\ L\}$	$\{T,\ C\}$	$\{T,\ L\}$	$\{C,\ L\}$
$v(S)$	46000	46000	12100	11550	21000
S	$\{B,\ T,\ C\}$	$\{B,\ T,\ L\}$	$\{B,\ C,\ L\}$	$\{T,\ C,\ L\}$	$\{B,\ T,\ C,\ L\}$
$v(S)$	51250	49200	60000	24150	66300

4.6.2　基于 Shapley 值的收益分配计算

(1)银行的收益。由表 4-1 和式(4-3)计算可得基于 Shapley 值的银行的收益，银行的收益分配计算过程见表 4-2。将表 4-2 中的$\left[(s_i-1)!(n-s_i)!/n!\right]\left[v(S_i)-v(S_i-\{i\})\right]$加总可得$\varphi_B(v) = 36575$万元。

表 4-2 银行的收益分配计算

S_i	$\{B\}$	$\{B, T\}$	$\{B, C\}$	$\{B, L\}$
$v(S_i)$	30000	35650	46000	46000
$v(S_i-\{i\})$	0	1000	10000	10000
$v(S_i)-v(S_i-\{i\})$	30000	34650	36000	36000
s_i	1	2	2	2
$(s_i-1)!(n-s_i)!/n!$	1/4	1/12	1/12	1/12
$[(s_i-1)!(n-s_i)!/n!][v(S_i)-v(S_i-\{i\})]$	7500	2887.5	3000	3000
S_i	$\{B, T, C\}$	$\{B, T, L\}$	$\{B, C, L\}$	$\{B, T, C, L\}$
$v(S_i)$	51250	49200	60000	66300
$v(S_i-\{i\})$	12100	11550	21000	24150
$v(S_i)-v(S_i-\{i\})$	39150	37650	39000	42150
s_i	3	3	3	4
$(s_i-1)!(n-s_i)!/n!$	1/12	1/12	1/12	1/4
$[(s_i-1)!(n-s_i)!/n!][v(S_i)-v(S_i-\{i\})]$	3262.5	3137.5	3250	10537.5

(2) 科技型中小企业的收益。由表 4-1 和式 (4-4) 计算可得基于 Shapley 值的科技型中小企业的收益，科技型中小企业的收益分配计算过程见表 4-3。将表 4-3 中的 $[(s_i-1)!(n-s_i)!/n!][v(S_i)-v(S_i-\{i\})]$ 加总可得 $\varphi_T(v)=3566.67$ 万元。

表 4-3 科技型中小企业的收益分配计算

S_i	$\{T\}$	$\{B, T\}$	$\{T, C\}$	$\{T, L\}$
$v(S_i)$	1000	35650	12100	11550
$v(S_i-\{i\})$	0	30000	10000	10000
$v(S_i)-v(S_i-\{i\})$	1000	5650	2100	1550
s_i	1	2	2	2
$(s_i-1)!(n-s_i)!/n!$	1/4	1/12	1/12	1/12
$[(s_i-1)!(n-s_i)!/n!][v(S_i)-v(S_i-\{i\})]$	250	470.83	175	129.17
S_i	$\{B, T, C\}$	$\{B, T, L\}$	$\{T, C, L\}$	$\{B, T, C, L\}$
$v(S_i)$	51250	49200	24150	66300
$v(S_i-\{i\})$	46000	46000	21000	60000
$v(S_i)-v(S_i-\{i\})$	5250	3200	3150	6300
s_i	3	3	3	4
$(s_i-1)!(n-s_i)!/n!$	1/12	1/12	1/12	1/4
$[(s_i-1)!(n-s_i)!/n!][v(S_i)-v(S_i-\{i\})]$	437.5	266.67	262.5	1575

（3）核心企业的收益。由表 4-1 和式(4-5)计算可得基于 Shapley 值的核心企业的收益，核心企业的收益分配计算过程见表 4-4。将表 4-4 中的 $[(s_i-1)!(n-s_i)!/n!]$ $[v(S_i)-v(S_i-\{i\})]$ 加总可得 $\varphi_C(v)=13466.67$ 万元。

表 4-4　核心企业的收益分配计算

S_i	$\{C\}$	$\{B,\ C\}$	$\{T,\ C\}$	$\{C,\ L\}$
$v(S_i)$	10000	46000	12100	21000
$v(S_i-\{i\})$	0	30000	1000	10000
$v(S_i)-v(S_i-\{i\})$	10000	16000	11100	11000
s_i	1	2	2	2
$(s_i-1)!(n-s_i)!/n!$	1/4	1/12	1/12	1/12
$[(s_i-1)!(n-s_i)!/n!][v(S_i)-v(S_i-\{i\})]$	2500	1333.33	925	916.67
S_i	$\{B,\ T,\ C\}$	$\{B,\ C,\ L\}$	$\{T,\ C,\ L\}$	$\{B,\ T,\ C,\ L\}$
$v(S_i)$	51250	60000	24150	66300
$v(S_i-\{i\})$	35650	46000	11550	49200
$v(S_i)-v(S_i-\{i\})$	15600	14000	12600	17100
s_i	3	3	3	4
$(s_i-1)!(n-s_i)!/n!$	1/12	1/12	1/12	1/4
$[(s_i-1)!(n-s_i)!/n!][v(S_i)-v(S_i-\{i\})]$	1300	1166.67	1050	4275

（4）第三方物流企业的收益。由表 4-1 和式(4-6)计算可得基于 Shapley 值的第三方物流企业的收益，第三方物流企业的收益分配计算过程见表 4-5。将表 4-5 中的 $[(s_i-1)!(n-s_i)!/n!][v(S_i)-v(S_i-\{i\})]$ 加总可得 $\varphi_L(v)=12691.68$ 万元。

表 4-5　第三方物流企业的收益分配计算

S_i	$\{L\}$	$\{B,\ L\}$	$\{T,\ L\}$	$\{C,\ L\}$
$v(S_i)$	10000	46000	11550	21000
$v(S_i-\{i\})$	0	30000	1000	10000
$v(S_i)-v(S_i-\{i\})$	10000	16000	10550	11000
s_i	1	2	2	2
$(s_i-1)!(n-s_i)!/n!$	1/4	1/12	1/12	1/12
$[(s_i-1)!(n-s_i)!/n!][v(S_i)-v(S_i-\{i\})]$	2500	1333.33	879.17	916.67
S_i	$\{B,\ T,\ L\}$	$\{B,\ C,\ L\}$	$\{T,\ C,\ L\}$	$\{B,\ T,\ C,\ L\}$
$v(S_i)$	49200	60000	24150	66300
$v(S_i-\{i\})$	35650	46000	12100	51250
$v(S_i)-v(S_i-\{i\})$	13550	14000	12050	15050

S_i	$\{B, T, L\}$	$\{B, C, L\}$	$\{T, C, L\}$	$\{B, T, C, L\}$
s_i	3	3	3	4
$(s_i-1)!(n-s_i)!/n!$	1/12	1/12	1/12	1/4
$[(s_i-1)!(n-s_i)!/n!][v(S_i)-v(S_i-\{i\})]$	1129.17	1166.67	1004.17	3762.5

由表 4-2、表 4-3、表 4-4 和表 4-5 可知，基于 Shapley 值的收益分配方案满足有效性条件：$\varphi_B(v)+\varphi_T(v)+\varphi_C(v)+\varphi_L(v)=v(B,T,C,L)=66300.02$ 万元。

4.6.3　基于风险调整的 Shapley 值的收益分配计算

设 $r_B=0.60$，$r_T=0.80$，$r_C=0.20$，$r_L=0.40$，由 $r_i/r_1+r_2+\cdots+r_n$ 计算可得，银行、科技型中小企业、核心企业和第三方物流企业的风险分担比例分别为 0.30、0.40、0.10、0.20。则基于风险调整的 Shapley 值的收益分配计算如下所示。

(1)银行的风险调整收益。已知 $\varphi_B(v)=36575$ 万元，由式 (4-7) 计算可得银行的风险调整收益，银行的风险调整收益分配计算过程及结果见表 4-6。

表 4-6　银行的风险调整收益分配计算

w_1	$w_1\varphi_B(v)$	w_2	$w_2[0.30\times v(B,T,C,L)]$	$\varphi_B'(v)$
0	0	1	19890	19890.00
0.1	3657.50	0.9	17901	21558.50
0.2	7315.00	0.8	15912	23227.00
0.3	10972.50	0.7	13923	24895.50
0.4	14630.00	0.6	11934	26564.00
0.5	18287.50	0.5	9945	28232.50
0.6	21945.00	0.4	7956	29901.00
0.7	25602.50	0.3	5967	31569.50
0.8	29260.00	0.2	3978	33238.00
0.9	32917.50	0.1	1989	34906.50
1	36575.00	0	0	36575.00

(2)科技型中小企业的风险调整收益。已知 $\varphi_T(v)=3566.67$ 万元，由式 (4-8) 计算可得科技型中小企业的风险调整收益，科技型中小企业的风险调整收益分配计算过程及结果见表 4-7。

表 4-7　科技型中小企业的风险调整收益分配计算

w_1	$w_1\varphi_T(v)$	w_2	$w_2[0.40\times v(B,T,C,L)]$	$\varphi_T'(v)$
0	0	1	26520	26520.00
0.1	356.67	0.9	23868	24224.67
0.2	713.33	0.8	21216	21929.33
0.3	1070.00	0.7	18564	19634.00

w_1	$w_1\varphi_T(v)$	w_2	$w_2\left[0.40\times v(B,T,C,L)\right]$	$\varphi'_T(v)$
0.4	1426.67	0.6	15912	17338.67
0.5	1783.34	0.5	13260	15043.34
0.6	2140.00	0.4	10608	12748.00
0.7	2496.67	0.3	7956	10452.67
0.8	2853.34	0.2	5304	8157.34
0.9	3210.00	0.1	2652	5862.00
1	3566.67	0	0	3566.67

（3）核心企业的风险调整收益。已知 $\varphi_C(v)=13466.67$ 万元，由式（4-9）计算可得核心企业的风险调整收益，核心企业的风险调整收益分配计算过程及结果见表4-8。

表4-8　核心企业的风险调整收益分配计算

w_1	$w_1\varphi_C(v)$	w_2	$w_2\left[0.10\times v(B,T,C,L)\right]$	$\varphi'_C(v)$
0	0	1	6630	6630.00
0.1	1346.67	0.9	5967	7313.67
0.2	2693.33	0.8	5304	7997.33
0.3	4040.00	0.7	4641	8681.00
0.4	5386.67	0.6	3978	9364.67
0.5	6733.34	0.5	3315	10048.34
0.6	8080.00	0.4	2652	10732.00
0.7	9426.67	0.3	1989	11415.67
0.8	10773.34	0.2	1326	12099.34
0.9	12120.00	0.1	663	12783.00
1	13466.67	0	0	13466.67

（4）第三方物流企业的风险调整收益。已知 $\varphi_L(v)=12691.68$ 万元，由式（4-10）计算可得第三方物流企业的风险调整收益，第三方物流企业的风险调整收益分配计算过程及结果见表4-9。

表4-9　第三方物流企业的风险调整收益分配计算

w_1	$w_1\varphi_L(v)$	w_2	$w_2\left[0.20\times v(B,T,C,L)\right]$	$\varphi'_L(v)$
0	0	1	13260	13260.00
0.1	1269.17	0.9	11934	13203.17
0.2	2538.34	0.8	10608	13146.34
0.3	3807.50	0.7	9282	13089.50
0.4	5076.67	0.6	7956	13032.67
0.5	6345.84	0.5	6630	12975.84
0.6	7615.01	0.4	5304	12919.01

w_1	$w_1\varphi_L(v)$	w_2	$w_2[0.20 \times v(B,T,C,L)]$	$\varphi'_L(v)$
0.7	8884.18	0.3	3978	12862.18
0.8	10153.34	0.2	2652	12805.34
0.9	11422.51	0.1	1326	12748.51
1	12691.68	0	0	12691.68

4.6.4　最佳收益分配方案的确定

为便于比较分析，将表 4-6、表 4-7、表 4-8 和表 4-9 中的计算结果汇总，利益相关者的风险调整收益分配计算汇总如表 4-10 所示。

表 4-10　利益相关者的风险调整收益分配计算汇总

方案	w_1	w_2	$\varphi'_B(v)$	$\varphi'_T(v)$	$\varphi'_C(v)$	$\varphi'_L(v)$	Σ
①	0	1	19890.00	26520.00	6630.00	13260.00	66300.00
②	0.1	0.9	21558.50	24224.67	7313.67	13203.17	66300.00
③	0.2	0.8	23227.00	21929.33	7997.33	13146.34	66300.00
④	0.3	0.7	24895.50	19634.00	8681.00	13089.50	66300.00
⑤	0.4	0.6	26564.00	17338.67	9364.67	13032.67	66300.00
⑥	0.5	0.5	28232.50	15043.34	10048.34	12975.84	66300.00
⑦	0.6	0.4	29901.00	12748.00	10732.00	12919.01	66300.00
⑧	0.7	0.3	31569.50	10452.67	11415.67	12862.18	66300.00
⑨	0.8	0.2	33238.00	8157.34	12099.34	12805.34	66300.00
⑩	0.9	0.1	34906.50	5862.00	12783.00	12748.51	66300.00
⑪	1	0	36575.00	3566.67	13466.67	12691.68	66300.00

由表 4-10 可知，基于风险调整的 Shapley 值的收益分配方案①～⑪均满足有效性条件：$\varphi'_B(v) + \varphi'_T(v) + \varphi'_C(v) + \varphi'_L(v) = v(B,T,C,L) = 66300$ 万元。然而，由于 $v(B) = 30000$ 万元，因此根据"互惠互利原则"，方案①～⑦将被淘汰，最佳收益分配方案将通过比较在方案⑧～⑪中产生。为此，本书提出通过计算方案的风险与收益贴近度(CD)来确定最佳收益分配方案。具体步骤如下所示。

根据合作博弈理论、Shapley 值的原理和 4.4.1 节的模型假设，可以认为存货质押融资中利益相关者的收益分配实际上是对合作产生的增量收益的分配，即有

$$v(B,T,C,L) - v(B) - v(T) - v(C) - v(L) = 66300 - 51000 = 15300 \text{ 万元}$$

则银行、科技型中小企业、核心企业和第三方物流企业在合作产生的增量收益中的分配比例分别为 $\dfrac{\varphi'_B(v) - v(B)}{15300}$，$\dfrac{\varphi'_T(v) - v(T)}{15300}$，$\dfrac{\varphi'_C(v) - v(C)}{15300}$，$\dfrac{\varphi'_L(v) - v(L)}{15300}$。则上述分配比

例与相应的风险分担比例之差的绝对值之和反映了收益分配方案对"风险与收益对称原则"的实现程度，不妨称之为方案的 CD。令

$$CD = \left| \frac{\varphi'_B(v) - v(B)}{15300} - 0.3 \right| + \left| \frac{\varphi'_T(v) - v(T)}{15300} - 0.4 \right| + \left| \frac{\varphi'_C(v) - v(C)}{15300} - 0.1 \right| + \left| \frac{\varphi'_L(v) - v(L)}{15300} - 0.2 \right| \quad (4\text{-}11)$$

其中，0.3、0.4、0.1、0.2 分别为银行、科技型中小企业、核心企业和第三方物流企业的风险分担比例。

由式(4-11)可知，方案的 CD 越小，方案对"风险与收益对称原则"的实现程度越高。方案⑧~⑪的 CD 计算过程及结果见表 4-11。

表 4-11 方案⑧~⑪的 CD 计算过程及结果

方案	⑧	⑨	⑩	⑪
w_1	0.7	0.8	0.9	1
w_2	0.3	0.2	0.1	0
$\dfrac{\varphi'_B(v) - v(B)}{15300}$	0.1026	0.2116	0.3207	0.4297
$\dfrac{\varphi'_T(v) - v(T)}{15300}$	0.6178	0.4678	0.3178	0.1678
$\dfrac{\varphi'_C(v) - v(C)}{15300}$	0.0925	0.1372	0.1819	0.2266
$\dfrac{\varphi'_L(v) - v(L)}{15300}$	0.1871	0.1834	0.1796	0.1759
$\left\| \dfrac{\varphi'_B(v) - v(B)}{15300} - 0.3 \right\|$	0.1974	0.0884	0.0207	0.1297
$\left\| \dfrac{\varphi'_T(v) - v(T)}{15300} - 0.4 \right\|$	0.2178	0.0678	0.0822	0.2322
$\left\| \dfrac{\varphi'_C(v) - v(C)}{15300} - 0.1 \right\|$	0.0075	0.0372	0.0819	0.1266
$\left\| \dfrac{\varphi'_L(v) - v(L)}{15300} - 0.2 \right\|$	0.0129	0.0166	0.0204	0.0241
CD	0.4356	0.2100	0.2052	0.5126

由表 4-11 可知，方案⑩的 CD=0.2052，在四个方案中最小，因此方案⑩即为最佳收益分配方案。而方案⑪为基于 Shapley 值的收益分配方案，在方案⑪中，科技型中小企业的风险分担比例(0.4)高于在合作产生的增量收益中的分配比例(0.1678)，因此在方案⑩中获得了较大的收益补偿(0.3178−0.1678=0.15)；第三方物流企业的风险分担比例(0.2)略高于在合作产生的增量收益中的分配比例(0.1759)，因此在方案⑩中获得了适当的收益补偿(0.1796−0.1759=0.0037)；银行的风险分担比例(0.3)低于在合作产生的增量收益中的分配比例(0.4297)，因此在方案⑩中给予了较大的收益扣减(0.3207−0.4297=−0.109)；核心企业的风险分担比例(0.1)低于在合作产生的增量收益中的分配比例(0.2266)，因此在

方案⑩中也给予了一定的收益扣减(0.1819-0.2266=-0.0447)。由于 $w_1 = 0.9$ ， $w_2 = 0.1$ ，因此方案⑩体现了"贡献优先，兼顾风险"的收益分配原则。

4.7　本 章 小 结

考虑按边际贡献分配和按风险分担比例分配两种收益分配策略的相对重要性，本章引入局中人 i 按边际贡献分配的收益权重 w_1 和局中人 i 按风险分担比例分配的收益权重 w_2 ，在传统 Shapley 值的基础上，提出了风险调整的 Shapley 值。基于风险调整的 Shapley 值，构建了存货质押融资模式下银行、科技型中小企业、核心企业与第三方物流企业等利益相关者的收益分配模型。设定联盟收益的基础数据，运用存货质押融资中利益相关者的收益分配模型进行数值分析，分别计算银行、科技型中小企业、核心企业、第三方物流企业的风险调整收益，根据"互惠互利原则"，淘汰不合理的收益分配方案；根据"风险与收益对称原则"，通过计算和比较方案的风险与收益贴近度来确定最佳收益分配方案。数值分析结果表明，最佳收益分配方案对承担风险较大的局中人给予一定的收益补偿，对承担风险较小的局中人给予一定的收益扣减，体现了"贡献优先，兼顾风险"的收益分配原则。

本章的研究为建立健全"利益共享，风险共担"的分配机制提供了新的思路。本章在确定最佳收益分配方案过程中，仅采用了初略的比较分析方法，建立以方案的风险与收益贴近度最小化为目标，以 $0 \leqslant w_1 \leqslant 1$ ， $0 \leqslant w_2 \leqslant 1$ ，且 $w_1 + w_2 = 1$ 为约束条件的最优化模型，求解最佳收益分配方案，值得进一步研究。

第5章　应收账款质押融资中银行对科技型中小企业的激励机制研究

5.1　引　　言

应收账款融资模式是指以中小企业与核心企业的真实贸易合同所产生的应收账款为质押或转让，由银行向位于供应链上游的中小企业提供期限不超过应收账款账龄的短期贷款(雷晓燕，2012)。在应收账款融资模式中主要包括核心企业、中小企业和银行三个参与主体，核心企业作为应收账款的债务人，中小企业作为应收账款的债权人，同时中小企业又作为短期贷款的债务人。由此可见，在应收账款融资中同时存在着银行与中小企业的委托代理关系、核心企业与中小企业的委托代理关系。因此，通过建立有效的中小企业激励机制，充分协调银行与中小企业、核心企业与中小企业的关系，提高中小企业的合作积极性，防范中小企业的信用风险，对应收账款融资业务的成功运作具有重要意义。

近年来，国内学者对供应链融资中各参与主体之间的委托代理激励机制进行了研究。例如，白少布和刘洪(2010)分析了供应链融资中的供应商和制造商之间的委托代理激励机制。在信息对称情况下，核心制造企业通过设计线性激励，使供应商达到帕累托最优努力水平，并且能够实现制造商收益和供应商成本损失之间的帕累托最优均衡。在信息非对称情况下，制造商通过设计线性激励，以付出最小代理成本为代价，使供应商选择最优努力水平的同时承担一定份额的风险，能够实现制造商和供应商期望收益效用最大化。白少布和刘洪(2011)进一步研究表明，在信息对称情况下，作为主委托人的制造商通过设计固定的优惠激励，保证主委托人制造商和次委托人银行的收入效用最大化；在信息不对称情况下，如果次委托人适当降低代理人供应商的努力投入标准，则主委托人的线性优惠激励使融资企业选择最优努力水平，并且使主委托人和次委托人期望收益效用最大化。辛玉红和李小莉(2013)基于供应链金融，结合多任务委托代理模型，研究了制造商对供应商的线性激励，比较分析了不同信息状况下，各影响因素对激励强度、制造商期望收益的影响；讨论了不同信息条件下，供应链金融应收账款融资业务正常运行应达到的最优努力水平。陈畴镛和黄贝拉(2015)结合行为经济学家 Rabin 提出的互惠性偏好理论，对 Holmstorm 和 Milgrom 委托代理模型进行了行为经济学层面的拓展，以供应链金融中核心企业与协作企业委托代理关系为研究对象，比较分析了互惠性偏好引入前后各方的收益变化情况。陈燕娟(2016)运用委托代理激励模型，研究了供应链金融中核心企业(制造商)如何在信息不对称条件下以应收账款来激励上游供应商在融资业务顺利运行时达到最优努力水平，从而减少上游供应商的道德风险和逆向选择。

综上所述，已有文献大多集中于对供应链融资中制造商对供应商的委托代理激励机制进行研究，较少涉及银行与中小企业之间的委托代理激励问题，特别是应收账款质押融资中银行与中小企业之间的委托代理激励问题。有鉴于此，本章针对科技型中小企业应收账款质押融资问题，引入 Holmstrom 和 Milgrom(1991)提出的多任务委托代理理论，构建应收账款质押融资中银行与科技型中小企业的多任务委托代理模型，在科技型中小企业两项任务努力的成本函数相互独立和相互依存两种情形下，分别探讨银行对科技型中小企业的激励机制设计问题，以期得出最优激励合约安排，从而为建立健全应收账款质押融资中银行对科技型中小企业的激励机制提供理论依据。

5.2　银行与科技型中小企业的多任务委托代理模型

5.2.1　模型假设

设由一个供应商(科技型中小企业)和一个制造商(核心企业)组成两级供应链，银行向位于供应链上游的科技型中小企业提供应收账款质押融资。科技型中小企业(本节以下简称为借款企业)负责提高短期还款能力和提高短期还款意愿两项工作任务。其中，借款人的还款能力是一笔借款能按期偿还的客观因素，提高短期还款能力任务包括提高借款人经营活动产生的现金流、投资活动或筹资活动产生的现金流、质押应收账款质量等内容。借款人的还款意愿是指借款人向出借人还款的意念和想法，提高短期还款意愿任务包括提高借款人的人品和道德、违约成本等内容。

银行设计关于借款企业在提高短期还款能力上的努力和在提高短期还款意愿上的努力的双重激励合约，借款企业接受合约。随后借款企业在提高短期还款能力和提高短期还款意愿两项工作任务上投入努力并创造相关业绩产出，按期偿还银行的贷款本金和利息；银行通过借款企业努力创造的业绩产出，在按期收回贷款本金和利息的同时降低了信用风险。银行随后根据借款企业的业绩产出兑现激励合约承诺。设银行是委托人，借款企业是代理人，现提出假设 5.1～假设 5.5。

假设 5.1：e_i($i=1,2$)表示借款企业(代理人)在两项工作任务上的努力水平。努力水平的选择是一次性的，因而是一个静态模型(陈伟和但斌，2010)。其中，e_1 是借款企业花在提高短期还款能力上的努力水平，e_2 是借款企业花在提高短期还款意愿上的努力水平。

假设 5.2：借款企业的努力成本为 $C(e_1,e_2)$，满足 $\dfrac{\partial C}{\partial e_i}>0$，$\dfrac{\partial^2 C}{\partial e_i^2}>0$，它是严格递增的凸函数(张维迎，2004)，即两项工作任务努力的边际成本递增；银行由于借款企业的努力而获得的期望收益为 $B(e_1,e_2)=L-R(e_1,e_2)$，其中，L 为既定的银行贷款收益，由存贷款利率决定；$R(e_1,e_2)$ 为银行贷款的风险成本，与努力水平 e_i 反向变动。$B(e_1,e_2)$ 满足 $\dfrac{\partial B}{\partial e_i}>0$，$\dfrac{\partial^2 B}{\partial e_i^2}<0$，是严格递增的凹函数(张维迎，2004)，即银行的边际收益递减。

$R(e_1,e_2)$ 满足 $\dfrac{\partial R}{\partial e_i}<0$，$\dfrac{\partial^2 R}{\partial e_i^2}>0$，它是严格递减的凸函数，即银行贷款的边际风险成本递减。

假设 5.3：借款企业努力的业绩是可观测的，其努力业绩分别用 S_1、S_2 表示，其中 $S_1 = e_1 + \theta_1$，$S_2 = e_2 + \theta_2$。θ_i 为外生变量，服从均值为零，方差为 σ_i^2 的正态分布，且 θ_1、θ_2 独立分布。S_1 与 S_2 的协方差矩阵为 Σ。

假设 5.4：银行采用线性激励合约方式给借款企业支付报酬：$S(S_1, S_2) = a + b_1 S_1 + b_2 S_2$。其中，$a$ 为借款企业的固定报酬（指贷款作为生产要素投入生产经营后获得的税前息后利润，假定短期内与努力水平无关）；b_1、b_2 分别是努力业绩 S_1、S_2 的报酬激励因子。

假设 5.5：委托人和代理人都是经济学上的"理性人"，假设委托人银行是风险中性的，代理人借款企业是风险规避的。委托人和代理人都追求自己的利润最大化。委托人希望代理人的努力水平越高越好，而代理人则会在努力水平带来的激励报酬和努力成本之间进行权衡（徐鑫，2013）。

5.2.2 多任务委托代理模型构建

由上述模型假设可知，借款企业的实际收入为

$$Y_e = S(S_1, S_2) - C(e_1, e_2) = a + b_1 S_1 + b_2 S_2 - C(e_1, e_2)$$

由于借款企业是风险规避的，其效用函数具有不变的绝对风险规避特性，即有 $u(Y_e) = -e^{-vY_e}$。其中，v 为绝对风险规避度（$v > 0$），Y_e 为借款企业的实际收入。则借款企业的确定性等价收入 (CE) 为满足 $u(Y_e') = Eu(Y_e)$ 中的 Y_e' 为

$$Y_e' = E(Y_e) - 0.5v\boldsymbol{b}^{\mathrm{T}} \sum \boldsymbol{b} = a + b_1 e_1 + b_2 e_2 - 0.5v\boldsymbol{b}^{\mathrm{T}} \sum \boldsymbol{b} - C(e_1, e_2) \tag{5-1}$$

其中，$a + b_1 e_1 + b_2 e_2$ 为借款企业的期望报酬，$0.5v\boldsymbol{b}^{\mathrm{T}} \sum \boldsymbol{b}$ 为借款企业的风险成本（王海峰和罗发友，2009）。

由于银行是风险中性的，其确定性等价收入 (CE) 就是银行在多任务委托代理中的期望效用（＝期望收益）（王海峰和罗发友，2009），即有

$$\begin{aligned} E(U_b) = E(Y_b) &= E(B(e_1, e_2) - S(S_1, S_2)) \\ &= B(e_1, e_2) - a - b_1 e_1 - b_2 e_2 \end{aligned} \tag{5-2}$$

由于固定报酬 a 只影响贷款的要素产出利润在银行和借款企业之间的分配，不影响 $\boldsymbol{b}^{\mathrm{T}}$ 和 (e_1, e_2)；给定 $\boldsymbol{b}^{\mathrm{T}}$ 和 (e_1, e_2)，固定报酬 a 由借款企业的保留效用 U_e' 决定（张维迎，2004）。U_e' 表示借款企业不投入任何努力时，所能得到的最大期望效用（陈伟和但斌，2010）。因此，银行面临的决策就是如何选择适当的 $\boldsymbol{b}^{\mathrm{T}} = (b_1, b_2)$，诱使借款企业选择投入更大的努力去完成两项工作任务，从而使总的确定性等价收入 (TCE) 最大化（王海峰和罗发友，2009）。即，在满足借款企业参与约束和激励相容约束的条件下，总的确定性等价收入 (TCE) 最大化：

$$\max \quad (E(U_b) + Y_e') = B(e_1, e_2) - 0.5v\boldsymbol{b}^{\mathrm{T}} \sum \boldsymbol{b} - C(e_1, e_2)$$

$$\text{s.t.} \quad e_1, e_2 \in \arg\max(a + b_1 e_1 + b_2 e_2 - C(e_1, e_2) - 0.5v\boldsymbol{b}^{\mathrm{T}} \sum \boldsymbol{b}) \tag{5-3}$$

$$a + b_1 e_1 + b_2 e_2 - C(e_1, e_2) - 0.5v\boldsymbol{b}^{\mathrm{T}} \sum \boldsymbol{b} \geqslant U_e' \tag{5-4}$$

其中，式 (5-3) 为激励相容约束条件 (IC)，式 (5-4) 为参与约束条件 (IR)。

5.2.3　模型求解

如果所有的 e_i 严格为正，对式(5-3)中的 e_i 求一阶导数且令其等于 0(张维迎，2004)，得出

$$b_i = \frac{\partial C(e_1,e_2)}{\partial e_i} = C_i(e_1,e_2)，\quad i = 1,2 \tag{5-5}$$

式(5-5)隐含地决定了借款企业的努力函数 $e_i = e_i(\boldsymbol{b}^{\mathrm{T}})$。进一步式(5-5)中的 e_i 求导，得出

$$\frac{\partial b}{\partial e} = [\boldsymbol{C}_{ij}] \text{ 和 } \frac{\partial e}{\partial b} = [\boldsymbol{C}_{ij}]^{-1} \tag{5-6}$$

其中，

$$\frac{\partial \boldsymbol{b}}{\partial e} = \begin{bmatrix} \dfrac{\partial b_1}{\partial e_1} & \dfrac{\partial b_1}{\partial e_2} \\ \dfrac{\partial b_2}{\partial e_1} & \dfrac{\partial b_2}{\partial e_2} \end{bmatrix} = \begin{bmatrix} C_{11} & C_{12} \\ C_{21} & C_{22} \end{bmatrix} = [\boldsymbol{C}_{ij}]$$

①若 $C_{ij} = 0, i \neq j, i,j = 1,2$，则表示两项任务是相互独立的，即一项任务努力程度的变化不会引起另一项任务边际成本的变化(龙子泉和张小辉，2004)；②若 $\boldsymbol{C}_{ij} < 0, i \neq j, i,j = 1,2$，则表示两项任务是互补的，即一项任务努力程度的提高会引起另一项任务边际成本的降低(龙子泉和张小辉，2004)；③若 $C_{ij} > 0, i \neq j, i,j = 1,2$，则表示两项任务是替代的，即一项任务努力程度的提高会引起另一项任务边际成本的提高(龙子泉和张小辉，2004)。

根据式(5-5)和式(5-6)，令总的确定性等价收入 $E(U_b) + Y'_e$ 对 $\boldsymbol{b}$ 的一阶导数为 0，可得

$$\frac{\partial B}{\partial e} \times \frac{\partial e}{\partial b} - v\sum b - \frac{\partial C}{\partial e} \times \frac{\partial e}{\partial b} = 0$$

$$\frac{\partial B}{\partial e} - v\frac{\partial b}{\partial e}\sum b - \frac{\partial C}{\partial e} = 0$$

$$\boldsymbol{B}' - v[\boldsymbol{C}_{ij}]\Sigma b - b = 0$$

$$(\boldsymbol{I} + v[\boldsymbol{C}_{ij}]\Sigma)b = \boldsymbol{B}'$$

整理可得

$$b = \left(\boldsymbol{I} + v[\boldsymbol{C}_{ij}]\Sigma\right)^{-1}\boldsymbol{B}' \tag{5-7}$$

其中，$\boldsymbol{I}$ 为单位阵；$\boldsymbol{B}' = (B_1, B_2)^{\mathrm{T}}$ 是一阶偏导数向量；$B_i = \dfrac{\partial \boldsymbol{B}}{\partial e_i}$ 是第 i 项工作任务上努力的银行边际收益；$[\boldsymbol{C}_{ij}]$ 表示努力成本的二阶导数矩阵，其经济含义是不同任务之间的关系(聂辉华，2006)；Σ 的经济含义是监督的难度，Σ 越大，难度越大(聂辉华，2006)。

5.3　科技型中小企业激励机制设计

5.3.1　两项任务努力的成本函数相互独立下的激励机制

借款企业(代理人)两项任务努力的成本函数相互独立,意味着借款企业在一项任务上努力的变化不会导致另一项任务努力的边际成本变化。由于短期还款意愿所包含内容的复杂性和主观性,诸如对履约收益、违约成本的心理权衡需要借款企业单独进行调查、分析,有可能独立于借款企业的生产经营活动而进行。因此,考虑到两项任务的相对独立性及其业绩产出信息的相对独立性,为分析两项任务努力的成本函数相互独立下的激励机制,现提出假设5.6。

假设5.6:借款企业在提高短期还款能力任务上努力的成本函数与在提高短期还款意愿任务上努力的成本函数相互独立,即 $C_{12} = C_{21} = 0$,且影响任务业绩的随机变量 θ_1、θ_2 独立分布。

命题5.1:如果借款企业在提高短期还款能力任务上努力的成本函数与在提高短期还款意愿任务上努力的成本函数相互独立(即 $C_{ij} = 0$),那么在激励相容约束条件下,两项任务的最优激励因子 b_i 也相互独立,且 b_i 是银行边际风险成本 R_i 的减函数,是银行边际收益 B_i 的增函数,是借款企业绝对风险规避度 v、边际成本变化率 C_{ii} 和业绩方差 σ_i^2 的减函数。

证明:将 $C_{ij} = 0$ 代入式(5-7),则有

$$\begin{bmatrix} b_1 \\ b_2 \end{bmatrix} = \left[\begin{bmatrix} 1 & 0 \\ 0 & 1 \end{bmatrix} + v \begin{bmatrix} C_{11} & 0 \\ 0 & C_{22} \end{bmatrix} \begin{bmatrix} \sigma_1^2 & 0 \\ 0 & \sigma_2^2 \end{bmatrix} \right]^{-1} \begin{bmatrix} B_1 \\ B_2 \end{bmatrix} = \begin{bmatrix} \dfrac{B_1}{vC_{11}\sigma_1^2 + 1} \\ \dfrac{B_2}{vC_{22}\sigma_2^2 + 1} \end{bmatrix} \tag{5-8}$$

式(5-8)可简化为:

$$b_i = \frac{B_i}{vC_{ii}\sigma_i^2 + 1}, \quad i = 1, 2 \tag{5-9}$$

将 $B(e_1, e_2) = L - R(e_1, e_2)$ 代入 $B_i = \dfrac{\partial B}{\partial e_i}$,可得

$$B_i = \frac{\partial B}{\partial e_i} = -\frac{\partial R}{\partial e_i}$$

由于 $\dfrac{\partial R}{\partial e_i} < 0$,则有

$$B_i = \frac{\partial B}{\partial e_i} = -\frac{\partial R}{\partial e_i} = \left| \frac{\partial R}{\partial e_i} \right| = |R_i| \tag{5-10}$$

其中,$R_i = \dfrac{\partial R}{\partial e_i}$ 是第 i 项工作任务上努力的银行边际风险成本。

将式(5-10)代入式(5-9)可得

$$b_i = \frac{|R_i|}{v C_{ii} \sigma_i^2 + 1}, \quad i = 1, 2 \tag{5-11}$$

由式 (5-9) 和式 (5-11) 可知，若借款企业具有相互独立的两项任务，且两项任务努力的成本函数相互独立，那么在激励相容约束条件下，两项任务的最优激励因子 b_i 也是相互独立的。同时，最优激励因子 b_i 是银行边际风险成本 R_i 的减函数，是银行边际收益 B_i 的增函数，是借款企业绝对风险规避度 v、边际成本变化率 C_{ii} 和业绩方差 σ_i^2 的减函数。命题 5.1 证毕。

(1) b_i 是银行边际风险成本 R_i 的减函数，是银行边际收益 B_i 的增函数，意味着如果银行在借款企业投入努力 e_i 完成任务 i 时承担的边际风险成本越小，获得的边际收益越大，则银行给予借款企业的业绩激励也要增加，反之亦然。因此，银行应根据两项任务努力的实际业绩产出按比例支付借款企业的业绩激励，从而增加双方的信任程度，保证长期互利共赢。

(2) b_i 是借款企业绝对风险规避度 v 的减函数，意味着对于不同风险偏好的借款企业应该有不同的最优激励方案，但实践中会出现为了满足不同借款企业的个性化需求而在激励政策上不统一的情形，这是借款企业激励问题上的一个难题。另外，新近合作的借款企业由于与银行的合作时间较短，相互信任程度不高。因此，相对于长期合作的借款企业而言，其绝对风险规避度 v 相对较高。那么，b_i 是借款企业绝对风险规避度 v 的减函数所隐含的另一层政策含义是，对于刚刚建立合作关系的借款企业应减少其业绩激励，对于具有长期合作关系的借款企业应增加其业绩激励。

(3) b_i 是边际成本变化率 C_{ii} 的减函数所揭示的政策含义在于，如果借款企业某项工作任务努力的单位激励成本高，则应相应减少对其业绩的激励；如果借款企业某项工作任务努力的单位激励成本低，则应相应增加对其业绩的激励。从工作特性来看，提高短期还款能力工作是建立在成熟的企业生产经营系统基础上的，操作相对简单，且周期较短；而提高短期还款意愿工作的操作相对复杂，且周期较长。因此，借款企业在提高短期还款能力任务上努力的单位激励成本低于在提高短期还款意愿任务上努力的单位激励成本。这样，银行将增加对提高短期还款能力任务业绩的激励，减少对提高短期还款意愿任务业绩的激励。

(3) b_i 是业绩方差 σ_i^2 的减函数所揭示的政策含义在于，如果某项工作任务的业绩方差高，则应相应降低对其业绩的激励；如果某项工作任务的业绩方差低，则应相应提高对其业绩的激励。当某项工作任务的业绩方差较高时，则意味着借款企业在该项工作任务上的努力与所创造的业绩大小相关程度不高，此时银行提高其业绩激励可能达不到预期效果。只有当某项工作任务的业绩方差较低时，才能通过提高其业绩激励达到激励其努力工作的效果。由于短期还款意愿不易监督，较难量化，使得提高短期还款意愿任务的业绩方差较高；而提高短期还款能力任务的完成情况及其评价，是由银行直接观测和度量的，其业绩方差近似于零。因此，银行将减少对提高短期还款意愿任务业绩的激励，增加对提高短期还款能力任务业绩的激励。

5.3.2　两项任务努力的成本函数相互依存下的激励机制

在假设 5.6 中作了借款企业两项工作任务努力的成本函数相互独立的假设，这符合某些特定时期的观察事实。但也可以观察到，借款企业可能根据其短期还款能力的变化，通过调查、分析履约收益和违约成本，调整其短期还款意愿；而新生成的短期还款意愿可能影响到借款企业的生产经营活动。因此，对借款企业的激励应综合考虑不同任务的相互影响。在此情况下，借款企业两项工作任务努力的成本函数是相互依存的，即 $C_{12}=C_{21}\neq 0$，因此，有假设 5.7。

假设 5.7：借款企业完成两项工作任务努力的成本函数相互依存，即 $C_{12}=C_{21}\neq 0$，且影响任务业绩的随机变量 θ_1、θ_2 独立分布。在两项工作任务中，借款企业在完成提高短期还款能力任务过程中的努力程度可以由银行直接观测到，这是因为银行通过借款企业财务报告就可以直接掌握借款企业在提高短期还款能力方面付出的努力；而借款企业在完成提高短期还款意愿任务过程中的努力程度是不可直接观测到的，只有通过观测变量 $S_2=e_2+\theta_2$ 进行间接测度。为此，有假设 5.8。

假设 5.8：在借款企业的两项工作任务中，完成提高短期还款能力任务的努力是可以由银行直接观测到的，即 $\sigma_1^2=0$；而完成提高短期还款意愿任务的努力是银行不可直接观测到的，只有通过观测变量 $S_2=e_2+\theta_2$ 进行间接测度。

命题 5.2：如果借款企业完成两项工作任务努力的成本函数相互依存，那么在激励相容约束条件下，具体有如下所示。

（1）提高短期还款能力任务的最优激励合约是"门槛型激励合约"，即只有当银行在借款企业提高短期还款能力任务努力下的边际收益或边际风险成本超过一定的"门槛值"时，对其的激励才是正向的，否则将是负向的；并且"边际收益门槛值"与借款企业两项工作任务努力的边际成本替代率 C_{12}、提高短期还款意愿任务下的银行边际收益 B_2 成正比，与提高短期还款意愿任务的边际成本变化率 C_{22} 成反比。"边际风险成本门槛值"与借款企业两项工作任务努力的边际成本替代率 C_{12} 成正比，与提高短期还款意愿任务努力下的银行边际风险成本 R_2、提高短期还款意愿任务努力的边际成本变化率 C_{22} 成反比。

（2）提高短期还款意愿任务的最优激励合约与两项工作任务努力的成本函数的相互依存性无关。

证明：由假设 5.8 可知，$\sigma_1^2=0$，将其代入式(5-7)，则有

$$\begin{bmatrix} b_1 \\ b_2 \end{bmatrix}=\left[\begin{bmatrix} 1 & 0 \\ 0 & 1 \end{bmatrix}+v\begin{bmatrix} C_{11} & C_{12} \\ C_{21} & C_{22} \end{bmatrix}\begin{bmatrix} 0 & 0 \\ 0 & \sigma_2^2 \end{bmatrix}\right]^{-1}\begin{bmatrix} B_1 \\ B_2 \end{bmatrix} \tag{5-12}$$

解得

$$b_1=B_1-\frac{vC_{12}\sigma_2^2 B_2}{1+vC_{22}\sigma_2^2} ; \quad b_2=\frac{B_2}{1+vC_{22}\sigma_2^2} \tag{5-13}$$

由 $b_1=B_1-\dfrac{vC_{12}\sigma_2^2 B_2}{1+vC_{22}\sigma_2^2}$ 可知，提高短期还款能力任务的最优激励合约是"门槛型激励

合约"（袁江天和张维，2006），即只有当银行在借款企业提高短期还款能力任务努力下的边际收益满足下式时，对这一任务的激励才是正向的，否则将是负向的。即

$$B_1 > \frac{vC_{12}\sigma_2^2 B_2}{1+vC_{22}\sigma_2^2} \tag{5-14}$$

或者，将 $B_i = \dfrac{\partial B}{\partial e_i} = -\dfrac{\partial R}{\partial e_i} = -R_i$ 代入式(5-14)，可得

$$R_1 < \frac{vC_{12}\sigma_2^2 R_2}{1+vC_{22}\sigma_2^2} \tag{5-15}$$

即只有当银行在借款企业提高短期还款能力任务努力下的边际风险成本满足式(5-15)时，对这一任务的激励才是正向的，否则将是负向的。

通过分析式(5-14)可知，"边际收益门槛条件"与借款企业两项工作任务努力的边际成本替代率 C_{12}（$C_{12} > 0$）、提高短期还款意愿任务努力下的银行边际收益 B_2 成正比，与提高短期还款意愿任务努力的边际成本变化率 C_{22} 成反比。

通过分析式(5-15)可知，"边际风险成本门槛条件"与借款企业两项工作任务努力的边际成本替代率 C_{12} 成正比，与提高短期还款意愿任务努力下的银行边际风险成本 R_2、提高短期还款意愿任务努力的边际成本变化率 C_{22} 成反比。命题 5.2 中的(1)得证。

由 $b_2 = \dfrac{B_2}{1+vC_{22}\sigma_2^2}$ 可知，C_{12} 并未出现在等式中，因此提高短期还款意愿任务的最优激励合约与两项工作任务努力的成本函数的相互依存性无关。命题 5.2 中的(2)得证。

命题 5.2 的经济意义在于，当借款企业两项工作任务努力的成本函数相互依存（$C_{12} = C_{21} \neq 0$），且提高短期还款能力任务的努力可以直接观测（$\sigma_1^2 = 0$）时，对提高短期还款意愿任务的最优激励因子 b_2 与两项工作任务努力的成本函数的相互依存性无关，也即借款企业两项工作任务努力的边际成本替代率 C_{12} [成本函数的交叉偏导（袁江天和张维，2006）]并不影响提高短期还款意愿任务的最优激励因子 b_2 的确定，其最优化激励条件与两项工作任务努力的成本函数相互独立时的情形完全相同。

但是，对提高短期还款能力任务的最优化激励条件则有较大变化。从最优激励因子 b_1 的取值可以看出，由于提高短期还款能力任务的努力可以直接观测，其最优激励合约构成一个"门槛型激励合约"。"边际收益门槛条件"与借款企业两项工作任务努力的边际成本替代率 C_{12}、提高短期还款意愿任务努力下的银行边际收益 B_2 成正比，与提高短期还款意愿任务努力的边际成本变化率 C_{22} 成反比。"边际风险成本门槛条件"与借款企业两项工作任务努力的边际成本替代率 C_{12} 成正比，与提高短期还款意愿任务努力下的银行边际风险成本 R_2、提高短期还款意愿任务努力的边际成本变化率 C_{22} 成反比。

上述结论与现实情况相符。短期还款意愿较高的借款企业，其信誉良好，提高短期还款意愿任务努力下银行的边际收益 B_2 较高(或边际风险成本 R_2 较低)，银行将增加对借款企业的贷款，这样，借款企业将承担更多的提高短期还款能力任务，银行对提高短期还款能力任务的要求随之提高；而短期还款意愿较差的借款企业，其信誉也较差，银行将减少或中止对借款企业的贷款，银行对提高短期还款能力任务的要求相应下降。结合

式 (5-6) 同样可以理解，借款企业两项工作任务努力的边际成本替代率 C_{12} 越高，意味着借款企业在提高短期还款意愿努力下提高短期还款能力的业绩激励越高，因此激励门槛条件也会相应提高。而激励门槛条件与提高短期还款意愿任务努力的边际成本变化率 C_{22} 成反比，则意味着借款企业提高短期还款意愿任务努力的单位激励成本越高，则银行在提高短期还款能力任务上的激励门槛条件会降低，从而提高对借款企业在提高短期还款能力任务上的激励。

最优化激励条件 $b_1 = B_1 - \dfrac{vC_{12}\sigma_2^2 B_2}{1 + vC_{22}\sigma_2^2}$ 所揭示的经济含义还包括：在激励门槛条件未达到时，对借款企业在提高短期还款能力任务上的激励将是负向的，将对借款企业提高短期还款能力的积极性产生不利影响；但是，一旦超过了激励门槛条件，则借款企业在提高短期还款能力任务上所得到的激励将完全由 B_1 与 $\dfrac{vC_{12}\sigma_2^2 B_2}{1 + vC_{22}\sigma_2^2}$ 的差值来决定，这无疑会诱导借款企业把更多的精力和时间放在提高短期还款能力任务上，从而不利于借款企业短期还款意愿的提高。

5.4　本章小结

应收账款质押融资的制度安排决定了在应收账款质押融资中借款企业有两项工作任务：①提高短期还款能力；②提高短期还款意愿。本章假设银行的期望收益为既定的银行贷款收益减去银行贷款的风险成本，而借款企业的固定报酬为贷款作为生产要素投入生产经营后获得的税前息后利润，假定短期内与努力水平无关。通过构建多任务委托代理模型，在两项任务努力的成本函数相互独立和相互依存两种情形下，分别探讨了银行对借款企业的激励机制设计问题，得出如下结论。

(1) 如果借款企业在提高短期还款能力任务上努力的成本函数与在提高短期还款意愿任务上努力的成本函数相互独立，那么在激励相容约束条件下，两项任务的最优激励因子也相互独立，且最优激励因子是银行边际风险成本的减函数，是银行边际收益的增函数，是借款企业绝对风险规避度、边际成本变化率和业绩方差的减函数。

(2) 如果借款企业完成两项工作任务努力的成本函数相互依存，那么在激励相容约束条件下，提高短期还款能力任务的最优激励合约是"门槛型激励合约"，即只有当银行在借款企业提高短期还款能力任务努力下的边际收益或边际风险成本超过一定的"门槛值"时，对其的激励才是正向的，否则将是负向的；并且"边际收益门槛值"与借款企业两项工作任务努力的边际成本替代率、提高短期还款意愿任务下的银行边际收益成正比，与提高短期还款意愿任务的边际成本变化率成反比。"边际风险成本门槛值"与借款企业两项工作任务努力的边际成本替代率成正比，与提高短期还款意愿任务努力下的银行边际风险成本、提高短期还款意愿任务努力的边际成本变化率成反比。而提高短期还款意愿任务的最优激励合约与两项工作任务努力的成本函数的相互依存性无关。

由于借款企业在两项工作任务上努力的业绩产出、努力程度的可观测程度不一致，求解出的借款企业最优化激励条件，在借款企业两项任务努力的成本函数相互独立和相互依存两种情形下均明确显示：理性的参与人——银行和借款企业，都会被现实所诱导，用更多的精力和时间去完成提高短期还款能力任务，而花在提高短期还款意愿任务上的努力则相对较少。这样，势必会导致银行对借款企业的激励的扭曲和低效。因此，银行有必要建立借款企业短期还款意愿评估与追踪体系，对借款企业在完成提高短期还款意愿任务过程中的努力程度进行直接观测。在此基础上，银行可以建立提高短期还款能力业绩和提高短期还款意愿业绩并重的借款企业激励机制。

第 6 章　存货质押融资中银行对物流企业的激励机制研究

6.1　引　　言

供应链融资作为一种能实现多方共赢的新型融资方式，从供应链的角度评估中小企业的信用风险，注重供应链的稳定性、贸易背景的可靠性，是解决中小企业融资难问题的有效途径。目前，供应链融资主要包括预付款融资、存货质押融资、应收账款融资等三类业务模式。其中，存货质押融资是利用中小企业与上下游企业真实的贸易行为中的动产为质押从银行等金融机构获得贷款，从而为缺乏有效不动产作为抵押的中小企业拓展了融资渠道。按照《中华人民共和国国家标准•物流术语》(GB/T 183454——2006)，存货质押融资是指需要融资的企业(即借方)，将其拥有的动产作为担保，向资金提供企业(即贷方)出质，同时，将质押物转交给具有合法保管动产资格的物流企业(中介方)进行保管，以获得贷方贷款的业务活动，是物流企业参与下的动产质押业务。由此可见，在存货质押融资中，银行面临物流企业的监管风险，即在存货质押融资中物流企业在负责质押物的直接监控和担保过程中可能出现的风险(如欺骗、不负责任、虚假上报、监管失误等)(李莉等，2010)。因此，通过建立有效的物流企业激励机制，充分协调银行与物流企业的关系，提高物流企业的合作积极性，防范物流企业的道德风险，对存货质押融资业务的成功运作具有重要意义。

综观已有文献，国内外相关研究主要集中于对供应链上企业之间的委托代理激励机制进行探讨(Cachon，2003；Corbett et al.，2004；Krishnan et al.，2004；Gan et al.，2005；林英晖和屠梅曾，2005；徐庆等，2007；陈伟和但斌，2010)。近年来，国内少数学者对供应链融资中企业之间的委托代理激励问题进行了研究。例如，白少布和刘洪(2010)分析了供应链融资中的供应商和制造商之间的委托代理激励问题。白少布和刘洪(2011)进一步研究表明，在信息对称情况下，作为主委托人的制造商通过设计固定的优惠激励，保证主委托人制造商和次委托人银行的收入效用最大化；在信息不对称情况下，如果次委托人适当降低代理人供应商的努力投入标准，则主委托人的线性优惠激励使融资企业选择最优努力水平，并且使主委托人和次委托人期望收益效用最大化。辛玉红和李小莉(2013)基于供应链金融，结合多任务委托代理模型，研究了制造商对供应商的线性激励，比较分析了不同信息状况下，各影响因素对激励强度、制造商期望收益的影响；讨论了不同信息条件下，供应链金融应收账款融资业务正常运行应达到的最优努力水平。然而，上述研究均未涉及存货质押融资中银行和物流企业之间的委托代理激励问题。事实上，存货质押融资中银行与物流企业的委托代理关系本质上是一种多任务委托代理关系。其中，物流企业有两项工作任务：①质押物价值评估；②质押物保管服务。质押物价值评估是指评估人员按照国家有关法律、法规和相关制度，遵循客观、独立、审慎原则，运用适当的评估方法，对评估基准日质押物价值进行分析、估算并发表评估意见的行为和过程(刘堃等，2010)。质押物保管服务是指为调整质押物的需求与供给而对质押物实行保存与管理的一种服务活动。具体来说，它是保证质押物的品质和数量的前提下，依据一定的管理规则，在一定的期间内把质押物存放在一定的场所的活动，是物流服务系统一个重要组成部分(徐鼎亚，2009)。显然，在存货质押融资中，委托人(银行)希望代理人(物流企业)提高质押物价值评估水平和提高质押物保管服务质量。在两项工作任务中，物流企业在完成质押物价值评估任务过程中的努力程度可以由银行直接观测到，而物流企业在完成质押物保管服务任务过程中的努力程度是不可直接观测到的，这就出现了对同一代理人的不同工作监督难易程度的不同，此时，"对易于监督工作的过度激励就会诱使代理人将过多的努力花在这些方面而忽视在其他方面的努力，从而导致激励本身的扭曲和低效"(张维迎，2004)。

Holmstrom 和 Milgrom(1991)提出了多任务委托代理模型，证明了在代理人从事多项工作时，从简单的委托-代理模型得出的结论是不适用的。该模型认为，当代理人从事性质不同的多种工作时会给监督和激励带来更大的困难，代理人在不同任务之间存在精力分配上的冲突，因此对代理人的激励应综合考虑不同任务的相互影响。有鉴于此，本章尝试以 Holmstrom 和 Milgrom 的多任务委托代理模型为基础，构建物流企业在存货质押融资中的多任务委托代理模型，并运用于对物流企业激励问题的分析，期望得出在此条件下的最优激励合约安排，从而为建立健全存货质押融资中银行对物流企业的激励机制提供理论依据。

6.2 多任务委托代理模型的构建

假设 6.1：存货质押融资中物流企业的工作任务至少包含以下两项：质押物价值评估和质押物保管服务。

设 $\boldsymbol{a}=(a_1,a_2)$ 表示物流企业的努力向量。其中，a_1 是花在质押物价值评估任务上的努力，a_2 是花在质押物保管服务任务上的努力；用 $B(a_1,a_2)$ 表示努力的期望收益[所有权属于委托人(吴庆田，2010)]；用 $C(a_1,a_2)$ 表示努力的成本。假定 $B(a_1,a_2)$ 是严格递增的凹函数，$C(a_1,a_2)$ 是严格递增的凸函数(张维迎，2004)。

当物流企业的努力选择为 $\boldsymbol{a}=(a_1,a_2)$ 时，决定了如下可观测的信息向量 $\boldsymbol{x}$

$$\boldsymbol{x}=\mu(a_1,a_2)+\boldsymbol{\varepsilon} \tag{6-1}$$

假定 $\mu: R_+^2 \to R^k$ 是凹函数。其中，R 表示实数域，R^k 是 k 维欧氏空间($k\geqslant 0$)，在这里 $k=2$。k 表示可观测信息的数量，即 2 个努力变量决定了 2 个可观测信息的数量。$\boldsymbol{\varepsilon}$ 是服从正态分布的随机向量，其均值为 0，协方差矩阵为 Σ，即 $\varepsilon_1 \sim N(0,\sigma_1^2)$，$\varepsilon_2 \sim N(0,\sigma_2^2)$。因此，$\boldsymbol{x}$ 服从均值向量为 $\mu(a_1,a_2)$、协方差矩阵为 Σ 的正态分布。

假设 6.2：物流企业在不同工作任务上的努力产生不同的业绩信息，且信息之间相互独立。

在假设 6.2 成立的条件下，信息向量 $\boldsymbol{x}$ 可表示为

$$\boldsymbol{x} = \begin{bmatrix} x_1 \\ x_2 \end{bmatrix}, \quad x_1 = \mu_1(a_1) + \varepsilon_1, \quad x_2 = \mu_2(a_2) + \varepsilon_2 \tag{6-2}$$

式 (6-2) 表明了不同的努力变量产生不同的信息，即 x_1 反映了 a_1，可以理解为观测到的质押物价值评估信息；x_2 反映了 a_2，可以理解为观测到的质押物保管服务信息。

假设 6.3：委托人 (银行) 是风险中性的，代理人 (物流企业) 是风险规避的。物流企业具有统一的不变绝对风险规避的效用函数，即 $u = -\exp(-\rho\omega)$，其中，ρ 为绝对风险规避度，ω 为物流企业的实际货币收入。努力成本 $C(a_1, a_2)$ 可为货币等价物。

设物流企业的报酬函数为线性形式，即有

$$s(\boldsymbol{x}) = \alpha + \beta_1 x_1 + \beta_2 x_2 = \alpha + \boldsymbol{\beta}^{\mathrm{T}} x \tag{6-3}$$

其中，α 为物流企业的基本报酬部分，如质押物价值评估费用、质押物保管费用等 (假定由银行按既定费率全额支付)；$\boldsymbol{\beta}^{\mathrm{T}} = (\beta_1, \beta_2)$ 为业绩报酬系数向量。

物流企业在双重任务下的 CE 为

$$\begin{aligned} CE &= E(s(\boldsymbol{x})) - \frac{1}{2}\rho\boldsymbol{\beta}^{\mathrm{T}}\Sigma\boldsymbol{\beta} - C(a_1, a_2) \\ &= \alpha + \boldsymbol{\beta}^{\mathrm{T}}\mu(a_1, a_2) - \frac{1}{2}\rho\boldsymbol{\beta}^{\mathrm{T}}\Sigma\boldsymbol{\beta} - C(a_1, a_2) \end{aligned} \tag{6-4}$$

其中，$E(s(\boldsymbol{x}))$ 为期望报酬，$\frac{1}{2}\rho\boldsymbol{\beta}^{\mathrm{T}}\Sigma\boldsymbol{\beta}$ 为收入的风险贴水或风险成本 (张维迎，2004)。

由于银行是风险中性的，其确定性等价收入就是银行在多任务委托代理中的期望利润，即

$$B(a_1, a_2) - E(\alpha + \boldsymbol{\beta}^{\mathrm{T}}\boldsymbol{x}) = B(a_1, a_2) - \alpha - \boldsymbol{\beta}^{\mathrm{T}}\mu(a_1, a_2) \tag{6-5}$$

那么，物流企业和银行的 TCE 为

$$\mathrm{TCE} = B(a_1, a_2) - \frac{1}{2}\rho\boldsymbol{\beta}^{\mathrm{T}}\Sigma\boldsymbol{\beta} - C(a_1, a_2) \tag{6-6}$$

若物流企业的保留效用为 $\cdot u$，则其参与约束条件 (IR) 为

$$CE \geqslant \cdot u \tag{6-7}$$

基本报酬 α 对于物流企业而言，没有任何激励作用，其大小并不影响 $\boldsymbol{\beta}^{\mathrm{T}}$ 和 (a_1, a_2) (吴庆田，2010)；在给定 $\boldsymbol{\beta}^{\mathrm{T}}$ 和 (a_1, a_2) 的条件下，基本报酬 α 由物流企业的保留效用 $\cdot u$ 决定 (张维迎，2004)。因此，银行面临的决策就是如何选择适当的 $\boldsymbol{\beta}^{\mathrm{T}} = (\beta_1, \beta_2)$ 来最大化 TCE，并且要满足物流企业的激励相容约束条件 (IC)

$$(a_1, a_2) \in \arg \quad \max(\boldsymbol{\beta}^{\mathrm{T}}\mu(a_1, a_2) - C(a_1, a_2)) \tag{6-8}$$

为简单起见，假定 $\mu(a_1, a_2) = (a_1, a_2)^{\mathrm{T}}$，即观测变量为 $x_i = a_i + \varepsilon_i$，$i = 1, 2$。如果所有的 a_i 严格为正，式 (6-8) 表示的激励相容约束条件就简化为其一阶条件 (张维迎，2004)，则

$$\beta_i = \frac{\partial C(a_1, a_2)}{\partial a_i} = C_i(a_1, a_2), \quad i = 1, 2 \tag{6-9}$$

式 (6-9) 隐含地决定了物流企业的努力函数 $a_i = a_i(\boldsymbol{\beta}^{\mathrm{T}})$。对式 (6-9) 求导，并根据逆函数的定义，有

$$\frac{\partial \boldsymbol{\beta}}{\partial \boldsymbol{a}} = \left[C_{ij} \right] \text{ 和 } \frac{\partial \boldsymbol{a}}{\partial \boldsymbol{\beta}} = \left[C_{ij} \right]^{-1} \qquad (6\text{-}10)$$

其中

$$\frac{\partial \boldsymbol{\beta}}{\partial \boldsymbol{a}} = \begin{bmatrix} \dfrac{\partial \beta_1}{\partial a_1} & \dfrac{\partial \beta_1}{\partial a_2} \\ \dfrac{\partial \beta_2}{\partial a_1} & \dfrac{\partial \beta_2}{\partial a_2} \end{bmatrix}, \quad \boldsymbol{C}_{ij} = \begin{bmatrix} C_{11} & C_{12} \\ C_{21} & C_{22} \end{bmatrix}$$

式中，$\dfrac{\partial \boldsymbol{\beta}}{\partial \boldsymbol{a}} = \left[C_{ij} \right]$ 表示物流企业努力水平的单位变化所带来的业绩报酬的变化，相当于物流企业业绩报酬的变化对其努力水平变化的敏感性；$\dfrac{\partial \boldsymbol{a}}{\partial \boldsymbol{\beta}} = \left[C_{ij} \right]^{-1}$ 则表示了银行给予物流企业的业绩报酬的单位变化所引致的物流企业努力水平的变化，相当于物流企业努力水平的变化对业绩报酬变化的敏感性。

令 TCE 对 β 的一阶导数为 0，则有

$$\frac{\partial B}{\partial a} \times \frac{\partial a}{\partial \beta} - \rho \sum \beta - \frac{\partial C}{\partial a} \times \frac{\partial a}{\partial \beta} = 0$$

$$\frac{\partial B}{\partial a} - \rho \frac{\partial \beta}{\partial a} \sum \beta - \frac{\partial C}{\partial a} = 0$$

$$\boldsymbol{B}' - \rho [\boldsymbol{C}_{ij}] \Sigma \beta - \beta = 0$$

$$(\boldsymbol{I} + \rho [\boldsymbol{C}_{ij}] \Sigma) \beta = \boldsymbol{B}' \qquad (6\text{-}11)$$

式（6-11）两边同时左乘 $(\boldsymbol{I} + \rho [\boldsymbol{C}_{ij}] \Sigma)^{-1}$，可得最大化 TCE 的一阶条件为：

$$\beta = (\boldsymbol{I} + \rho [\boldsymbol{C}_{ij}] \Sigma)^{-1} \boldsymbol{B}' \qquad (6\text{-}12)$$

其中，$\boldsymbol{I}$ 为单位阵，$\boldsymbol{B}' = (B_1, B_2)^{\mathrm{T}}$ 为一阶偏导数向量，即 $\boldsymbol{B}_i = \dfrac{\partial B}{\partial a_i}$ 是第 i 种工作任务上努力的边际收益；$\left[C_{ij} \right]$ 表示努力成本的二阶导数矩阵，其经济含义是不同任务之间的关系（聂辉华，2006）；Σ 的经济含义是监督的难度，Σ 越大，难度越大（聂辉华，2006）。

监督难度的产生可能是因为业绩指标设置不够全面，或某些业绩指标较难量化（如质押物保管服务质量），也有可能是因为委托人难以获得代理人的真实信息。

6.3　多任务相互独立下的物流企业激励问题研究

$\dfrac{\partial \boldsymbol{\beta}}{\partial \boldsymbol{a}} = \left[C_{ij} \right]$ 表示物流企业努力水平的单位变化所带来的业绩报酬的变化，也可以理解为在物流企业的单位努力下，银行对物流企业的激励成本变化率（袁江天和张维，2006）。由于质押物保管服务所包含内容的复杂性以及质押物价值评估与质押物保管服务之间相互影响的时滞性，在某些特定时期（如银行与物流企业合作的初期），两项工作任务可能具有相对独立性，其产出业绩信息也具有相对独立性，因此有假设 6.4。

假设 6.4：物流企业完成两项工作任务努力的激励成本函数相互独立，即 $C_{12} = C_{21} = 0$，且影响工作业绩信息向量的随机向量 ε 独立分布。

命题 6.1：如果物流企业具有相互独立的两项工作任务，且两项工作任务努力的激励成本函数相互独立，那么在激励相容条件下，两项工作任务的最优业绩报酬 β_i 也相互独立，且 β_i 是银行边际收益 B_i 的增函数，是绝对风险规避度 ρ、边际激励成本变化率 C_{ii} 和可观测变量方差 σ_i^2 的减函数。

证明：由假设 6.4 可知，$\boldsymbol{C}_{ij}=0$（$i \neq j$），且 Σ 是对角阵，即有

$$\frac{\partial \boldsymbol{\beta}}{\partial a}=\begin{bmatrix} \dfrac{\partial \beta_1}{\partial a_1} & \dfrac{\partial \beta_1}{\partial a_2} \\ \dfrac{\partial \beta_2}{\partial a_1} & \dfrac{\partial \beta_2}{\partial a_2} \end{bmatrix}=\begin{bmatrix} \dfrac{\partial \beta_1}{\partial a_1} & 0 \\ 0 & \dfrac{\partial \beta_2}{\partial a_2} \end{bmatrix}=\begin{bmatrix} C_{11} & 0 \\ 0 & C_{22} \end{bmatrix} \tag{6-13}$$

将式 (6-13) 代入式 (6-12)，则有

$$\begin{bmatrix} \beta_1 \\ \beta_2 \end{bmatrix}=\left[\begin{bmatrix} 1 & 0 \\ 0 & 1 \end{bmatrix}+\rho\begin{bmatrix} C_{11} & 0 \\ 0 & C_{22} \end{bmatrix}\begin{bmatrix} \sigma_1^2 & 0 \\ 0 & \sigma_2^2 \end{bmatrix}\right]^{-1}\begin{bmatrix} B_1 \\ B_2 \end{bmatrix}=\begin{bmatrix} \dfrac{B_1}{\rho C_{11}\sigma_1^2+1} \\ \dfrac{B_2}{\rho C_{22}\sigma_2^2+1} \end{bmatrix} \tag{6-14}$$

式 (6-14) 的通式为

$$\beta_i=\frac{B_i}{\rho C_{ii}\sigma_i^2+1}, \quad i=1,2 \tag{6-15}$$

由式 (6-15) 可知，如果物流企业具有相互独立的两项工作任务，且两项工作任务努力的激励成本函数相互独立，那么在激励相容条件下，两项工作任务的最优业绩报酬 β_i 也相互独立，即物流企业在质押物价值评估任务上的最优努力独立于质押物保管服务任务上的最优努力。同时，最优业绩报酬 β_i 是银行边际收益 B_i 的增函数，是物流企业绝对风险规避度 ρ、边际激励成本变化率 C_{ii} 和可观测变量方差 σ_i^2 的减函数。命题 6.1 证毕。

(1) β_i 是银行边际收益 B_i 的增函数，意味着如果银行在物流企业投入努力 a_i 完成任务 i 时获得的边际收益越大，则银行给予物流企业的业绩报酬也要增加，反之亦然。由于 $\boldsymbol{B}(a_1,a_2)$ 是严格递增的凹函数，所以银行在存货质押融资业务规模的快速增长阶段应给予物流企业相应递增的业绩报酬。

(2) β_i 是物流企业绝对风险规避度 ρ 的减函数，意味着对于不同风险偏好的物流企业应该有不同的最优激励方案，但实践中会出现为了满足不同物流企业的个性化需求而在激励政策上不统一的情形，这是物流企业激励问题上的一个难题。另外，新近合作的物流企业由于与银行的合作时间较短，相互信任程度不高。因此，相对于长期合作的物流企业而言，其绝对风险规避度 ρ 相对较高，那么，β_i 是物流企业绝对风险规避度 ρ 的减函数所隐含的另一层政策含义是，对于刚刚建立合作关系的物流企业应减少其业绩激励，对于具有长期合作关系的物流企业应增加其业绩激励。

(3) β_i 是边际激励成本变化率 C_{ii} 的减函数所揭示的政策含义在于，如果物流企业某项工作任务努力的单位激励成本高，则应相应降低对其业绩的激励；如果物流企业某项工作任务努力的单位激励成本低，则应相应提高对其业绩的激励。从工作特性来看，质押物价值评估工作是建立在成熟的质押物价值评估体系基础上的，操作相对简单，且周期较短；而质押物保管服务工作的操作相对繁琐，且周期较长。因此，物流企业在质押

物价值评估任务上努力的单位激励成本低于在质押物保管服务任务上努力的单位激励成本。这样，银行将提高对质押物价值评估任务业绩的激励，降低对质押物保管服务任务业绩的激励。

（4）β_i 是可观测变量方差 σ_i^2 的减函数所揭示的政策含义在于，如果某项工作任务的可观测变量方差高，则应相应降低对其业绩的激励；如果某项工作任务的可观测变量方差低，则应相应提高对其业绩的激励。当某项工作任务的可观测变量方差较高时，则意味着物流企业在该项工作任务上的努力与所创造的业绩大小相关程度不高。此时，银行提高其业绩激励可能达不到预期效果。只有当某项工作任务的可观测变量方差较低时，才能通过提高其业绩激励达到激励其努力工作的效果。由于质押物保管服务质量不易监督，较难量化，使得质押物保管服务任务的可观测变量方差较高；而质押物价值评估任务的完成情况及其评价，是由银行直接观测和度量的，其可观测变量方差近似于零。因此，银行将降低对质押物保管服务任务业绩的激励，提高对质押物价值评估任务业绩的激励。

6.4　多任务相互依存下的物流企业激励问题研究

在假设 6.4 中作了物流企业完成两项工作任务努力的激励成本函数相互独立的假设，这符合某些特定时期的观察事实。但也可以观察到，从中长期来看，物流企业在质押物价值评估与质押物保管服务之间存在精力分配上的冲突，因此，对物流企业的激励应综合考虑不同任务的相互影响。在此情况下，物流企业完成两项工作任务努力的激励成本函数是相互依存的，即 $C_{12} = C_{21} \neq 0$，因此，有假设 6.5。

假设 6.5：物流企业完成两项工作任务努力的激励成本函数相互依存，即 $C_{12} = C_{21} \neq 0$，且影响工作业绩信息向量的随机向量 ε 独立分布。在两项工作任务中，物流企业在完成质押物价值评估任务过程中的努力程度可以由银行直接观测到，这是因为银行通过质押物价值评估报告就可以直接掌握物流企业在质押物价值评估方面付出的努力；而物流企业在完成质押物保管服务任务过程中的努力程度是不可直接观测到的，只有通过观测变量 $x_2 = \mu_2(a_2) + \varepsilon_2$ 进行间接测度。为此，有假设 6.6。

假设 6.6：在物流企业的两项工作任务中，完成质押物价值评估任务的努力选择是可以由银行直接观测到的，即 $\sigma_1^2 = 0$；而完成质押物保管服务任务的努力选择是银行不可直接观测到的，只有通过观测变量 $x_2 = \mu_2(a_2) + \varepsilon_2$ 进行间接测度。

命题 6.2：如果物流企业完成两项工作任务努力的激励成本函数相互依存，那么在激励相容条件下，具体有如下所示。

（1）质押物价值评估任务的最优激励合约是"门槛型激励合约"，即只有当银行在物流企业质押物价值评估任务努力下的边际收益超过一定的"门槛值"时，对其的激励才是正向的，否则将是负向的；并且"门槛值"与物流企业两项工作任务努力的边际激励成本替代率 C_{12}、质押物保管服务任务下的银行边际收益 B_2 成正比，与质押物保管服务任务的边际激励成本变化率 C_{22} 成反比。

（2）质押物保管服务任务的最优激励合约与两项工作任务努力的激励成本函数的相互

依存性无关。

证明：由假设 6.6 可知，$\sigma_1^2 = 0$，将其代入式 (6-12)，则有

$$\begin{bmatrix} \beta_1 \\ \beta_2 \end{bmatrix} = \left[\begin{bmatrix} 1 & 0 \\ 0 & 1 \end{bmatrix} + \rho \begin{bmatrix} C_{11} & C_{12} \\ C_{21} & C_{22} \end{bmatrix} \begin{bmatrix} 0 & 0 \\ 0 & \sigma_2^2 \end{bmatrix} \right]^{-1} \begin{bmatrix} B_1 \\ B_2 \end{bmatrix}$$

$$\beta_1 = B_1 - \frac{\rho C_{12} \sigma_2^2 B_2}{1 + \rho C_{22} \sigma_2^2} \ ; \quad \beta_2 = \frac{B_2}{1 + \rho C_{22} \sigma_2^2} \tag{6-16}$$

由 $\beta_1 = B_1 - \dfrac{\rho C_{12} \sigma_2^2 B_2}{1 + \rho C_{22} \sigma_2^2}$ 可知，质押物价值评估任务的最优激励合约是"门槛型激励合约"，即只有当银行在物流企业质押物价值评估任务努力下的边际收益满足下式时，对这一任务的激励才是正向的，否则将是负向的。

$$B_1 > \frac{\rho C_{12} \sigma_2^2 B_2}{1 + \rho C_{22} \sigma_2^2} \tag{6-17}$$

同时，通过分析上述门槛条件可知，门槛条件与物流企业两项工作任务努力的边际激励成本替代率 C_{12}、质押物保管服务任务努力下的银行边际收益 B_2 成正比，与质押物保管服务任务努力的边际激励成本变化率 C_{22} 成反比。命题 6.2 中的 (1) 得证。

由 $\beta_2 = \dfrac{B_2}{1 + \rho C_{22} \sigma_2^2}$ 可知，C_{12} 并未出现在等式中，因此质押物保管服务任务的最优激励合约与两项工作任务努力的激励成本函数的相互依存性无关。命题 6.2 中的 (2) 得证。

命题 6.2 的经济意义在于，当物流企业两项工作任务努力的激励成本函数相互依存（$C_{12} = C_{21} \neq 0$），且质押物价值评估任务的努力选择可以直接观测（$\sigma_1^2 = 0$）时，对质押物保管服务任务的最优激励报酬 β_2 与两项工作任务努力的激励成本函数的相互依存性无关，也即物流企业两项工作任务努力的边际激励成本替代率 C_{12} [激励成本函数的交叉偏导 (陈伟和但斌，2010)] 并不影响质押物保管服务任务的最优激励报酬 β_2 的确定，其最优化激励条件与两项工作任务努力的激励成本函数相互独立时的情形完全相同。

但是，对质押物价值评估任务的最优化激励条件则有较大变化。从 β_1 的取值上可以看出，由于质押物价值评估任务的努力选择可以直接观测，其最优激励合约构成一个"门槛型激励合约"。而门槛条件与物流企业两项工作任务努力的边际激励成本替代率 C_{12}、质押物保管服务任务努力下的银行边际收益 B_2 成正比，与质押物保管服务任务努力的边际激励成本变化率 C_{22} 成反比。上述结论与观察事实相符。质押物保管服务质量较高的物流企业，其声誉良好，质押物保管服务任务努力下银行的边际收益较高，银行将扩大与物流企业的合作，物流企业将承担更多的质押物价值评估任务，银行对质押物价值评估任务的要求随之提高；而质押物保管服务质量较差的物流企业，其声誉也较差，银行将减少或中止与物流企业的合作，银行对质押物价值评估任务的要求相应下降。结合式 (6-10) 同样可以理解，物流企业两项工作任务努力的边际激励成本替代率 C_{12} 越高，意味着物流企业在质押物保管服务任务努力下的质押物价值评估业绩报酬越高，因此，门槛条件也会相应提高。而门槛条件与质押物保管服务任务努力的边际激励成本变化率 C_{22} 成反比，则意味着物流企业质押物保管服务任务努力的单位激励成本越高，银行在质

押物价值评估任务上的激励门槛会降低，从而提高对物流企业在质押物价值评估任务上的激励。

最优化激励条件 $\beta_1 = B_1 - \dfrac{\rho C_{12}\sigma_2^2 B_2}{1+\rho C_{22}\sigma_2^2}$ 所揭示的经济含义还包括：在激励门槛条件未达到时，对物流企业在质押物价值评估任务上的激励将是负向的，将对物流企业的质押物价值评估积极性产生不利影响；但是，一旦超过门槛值，则物流企业在质押物价值评估任务上所得到的激励将完全由其在质押物价值评估方面所创造的增量业绩来决定，这无疑会诱导物流企业把更多的精力和时间放在质押物价值评估任务上，从而不利于质押物保管服务质量的提高。

6.5　本 章 小 结

本章运用多任务委托代理模型对存货质押融资中物流企业的激励问题进行了研究，得出如下结论：①如果物流企业具有相互独立的两项工作任务，且两项工作任务努力的激励成本函数相互独立，那么在激励相容条件下，两项工作任务的最优业绩报酬也相互独立，且最优业绩报酬是银行边际收益的增函数，是绝对风险规避度、边际激励成本变化率和可观测变量方差的减函数。②如果物流企业完成两项工作任务努力的激励成本函数相互依存，那么在激励相容条件下，质押物价值评估任务的最优激励合约是"门槛型激励合约"，即只有当银行在物流企业质押物价值评估任务努力下的边际收益超过一定的"门槛值"时，对其的激励才是正向的，否则将是负向的；并且"门槛值"与物流企业两项工作任务努力的边际激励成本替代率、质押物保管服务任务下的银行边际收益成正比，与质押物保管服务任务的边际激励成本变化率成反比。而质押物保管服务任务的最优激励合约与两项工作任务努力的激励成本函数的相互依存性无关。

存货质押融资的制度安排决定了在存货质押融资中物流企业有两项工作任务：①质押物价值评估；②质押物保管服务。由于两项工作任务完成情况的可观测变量、努力选择可观测程度不一致，求解出的物流企业最优化激励条件，在激励成本函数相互独立和相互依存两种情形下均明确显示：理性的参与人——银行和物流企业，都会被现实所诱导，用更多的精力和时间去完成质押物价值评估任务，而花在质押物保管服务任务上的努力则相对较少。这样，势必会导致银行对物流企业的激励的扭曲和低效。因此，银行有必要建立物流企业质押物保管服务质量评估体系，对物流企业在完成质押物保管服务任务过程中的努力程度进行直接观测。在此基础上，银行可以建立质押物价值评估业绩和质押物保管服务业绩并重的物流企业激励机制。

第7章　应收账款质押融资模式下科技型中小企业信用风险评价指标体系研究

7.1　引　言

应收账款质押融资是国际上针对中小企业的主要信贷品种之一，可满足借款企业因应收账款占用造成短期流动资金不足的融资需求，是缓解中小企业融资担保难、增强中小企业循环发展、持续发展能力的重要途径。然而，在应收账款质押融资模式中，仍然存在借款企业、核心企业、应收账款和供应链系统等多个风险来源，如何结合风险来源加强信用风险管理，从而有效控制信用风险，是应收账款质押融资业务能否成功的关键。

针对应收账款质押融资风险分析与管理问题，国内外学者进行了相关研究。国外研究方面，Barsky 和 Catanach(2005)指出贸易融资不同于传统的信用贷款，即便管理和控制最简单的贸易融资业务都是相当复杂和繁琐的，在实践中业务控制应该由主体准入为基础的风险控制理念转变为基于过程控制的风险管理理念。孙天琦等(2007a，2007b)介绍了美国货币监理署对应收账款与存货融资的监管手册。该手册描述了应收账款与存货融资的基本原理，总结了其存在的风险类型，提出了银行管理相关风险的方式。国内研究方面，陈福录(2007)重点分析了应收账款质押货款业务存在的十二种风险，并从法律和银行两个方面提出了防范风险的建议。任兰英(2008)总结了应收账款质押的法律渊源及法律意义，剖析了应收账款质押贷款存在的法律风险，并提出了风险防范措施。熊熊等(2009)提出了考虑主体评级和债项评级的供应链金融模式下信用风险评价体系。王东等(2009)认为信用风险、法律风险和操作风险对商业银行开展应收账款质押融资业务形成了较大制约，可采取信用增级、账户监管、双额度控制、合同文本管理、在线管理等措施来控制风险。陈丹和何广文(2010)分析了应收账款质押贷款的信用风险、市场风险、法律风险、操作风险和欺诈风险。赵忠(2011)从质量风险、道德风险、账实不符风险、经营风险等几个方面对应收账款融资中的风险进行了分析，并提出防范风险的措施。王凤鸣(2013)对应收账款池融资业务中的信用风险、法律风险和操作风险进行了分析，并提出了风险防控措施。

综上所述，国内外关于应收账款质押融资风险分析与管理的研究成果较为丰富，但已有文献大多以一般中小企业为研究对象，缺乏应收账款质押融资模式下科技型中小企业信用风险分析与管理的研究成果。有鉴于此，本章拟根据应收账款质押融资的内涵及业务流程，对应收账款质押融资的主要风险来源进行分析；在此基础上，结合科技型中小企业特点，遵循评价指标的选取原则，从借款企业的信用风险、核心企业的信用风险、应收账款的特征及担保安排、应收账款质押融资的法律风险、应收账款质押融资的道德风险、供应链运营状况等六个方面构建应收账款质押融资模式下科技型中小企业信用风险评价指标体系，从而为后续评价工作奠定基础。

7.2　应收账款质押融资的内涵、业务流程与主要风险来源

7.2.1　应收账款质押融资的内涵

根据《应收账款质押登记办法》(中国人民银行令〔2007〕第 4 号)的解释，应收账款是指权利人因提供一定的货物、服务或设施而获得的要求义务人付款的权利，包括现有的和未来的金钱债权及其产生的收益，但不包括因票据或其他有价证券而产生的付款请求权。其具体包括以下权利：①销售产生的债权，包括销售货物，供应水、电、气、暖，知识产权的许可使用等；②出租产生的债权，包括出租动产或不动产；③提供服务产生的债权；④公路、桥梁、隧道、渡口等不动产收费权；⑤提供贷款或其他信用产生的债权。

应收账款融资是指企业为取得运营资金，以卖方与买方签订真实贸易合同产生的应收账款为基础，为卖方提供的，并以合同项下的应收账款作为第一还款来源的融资业务(深圳发展银行与中欧国际工商学院"供应链金融"课题组，2009)。应收账款融资通常有三种模式：①应收账款保理指应收账款的债权人把应收账款售让于银行或专业金融机构(即保理商)并获得融资，保理商负责与应收账款有关的一切事务，并承担损失；②应收账款质押指企业以应收账款为质押物，向银行或专业金融机构申请贷款，并以应收账款的变现来偿还贷款；③应收账款证券化是一种金融衍生工具，即以应收账款的现金流为基础资产，通过银行或专业金融机构的设计运作，衍生出有稳定收益的证券，并向投资者出售。目前，国内金融机构主要开展应收账款保理业务和应收账款质押业务(刘桂荣，2012)。

7.2.2　应收账款质押融资的业务流程

应收账款质押融资的业务流程概述如下：①借款企业与核心企业签订商品买卖合同；②借款企业收到核心企业的应收账款单据，核心企业成为债务企业；③借款企业将应收账款单据质押给银行；④债务企业向银行出具应收账款单据证明以及付款承诺书；⑤银行贷款给借款企业；⑥债务企业销售产品，收到货款；⑦债务企业将应收账款金额支付到借款企业在银行指定的账户；⑧应收账款质押合同注销(邢丽丽，2011)。

7.2.3　应收账款质押融资的主要风险来源

根据应收账款质押融资的内涵及业务流程，应收账款质押融资的主要风险来源包括以下六个方面。

1)借款企业的信用风险

借款企业的信用风险是应收账款质押融资面临的首要风险，它是指在信贷过程中，由于各种不确定性，使借款企业不能按时偿还贷款，造成银行贷款本金及利息损失的可

能性。信用风险的成因主要包括内部原因和外部原因(张瑛，2009)。内部原因是企业信用风险产生最根本的原因，主要指由于企业管理不善、经营不善、决策失误等自身因素造成不能按期偿还贷款本金和利息，或者使得企业自身信用质量下降的风险。外部原因主要指由于宏观经济环境、法律制度、政治环境等因素造成企业的信用状态发生变化。

2) 核心企业的信用风险

在应收账款质押融资中，核心企业对借款企业起着反担保的作用，核心企业的信用状况直接影响着借款企业与其发生交易的质量。参照《中国人民银行信用评级管理指导意见》(银发〔2006〕95号)，对核心企业信用状况进行评价主要考察以下内容：①企业素质：包括法人代表素质、员工素质、管理素质、发展潜力等；②经营能力：包括销售收入增长率、流动资产周转次数、应收账款周转率、存货周转率等；③获利能力：包括资本金利润率、成本费用利润率、销售利润率、总资产利润率等；④偿债能力：包括资产负债率、流动比率、速动比率、现金流等；⑤履约情况：包括贷款到期偿还率、贷款利率偿还率等；⑥发展前景：包括宏观经济形势、行业产业政策对企业的影响，行业特征、市场需求对企业的影响，企业成长性和抗风险能力等。

3) 应收账款的特征及担保安排

在应收账款质押融资中，应收账款的特征是银行考察的重中之重，这是因为银行首先对交易资产的价值进行评估，然后根据评估结果给予授信，若受信人违约，交易资产是银行将其变现弥补损失的保证(熊熊等，2009)。应收账款的特征主要包括账龄、付款期限、退货记录情况、受信人坏账率等。质押率及回款账户锁定等担保安排是应收账款质押融资中合约设计风险的关键来源。质押率即贷款额度与质押的应收账款额度的比率，对应收账款的质押应在区分应收账款债务人资信状况前提下，综合考虑借款企业对应收账款货物的经营规模、经营年限、购销渠道的稳定性以及信用评级和融资期限等因素，合理控制应收账款的质押率(蒋巧琴，2009)。回款账户锁定则要求应收账款的债务人承诺只向出质人在融资银行开立的应收账款质押专户还款，以加快回款过程、监督应收账款的动向等。

4) 应收账款质押融资的法律风险

(1)产生应收账款的基础合同的效力风险。用于设定质押的应收账款是否成立、最终能否实现，直接与产生该应收账款的基础合同的效力密切相关。如果基础合同本身存在违背法律禁止性规定、违背社会公德等情形，则基础合同本身就被认定为无效。基础合同的无效直接导致应收账款不成立，在其之上设立的质押当然也就不存在(张兴光，2008)。

(2)应收账款质押债权的可转让风险。它是指用于设立质押的应收账款债权，必须是依照《合同法》规定和当事人约定允许转让的债权(任兰英，2008)。根据《合同法》规定，不得转让的合同债权主要有以下三种：根据合同性质不得转让的合同债权、按照当事人约定不得转让的合同债权、依照法律规定不得转让的合同债权。

(3)应收账款质押债权的出质人擅自出质带来的风险。它是指出质人没有通知其债务人，自行作主将合同债权进行了质押。根据《合同法》规定，合同债权人转让权利，并不是任意的，否则该转让对债务人不发生效力。如果是这种情况下的质押，应收账款质押债权就一定存在着风险(任兰英，2008)。

(4)应收账款质押债权是否特定化带来的风险。它是指用来质押的应收账款债权必须进行特定化，即产生应收账款债权的基础合同的总价款、履行期限、支付方式、债务人的基本情况等重要因素必须明确、具体和固定化。由于应收账款作为普通债权，没有物化的书面记载来固定化作为权利凭证，质权人对于质押物主张质权的依据主要依靠上述要素来予以明确(任兰英，2008)。

(5)应收账款质押债权的期限性、时效性带来的风险。应收账款质押债权的期限性是指产生应收账款债权的基础合同的履行期限。出质人的债务人履行合同的期限已经界至，但由于种种原因而没有履行合同义务，这种情况下存在风险(任兰英，2008)。应收账款质押债权的时效性是指用于设定质押的应收账款债权必须尚未超过诉讼时效。超过诉讼时效，则意味着债权人的债权从法律权利已蜕变为一种自然权利，最终难以取得债权(任兰英，2008)。

(6)应收账款债务人的撤销权风险。基础合同的当事人如果因商品或者服务的质量问题、不可抗力免责问题，因欺诈、胁迫、乘人之危、重大误解或显失公平合同而发生纠纷，如果出质人的债务人行使撤销权，就会给质权人的质权带来风险(任兰英，2008)。

(7)应收账款债务人的抗辩权风险。根据《合同法》规定，在具体的双务合同中，债务人在履行合同义务时有权根据对方履行的具体情形，依法行使同时履行抗辩权、先履行抗辩权、不安抗辩权。当债务人行使抗辩权时，应收账款即处于不稳定状态。因此，只有出质人充分、适当地履行合同义务，该项债权才能得以确定(张兴光，2008)。

(8)应收账款债务人的抵销权风险。在应收账款债务人和出质人互付到期债务的情况下，应收账款债务人随时行使抵销权将双方债权予以抵销，从而使设定质押的应收账款质押债权归于消灭。抵销权是一种形成权，它的行使是单方法律行为，不需要征得对方当事人的同意，因而对于质权人具有不确定性(张兴光，2008)。

5)应收账款质押融资的道德风险

(1)出质人的危害行为带来的风险。在质权存续期间，出质人的危害行为主要有(任兰英，2008)：恶意放弃债权的行为、减免债权的行为及向第三方转让出质债权的行为等。上述行为的发生，无疑给质权人的质权实现带来了风险。

(2)权利虚假风险。权利虚假风险指所质押的应收账款不存在，主要表现为：应收账款根本不存在，但虚构应收账款；原来存在应收账款，但出质前已清偿，只是出质人未下账或以其他应收账款数据冒充出质应收账款；出质后出质人已经收取了应收账款债务人偿还的款项，但未偿还银行贷款；恶意改变支付方式以避开质权人监控，使担保权利虚空；虚假账期的风险，即出质人将账龄不合格的应收账款移到合格栏内(或应收账期之内），然后获得贷款(陈丹和何广文，2010)。

(3)价格虚高风险。价格虚高风险指所质押的应收账款存在，但其出质价格被虚高。其主要表现为：出质人或出质人与债务人合谋虚报应收账款价格，使其超过或者远超过合同或实际应付的价格；货物折扣销售且出库价与返还折扣两条线记账，使账目上的应收账款与最终实际应付价不一致，而出质人故意隐瞒。在上述情形下，还款来源价值可能不足或明显不足(陈丹和何广文，2010)。

6)供应链的运营状况

在应收账款质押融资中，借款企业所处供应链的整体运营状况对借款企业的信用状况具有直接的影响。供应链的整体运营状况良好，交易风险较小，可以降低借款企业的信用风险。一般主要通过供应链的生产绩效、信息化程度、竞争力、上下游企业的合作程度等要素来反映供应链的整体运营状况(雷晓燕，2012)。

(1)生产绩效要素。生产绩效要素侧重于投入产出的量的度量，反映供应链的整体生产能力、管理水平及快速响应市场的能力，其主要衡量指标包括：核心企业的产销率、核心企业的产需率、核心企业的产品成本、核心企业产品生产循环期等。

(2)竞争力要素。竞争力要素侧重于投入产出的质的度量，其主要衡量指标有：供应链的品牌竞争力、产品质量竞争力、客户满意率等。

(3)信息化程度要素。信息化程度要素反映了供应链中的信息流是否畅通，直接影响链中的每一个企业的生产流程、存货控制和配送规划等，其主要衡量指标有：信息共享程度和信息系统完备性等。

(4)上下游企业的合作程度要素。供应链上下游企业之间合作越密切，供应链的整体实力就越强，借款企业的信用水平也相应得以提升，其主要衡量指标有：上下游企业彼此信赖程度、上下游企业合作密切程度、上下游企业产品依赖度等。

7.3 应收账款质押融资模式下科技型中小企业信用风险评价指标体系构建

7.3.1 评价指标的选取原则

综合已有文献，应收账款质押融资模式下科技型中小企业信用风险评价指标的选取应遵循以下原则(张杰，2007；赵峰，2009)。

(1)科学性原则。所选择的评价指标首先应建立在科学性的基础之上，指标具有清晰、明确的内涵与意义，并能充分反映应收账款质押融资模式下科技型中小企业信用风险的本质特征或内在规律，同时结合必要的专项调查和考证，定性和定量相结合，通过综合考核评价，以得出科学、合理的评价结果。

(2)客观性原则。所选择的评价指标要尽可能以客观的数据资料为依据，以原始数据的内在信息规律为标准，能客观反映应收账款质押融资模式下科技型中小企业信用风险的真实状况。应尽量减少主观评判过程，降低人为因素对评价结果的影响，以保证评价结论的真实性与精确性。

（3）系统性原则。应收账款质押融资模式下科技型中小企业信用风险评价指标体系不是评价指标的简单堆积，所选择的指标之间必须功能互补，具有一定的内在技术、经济联系，并且能全面反映应收账款质押融资模式下科技型中小企业信用风险的各个方面，不可存在重大遗漏或偏颇之处。

（4）功能性原则。反映应收账款质押融资模式下科技型中小企业信用风险的指标众多，要重点选择对应收账款质押融资模式下科技型中小企业信用风险有较强影响，在相关指标中功能性最强，具有足够代表性的综合指标和专业指标，以比较准确、简洁地表述所涵盖的内容。

（5）动态性原则。应收账款质押融资模式下科技型中小企业信用风险本身是一个动态的概念，这就要求所选择的评价指标必须能切实反映其发展的动态过程，要能描述应收账款质押融资模式下科技型中小企业信用风险的发展变化趋势与可持续性，使指标体系具有更强的生命力。

（6）相对独立性原则。选择的评价指标之间必须具有良好的协调性，要减少指标在概念上的重叠性和统计上的相关性，更不能出现严重的包容关系或重复关系，以确保各评价指标的相对独立性和优化性。

（7）可行性（或可操作性）原则。评价指标的统计过程简洁，计算方便，可以定量描述，对于难以统计或计算工作非常复杂的指标，原则上不予采用。评价指标选择应具有可获取性，能从各种统计资料或调查数据中直接或间接获取，以利于数据的收集和整理，既满足指标选择的要求，又具有实践上的可行性。

（8）可比性原则。评价指标的统计口径要一致，测度的内容相同，具有普遍的适用性，有利于不同时期、不同区域、不同行业和不同企业之间的比较。

7.3.2　应收账款质押融资模式下科技型中小企业信用风险评价指标体系

综合国内外相关研究成果，参照《中国人民银行信用评级管理指导意见》（银发〔2006〕95 号）和平安银行供应链贸易融资客户信用评级指标体系，结合科技型中小企业特点（许进和陶克涛，2006），遵循评价指标的选取原则，从借款企业的信用风险、核心企业的信用风险、应收账款的特征及担保安排、应收账款质押融资的法律风险、应收账款质押融资的道德风险、供应链的运营状况等六个方面构建应收账款质押融资模式下科技型中小企业信用风险评价指标体系，如表 7-1 所示。

表 7-1　应收账款质押融资模式下科技型中小企业信用风险评价指标体系

一级指标	二级指标	三级指标
借款企业的信用风险（U_1）	偿债能力（u_{11}）	流动比率（u_{111}）；速动比率（u_{112}）；资产负债率（u_{113}）
	营运能力（u_{12}）	应收账款周转率（u_{121}）；流动资产周转率（u_{122}）；存货周转率（u_{123}）
	盈利能力（u_{13}）	主营业务利润率（u_{131}）；净资产收益率（u_{132}）；总资产报酬率（u_{133}）

一级指标	二级指标	三级指标
借款企业的信用风险(U_1)	企业成长性(u_{14})	净利润增长率(u_{141})；净资产增长率(u_{142})
	技术创新能力(u_{15})	R&D 投入强度(u_{151})；申请发明专利数(u_{152})；新产品销售收入(u_{153})
	企业规模(u_{16})	从业人员数(u_{161})；销售额(u_{162})；资产总额(u_{163})
	企业素质(u_{17})	产权结构(u_{171})；管理者素质(u_{172})；员工素质(u_{173})
	行业成长性(u_{18})	行业销售收入增长率(u_{181})
	信誉状况(u_{19})	交易履约情况(u_{191})；贷款履约情况(u_{192})
核心企业的信用风险(U_2)	企业素质(u_{21})	产权结构(u_{211})；管理者素质(u_{212})；员工素质(u_{213})
	企业规模(u_{22})	从业人员数(u_{221})；销售额(u_{222})；资产总额(u_{223})
	营运能力(u_{23})	应收账款周转率(u_{231})；流动资产周转率(u_{232})；存货周转率(u_{233})
	盈利能力(u_{24})	成本费用利润率(u_{241})；净资产收益率(u_{242})；总资产报酬率(u_{243})
	偿债能力(u_{25})	流动比率(u_{251})；速动比率(u_{252})；资产负债率(u_{253})
	履约情况(u_{26})	贷款到期偿还率(u_{261})；贷款利率偿还率(u_{262})
	行业特征(u_{27})	行业地位(u_{271})；行业集中度(u_{272})；行业生命周期(u_{273})
应收账款的特征及担保安排(U_3)	应收账款的特征(u_{31})	应收账款账龄(u_{311})；应收账款付款期限(u_{312})；借款企业退货率(u_{313})；借款企业坏账率(u_{314})
	担保安排(u_{32})	质押率(u_{321})；回款账户锁定(u_{322})
应收账款质押融资的法律风险(U_4)	基础合同的效力风险(u_{41})	基础合同是否有效(u_{411})
	质押债权的可转让风险(u_{42})	质押债权是否允许转让(u_{421})
	出质人擅自出质带来的风险(u_{43})	出质人是否擅自出质(u_{431})
	质押债权是否特定化带来的风险(u_{44})	质押债权是否特定化(u_{441})
	质押债权的期限性、时效性带来的风险(u_{45})	基础合同的履行期限是否已经界至(u_{451})；质押债权是否超过诉讼时效(u_{452})
	债务人的撤销权风险(u_{46})	债务人行使撤销权的可能性大小(u_{461})
	债务人的抗辩权风险(u_{47})	出质人是否充分、适当地履行合同义务(u_{471})
	债务人的抵销权风险(u_{48})	债务人对出质人的债权情况(u_{481})
应收账款质押融资的道德风险(U_5)	出质人的危害行为带来的风险(u_{51})	危害行为发生的可能性大小(u_{511})
	权利虚假风险(u_{52})	所质押的应收账款是否存在(u_{521})
	价格虚高风险(u_{53})	出质价格是否被虚高(u_{531})
供应链的运营状况(U_6)	生产绩效(u_{61})	供应链总成本利润率(u_{611})；核心企业产销率(u_{612})
	信息化程度(u_{62})	信息共享程度(u_{621})；信息系统完备性(u_{622})
	竞争力(u_{63})	产品质量竞争力(u_{631})；市场占有率(u_{632})
	上下游企业的合作程度(u_{64})	上下游企业的合作时间(u_{641})；上下游企业的合作频率(u_{642})

部分指标说明：

(1)技术创新能力指标：R&D 投入强度(u_{151})是指企业研发经费支出占销售收入的比例。

(2)企业素质指标：产权结构(u_{171})是指不同类型的产权主体之间以及同一类型产权内部的相互关系或者称相互连接、耦合的格局(孙淑华，2005)，可以国家资本在企业实收资本中所占比重为产权结构衡量指标。管理者素质(u_{172})指企业管理者的从业年限、职业道德、社会声誉等。员工素质(u_{173})指企业员工专业技术等级、受教育程度、职业道德等。

(3)行业特征指标：行业地位(u_{271})是指公司在所处行业中的竞争地位，主要衡量指标有行业综合排序和产品的市场占有率。行业集中度(u_{272})是指某行业的相关市场内前 N 家最大的企业所占市场份额(产值、产量、销售额、销售量、职工人数、资产总额等)的总和，是对整个行业的市场结构集中程度的测量指标，用来衡量企业的数目和相对规模的差异，是市场势力的重要量化指标。行业生命周期(u_{273})是指行业从出现到完全退出社会经济活动所经历的时间，其主要包括四个发展阶段：幼稚期、成长期、成熟期、衰退期；识别行业生命周期所处阶段的主要指标有：市场增长率、需求增长率、产品品种、竞争者数量、进入壁垒及退出壁垒、技术变革、用户购买行为等。

(4)应收账款的特征指标：应收账款账龄(u_{311})是指资产负债表中的应收账款从销售实现、产生应收账款之日起，至资产负债表日止所经历的时间，简言之，就是应收账款在账面上存在的时间。应收账款付款期限(u_{312})是指从应收账款产生之日起，到购销合同约定的付款日止所经历的时间。

(5)信息化程度指标：信息共享程度(u_{621})是衡量供应链上下游企业之间信息共享水平的一个指标，由企业的信息化程度和企业间信息系统的兼容性决定，反映了供应链系统中信息传递的时效性、有效性和准确性，影响着供应链系统对市场需求的响应速度和供应链系统的运行效率(王文杰，2009)。信息共享程度=共享信息量/总信息量×100%。

(6)竞争力指标：产品质量竞争力(u_{631})是指产品的一组固有特性较竞争对手更好地满足要求的能力，产品的每一项质量特性在满足顾客、法律法规以及企业要求方面相对于竞争对手的程度高低。产品质量竞争力可通过产品的实物质量水平、符合性质量水平和适应市场需求的水平来直接体现(温德成，2005)。市场占有率(u_{632})指产品销售量占市场上同类产品销售量的比重(邵晓峰等，2000)。

7.4　本 章 小 结

应收账款质押融资因参与主体的多元化，导致其运营中风险具有复杂性、主观性和模糊性。本章从借款企业的信用风险、核心企业的信用风险、应收账款的特征及担保安排、应收账款质押融资的法律风险、应收账款质押融资的道德风险、供应链运营状况等六个方面构建了包含 33 个二级指标、69 个三级指标的应收账款质押融资模式下科技型中小企业信用风险评价指标体系。该指标体系突出了技术创新能力等科技型中小企业特点，涵盖了应收账款质押融资的主要风险来源，从而为后续评价工作奠定了基础。为确保指标体系的可靠性、稳定性和有效性，一般需要对指标体系进行信度和效度分析，以便对指标进行合理调整，获得信度和效度均较高的指标体系。另外，指标体系中可能含有冗余指标，一般需要运用粗糙集属性约简等算法对初始指标进行约简，以减少后续计算量。然而，因数据获取的困难，信度和效度分析、指标约简等工作有待于今后进一步完成。

第 8 章　存货质押融资模式下科技型中小企业信用风险评价指标体系研究

8.1　引　　言

如前文所述，存货质押融资是利用中小企业与上下游企业真实的贸易行为中的动产为质押从银行等金融机构获得贷款，从而为缺乏有效不动产作为抵押的中小企业拓展了融资渠道。然而，在存货质押融资中，仍然存在借款企业、质押物、供应链系统或物流企业等多个风险来源，如何结合风险来源来加强信用风险管理，从而有效控制信用风险，是存货质押融资业务能否成功的关键。

针对存货质押融资风险分析与管理问题，国内外学者进行了相关研究。国外研究方面，Siskin(1998)分析了针对零售商的存货质押融资中所可能发生的风险，肯定了实行严密监管的必要性。Shearer 和 Diamond(1999)指出在物流和金融整合创新下，风险出现了新的特征，需要根据融资的具体情况，采取更加有针对性、更加定量并且更加准确的风险识别与度量方法。Diercks(2004)认为物流金融业务必须严密监控，介绍了一些如何实现有效监控的具体监控方法，阐明了要求第三方或物流企业参与监控的必要性。Barsky 和 Catanach(2005)指出贸易融资不同于传统的信用贷款，即便管理和控制最简单的贸易融资业务都是相当复杂和繁琐的，在实践中业务控制应该由主体准入为基础的风险控制理念转变为基于过程控制的风险管理理念。孙天琦等(2007a，b)介绍了美国货币监理署对应收账款与存货融资的监管手册，该手册描述了应收账款与存货融资的基本原理，总结了其存在的风险类型，提出了银行管理相关风险的方式。国内研究方面，于洋和冯耕中(2003)描述了基于权利质押和基于流动货物质押的两种物资银行业务模式，并从多个方面分析了其中的可能风险及其控制办法。何娟(2008)归纳出融通仓风险因素架构：质押物风险、监管风险、信用风险、技术风险、法律风险。熊熊等(2009)提出了考虑主体评级和债项评级的供应链金融模式下信用风险评价体系。何明珂和钱文彬(2010)归纳出 15 个物流金融业务风险影响因子，建立起具有较好一致性和稳定性的物流金融风险指标体系。李莉等(2010)对银行、物流企业和融资企业的风险分别进行了分析，提出了物流金融风险评价体系。李毅学(2011a)将物流金融的系统风险分为宏观与行业系统风险和供应链系统风险，将物流金融的非系统风险分为信用风险、存货变现风险和操作风险。盛巧玲和吴炎太(2012)对存货质押融资风险进行分析，建立了供应链存货质押融资风险评价指标体系。

综上所述，国内外关于存货质押融资风险分析与管理的研究成果较为丰富，但已有文献大多以一般中小企业为研究对象，缺乏存货质押融资模式下科技型中小企业信用风险分析与管理的研究成果。有鉴于此，本章拟根据存货质押融资的内涵及业务流程，对存货质押融资的主要风险来源进行分析；在此基础上，结合科技型中小企业特点，遵循评价指标的选取原则，从借款企业的信用风险、存货权属及担保安排、存货的变现风险、供应链系统风险、物流企业的监管风险等五个方面构建存货质押融资模式下科技型中小企业信用风险评价指标体系，从而为后续评价工作奠定基础。

8.2　存货质押融资的内涵、业务流程与主要风险来源

8.2.1　存货质押融资的内涵

按照《中华人民共和国国家标准：物流术语》（GB/T 18354—2006），存货质押融资是指需要融资的企业（即借方），将其拥有的动产作为担保，向资金提供企业（即贷方）出质，同时，将质物转交给具有合法保管动产资格的物流企业（中介方）进行保管，以获得贷方贷款的业务活动，是物流企业参与下的动产质押业务。

根据2007年3月16日第十届全国人民代表大会第五次会议通过的《中华人民共和国物权法》（全国人大常委会法制工作委员会民法室，2007），用作质押的存货范围已经得到很大程度的扩展，采购过程的原材料、生产阶段的半成品、销售阶段的产品、企业拥有的机械设备等都可以当作存货质押的担保物。在实际操作过程中，第三方物流企业作为监管方参与进来，银行、借款企业和物流企业签订三方合同，银行为借款企业提供短期贷款。在我国，存货质押融资主要采取委托监管模式和统一授信模式，具体业务模式包括：存货质押授信、融通仓、统一授信、仓单质押授信等。

8.2.2　存货质押融资的业务流程

以融通仓业务模式为例（下同），其业务流程概述如下：①借款企业、银行、第三方物流企业签订融资协议和仓库监管协议，借款企业将质押物存放到第三方物流公司的仓库；②第三方物流企业对存货价值进行核定后，向银行出具动产质押证明文件，通知银行发放贷款；③银行根据第三方物流企业提供的单据，根据核定的额度和存货的种类，按照一定的质押率给借款企业发放贷款；④借款企业按经营过程的需要自由使用货物，并分阶段向银行偿还贷款取得存货或者向监管仓库补充新的物资以维持仓库水平；⑤银行通知第三方物流企业向借款企业发放与归还金额或补充物相等价值的货物；⑥第三方物流企业发出货物，借款企业将所得货物用于生产或销售（徐亮，2012）。

8.2.3　存货质押融资的主要风险来源

根据存货质押融资的内涵及业务流程，存货质押融资的主要风险来源包括以下五个方面。

1) 借款企业的信用风险

借款企业的信用风险是存货质押融资面临的首要风险，它是指在信贷过程中，由于各种不确定性，使借款企业不能按时偿还贷款，造成银行贷款本金及利息损失的可能性。信用风险的成因主要包括内部原因和外部原因（张瑛，2009）。内部原因是企业信用风险产生最根本的原因，主要指由于企业管理不善、经营不善、决策失误等自身因素造

成不能按期偿还贷款本金和利息,或者使得企业自身信用质量下降的风险。外部原因主要指由于宏观经济环境、法律制度、政治环境等因素造成企业的信用状态发生变化。

2) 存货权属及担保安排

质押物的产权界定及品质检验是存货质押融资中合约设计风险的首要来源。前者包括所有权审核和质权审核,所有权审核是指审核物是否在法律上清晰地归出质人所有;质权审核指审查物质是否能够在法律上允许质押,是否被担保给多个债权人,存在重复担保的现象(深圳发展银行-中欧国际工商学院"供应链金融"课题组,2009)。后者是对商品实质内容的审查(李毅学,2012),包括质押物的品质检验机构是否具有法定的检验资质、采用的检验方式是否正确等。而质押率及赎货期等担保安排是存货质押融资中合约设计风险的关键来源。质押率即贷款额度与质押存货价值的比率(李毅学,2012),质押率的确定与业务模式、存货的特性、企业违约概率、监管方式以及贷款利率等密切相关,能够比较全面地反映存货质押融资的风险状况;赎货是指赎货期内借款企业通过补充保证金(或现金等价物)、归还贷款等方式以冲减授信敞口,提取或解除相应价值质押物的过程(深圳发展银行-中欧国际工商学院"供应链金融"课题组,2009),赎货期从出账日或开票日起算。

3) 存货的变现风险

存货质押融资以存货为质押物,当借款企业违约时,银行有权对质押物进行拍卖来抵偿贷款的损失,故存货对银行贷款起着担保作用。存货的变现风险是存货质押融资中最重要的风险,其主要包括存货价格风险、质押物形态风险、销售风险等(李毅学,2011a)。存货价格风险主要指存货市场价格波动带来的风险;质押物形态风险指质押物的功能形态(如原材料、半成品和产成品)、质押物易损程度及配套保管条件等方面的风险;销售风险指存货的销售能力变化带来的风险。由于存货质押融资更注重存货的自偿性,所以存货价格风险是存货质押融资的重要风险源。

4) 供应链系统风险

供应链系统风险是存货质押融资模式所特有的一类系统风险,主要包括借款企业所在供应链系统的竞争风险、协调风险和控制风险(李毅学,2011a)。借款企业所在供应链系统的行业内竞争力强弱将直接影响到存货的销售水平,从而产生供应链系统的竞争风险;供应链上下游企业的协调合作关系不畅,将产生供应链系统的协调风险,这种协调风险有可能是因为信息交流的水平低下或者是因为相互之间合作意愿的欠缺等造成的;核心企业对供应链系统的控制程度是否有利于供应链系统的稳定和发展,是否能够保持和增强供应链系统在行业内的竞争力,将产生供应链系统的控制风险。

5) 物流企业的监管风险

在存货质押融资中,第三方物流企业作为监管方参与进来,直接负责质押物的直接监控和担保。物流企业的监管风险就是指在存货质押融资中,物流企业在负责质押物的直接监控和担保过程中可能出现的风险(李莉等,2010)。例如,欺骗、不负责任、虚假上报、监管失误等。因此，银行应根据物流企业的企业规模、资金实力、信誉情况、合作意愿、地域分布、监管技术水平等构建物流企业的监管风险评估体系，从而确定物流企业在存货质押融资中的监管资格。

8.3 存货质押融资模式下科技型中小企业信用风险评价指标体系构建

8.3.1 评价指标的选取原则

综合已有文献，存货质押融资模式下科技型中小企业信用风险评价指标的选取应遵循以下原则(张杰，2007；赵峰，2009)。

(1)科学性原则。所选择的评价指标首先应建立在科学性的基础之上，指标具有清晰、明确的内涵与意义，并能充分反映存货质押融资模式下科技型中小企业信用风险的本质特征或内在规律，同时结合必要的专项调查和考证，定性和定量相结合，通过综合考核评价，以得出科学、合理的评价结果。

(2)客观性原则。所选择的评价指标要尽可能以客观的数据资料为依据，以原始数据的内在信息规律为标准，能客观反映存货质押融资模式下科技型中小企业信用风险的真实状况。应尽量减少主观评判过程，降低人为因素对评价结果的影响，以保证评价结论的真实性与精确性。

(3)系统性原则。存货质押融资模式下科技型中小企业信用风险评价指标体系不是评价指标的简单堆积，所选择的指标之间必须功能互补，具有一定的内在技术和经济联系，并且能全面地反映存货质押融资模式下科技型中小企业信用风险的各个方面，不可存在重大遗漏或偏颇之处。

(4)功能性原则。反映存货质押融资模式下科技型中小企业信用风险的指标众多，要重点选择对存货质押融资模式下科技型中小企业信用风险有较强影响，在相关指标中功能性最强，具有足够代表性的综合指标和专业指标，以比较准确、简洁地表述所涵盖的内容。

(5)动态性原则。存货质押融资模式下科技型中小企业信用风险本身是一个动态的概念，这就要求所选择的评价指标必须能切实反映其发展的动态过程，要能描述存货质押融资模式下科技型中小企业信用风险的发展变化趋势与可持续性，使指标体系具有更强的生命力。

(6)相对独立性原则。选择的评价指标之间必须具有良好的协调性，要减少指标在概念上的重叠性和统计上的相关性，更不能出现严重的包容关系或重复关系，以确保各评价指标的相对独立性和优化性。

(7)可行性(或可操作性)原则。评价指标的统计过程简洁，计算方便，可以定量描述，对于难以统计或计算工作非常复杂的指标，原则上不予采用。评价指标选择应具有可获取性，能从各种统计资料或调查数据中直接或间接获取，以利于数据的收集和整理，既满足指标选择的要求，又具有实践上的可行性。

(8)可比性原则。评价指标的统计口径要一致，测度的内容相同，具有普遍的适用性，有利于不同时期、不同区域、不同行业和不同企业之间的比较。

8.3.2　存货质押融资模式下科技型中小企业信用风险评价指标体系

综合国内外相关研究成果，参照《中国人民银行信用评级管理指导意见》（银发〔2006〕95 号）和平安银行供应链贸易融资客户信用评级指标体系，结合科技型中小企业特点(许进和陶克涛，2006)，遵循评价指标的选取原则，从借款企业的信用风险、存货权属及担保安排、存货的变现风险、供应链系统风险、物流企业的监管风险等五个方面构建存货质押融资模式下科技型中小企业信用风险评价指标体系，如表 8-1 所示。

表 8-1　存货质押融资模式下科技型中小企业信用风险评价指标体系

一级指标	二级指标	三级指标
借款企业的信用风险(U_1)	偿债能力(u_{11})	流动比率(u_{111})；速动比率(u_{112})；资产负债率(u_{113})
	营运能力(u_{12})	应收账款周转率(u_{121})；流动资产周转率(u_{122})；存货周转率(u_{123})
	盈利能力(u_{13})	主营业务利润率(u_{131})；净资产收益率(u_{132})；总资产报酬率(u_{133})
	企业成长性(u_{14})	净利润增长率(u_{141})；净资产增长率(u_{142})
	技术创新能力(u_{15})	R&D 投入强度(u_{151})；申请发明专利数(u_{152})；新产品销售收入(u_{153})
	企业规模(u_{16})	从业人员数(u_{161})；销售额(u_{162})；资产总额(u_{163})
	企业素质(u_{17})	产权结构(u_{171})；管理者素质(u_{172})；员工素质(u_{173})
	行业成长性(u_{18})	行业销售收入增长率(u_{181})
	信誉状况(u_{19})	交易履约情况(u_{191})；贷款履约情况(u_{192})
存货权属及担保安排(U_2)	存货的权属(u_{21})	所有权是否清晰(u_{211})；是否存在重复担保(u_{212})
	存货的品质检验(u_{22})	是否能提供合法的品质检验报告(u_{221})；品质差异是否容易检出(u_{222})
	担保安排(u_{23})	质押率(u_{231})；赎货期(u_{232})
存货的变现风险(U_3)	存货价格风险(u_{31})	存货的市场价格稳定性(u_{311})
	质押物形态风险(u_{32})	存货的功能形态(u_{321})；易损程度及配套保管条件(u_{322})
	销售风险(u_{33})	存货的市场供求状况(u_{331})；存货销售渠道的稳定性(u_{332})
供应链系统风险(U_4)	竞争风险(u_{41})	产品质量竞争力(u_{411})；市场占有率(u_{412})
	协调风险(u_{42})	借款企业与下游企业的平均合作时间(u_{421})；信息共享程度(u_{422})
	控制风险(u_{43})	核心企业行业地位(u_{431})；核心企业信用等级(u_{432})
物流企业的监管风险(U_5)	经营实力(u_{51})	物流企业规模(u_{511})；年净现金流量(u_{512})；仓库所在地(u_{513})；货物检验及仓库管理制度(u_{514})；质押物是否能在封闭区域单独存放(u_{515})
	技术实力(u_{52})	质押物价值评估系统(u_{521})；网络信息技术(u_{522})
	信誉状况(u_{53})	信用记录(u_{531})；与银行合作时间(u_{532})

部分指标说明：

(1)技术创新能力指标：R&D 投入强度(u_{151})是指企业研发经费支出占销售收入的比例。

(2)企业素质指标：产权结构(u_{171})是指不同类型的产权主体之间以及同一类型产权内部的相互关系或者称相互连接、耦合的格局(孙淑华，2005)，可以国家资本在企业实收资本中所占比重为产权结构衡量指标。管理者素质(u_{172})是指企业管理者的从业年限、职业道德、社会声誉等。员工素质(u_{173})是指企业员工专业技术等级、受教育程度、职业道德等。

(3)竞争风险指标：产品质量竞争力(u_{411})是指产品的一组固有特性较竞争对手更好地满足要求的能力，产品的每一项质量特性在满足顾客、法律法规以及企业要求方面相对于竞争对手的程度高低。产品质量竞争力可通过产品的实物质量水平、符合性质量水平和适应市场需求的水平来直接体现(温德成，2005)。市场占有率(u_{412})是指产品销售量占市场上同类产品销售量的比重(邵晓峰等，2000)。

(4)协调风险指标：信息共享程度(u_{422})是衡量供应链上下游企业之间信息共享水平的一个指标，由企业的信息化程度和企业间信息系统的兼容性决定，反映了供应链系统中信息传递的时效性、有效性和准确性，影响着供应链系统对市场需求的响应速度和供应链系统的运行效率(王文杰，2009)。信息共享程度=共享信息量/总信息量×100%。核心企业行业地位(u_{431})是指公司在所处行业中的竞争地位，主要衡量指标有行业综合排序和产品的市场占有率。

(5)经营实力指标：物流企业规模(u_{511})要求在中型或中型以上，各种设备、安全防护措施齐全。年净现金流量(u_{512})能够衡量企业经营状况是否良好，是否有足够的现金偿还债务，资产的变现能力等，年净现金流量(NCF)=营业收入-付现成本-所得税。货物检验及仓库管理制度(u_{514})应包括完善的、严格的货物检验化验制度、出入库制度和保管制度，能够对质押物进行全面的监管和控制(李莉等，2010)。

(6)技术实力指标：主要是指应有质押物价值评估系统和网络信息技术，以对质押物进行实时监控(李电生和员丽芬，2010)。由于质押物一般是动产，因此需要建立质押物价值评估系统(u_{521})对直接监控和担保过程中的存货进行实时监控，以保证质押物的价值在存货质押融资业务过程中的损耗在可控范围之内。网络信息技术(u_{522})则需要对质押物的所有资料进行系统化的处理和分析，实时监控相关质押物信息的变化，及时发现可能出现的问题(李莉等，2010)。

8.4　本章小结

存货质押融资因参与主体的多元化，导致其运营中风险具有复杂性、主观性和模糊性。本章从借款企业的信用风险、存货权属及担保安排、存货的变现风险、供应链系统风险、物流企业的监管风险等五个方面构建了包含 21 个二级指标、49 个三级指标的存货质押融资模式下科技型中小企业信用风险评价指标体系。该指标体系突出了技术创新能力等科技型中小企业特点，涵盖了存货质押融资的主要风险来源，从而为后续评价工作奠定了基础。为确保指标体系的可靠性、稳定性和有效性，一般需要对指标体系进行信度和效度分析，以便对指标进行合理调整，获得信度和效度均较高的指标体系。另外，指标体系中可能含有冗余指标，一般需要运用粗糙集属性约简等算法对初始指标进行约简，以减少后续计算量。然而，因数据获取的困难，信度和效度分析、指标约简等工作有待于今后进一步完成。

第9章 预付款融资模式下科技型中小企业信用风险评价指标体系研究

9.1 引 言

中小企业通过预付款融资模式可以获得分批支付货款和分批提货的权利，不必一次性支付全额货款，从而为供应链上的中小企业提供了融资便利，有效缓解了中小企业的短期资金压力。然而，在预付款融资中，仍然存在借款企业、核心企业、质押物、物流企业或供应链系统等多个风险来源，如何结合风险来源加强信用风险管理，从而有效控制信用风险，是预付款融资业务能否成功的关键。

针对预付款融资风险分析与管理问题，国内外学者进行了相关研究。由于预付款融资可以理解为"未来存货的融资"，因此，国外研究主要侧重于对存货质押融资风险的分析。例如，Shearer 和 Diamond(1999)指出在物流和金融整合创新下，风险出现了新的特征，需要根据融资的具体情况，采取更加有针对性、更加定量并且更加准确的风险识别与度量的方法。Diercks(2004)认为物流金融业务必须严密监控，介绍了一些如何实现有效监控的具体监控方法，阐明了要求第三方或物流企业参与监控的必要性。Barsky 和 Catanach(2005)指出贸易融资不同于传统的信用贷款，即便管理和控制最简单的贸易融资业务都是相当复杂和繁琐的，在实践中业务控制应该由主体准入为基础的风险控制理念转变为基于过程控制的风险管理理念。国内研究主要集中于对保兑仓融资风险的分析。例如，邓卫华和陈武红(1998)对有色企业预付款融资中存在的宏观经济政策变动风险、市场风险、经营风险、汇率风险和利率风险进行了分析。白少布和刘洪(2009)对保兑仓融资中供货方、需求方、仓储方和银行等各方面临的信用风险进行了分析。胡涵芬(2011)分析了保兑仓模式中的信用风险、操作风险、市场风险和利率风险，并据此建立了保兑仓业务信用评价指标体系。李思远(2012)从信用风险、监管风险、质押物风险、法律风险、物流企业资质风险、操作风险等几个方面建立了物流银行保兑仓业务风险评价指标体系，并运用结构方程模型进行了风险评价。任慧军等(2013)从银行-买方、卖方、第三方物流企业，卖方-银行、买方，第三方物流企业-卖方、买方，买方-卖方四个角度对保兑仓模式中的风险进行了分析。

综上所述，国内外关于预付款融资风险分析与管理的研究成果相对较少，且已有文献大多以一般中小企业为研究对象，缺乏预付款融资模式下科技型中小企业信用风险分析与管理的研究成果。有鉴于此，本章拟根据预付款融资的内涵及业务流程，对预付款融资的主要风险来源进行分析；在此基础上，结合科技型中小企业特点，遵循评价指标的选取原则，从借款企业的信用风险、核心企业的信用风险及回购能力、质押物权属及担保安排、质押物的变现风险、物流企业的监管风险、供应链的运营状况等六个方面构建预付款融资模式下科技型中小企业信用风险评价指标体系，从而为后续评价工作奠定基础。

9.2　预付款融资的内涵、业务流程与主要风险来源

9.2.1　预付款融资的内涵

预付款是一种支付手段，其目的是解决合同一方周转资金短缺的问题。预付款不具有担保债的履行的作用，也不能证明合同的成立。收受预付款一方违约，只需返还所收款项，而无需双倍返还。此外，法律对预付款的使用有严格规定，当事人不得任意在合同往来中设置预付款项，而对定金则无此限制。

依据《浦发银行预付款融资业务管理办法(试行)》(2008)，预付款融资是指银行为满足购货商(融资申请人)向特定供应商以预付方式采购的融资需求，依托供应商(及终端买方，如有涉及，下同)的信用，在对采购项下物流及资金流进行监控的前提下提供的融资。融资形式包括贷款、票据承兑等授信业务品种。预付款融资通常有以下四种模式(余国杰和赵红梅，2009)。

(1)卖方担保差额退款是指以银行信用为载体，以银行承兑汇票为结算工具，由银行控制货权，卖方受托保管货物并对承兑汇票保证金以外金额部分由卖方以差额退款作为担保措施，买方开出银行承兑汇票，随缴保证金、随提货的一种特定票据业务服务模式。

(2)卖方担保货物回购是指以银行信用为载体，以银行承兑汇票为结算工具，由银行控制货权，仓储方受托保管货物并对承兑汇票保证金以外金额部分由卖方以货物回购作为担保措施，买方开出银行承兑汇票，随缴保证金、随提货的一种特定票据业务服务模式。

卖方担保差额退款和卖方担保货物回购统称为保兑仓业务。两者的相同之处在于：银行为买方提供授信的基础是卖方提供担保。两者的不同之处在于：前者涉及买方、卖方和银行三方当事人，卖方担保的是差额退款；后者涉及买方、卖方、银行和仓储方四方当事人，卖方担保的是货物回购。

(3)未来提货权质押融资是指企业采购物资时，凭采购合同向银行融资支付货款，然后凭银行签发的提货单向卖方提取货物的业务，具体包括贷款、开立银行承兑汇票、开出商业承兑汇票保贴函等三种融资方式。

(4)"先票/款后货"融资是银行动产质押融资的前置形式，企业采购银行认可为押品的货物时，在取得实物之前，即可凭采购合同向银行申请融资支付货款，具体包括开立银行承兑汇票、有贴现保证的商业承兑汇票、贷款等三种融资方式。

未来提货权质押融资和"先票/款后货"融资统称为商品提货权质押融资业务。两者的相同之处在于：银行为买方提供授信的基础是商品提货权的质押。两者的不同之处在于：前者涉及买方、卖方和银行三方当事人，质押方式为提单质押；后者涉及买方、卖方、银行和仓储方四方当事人，质押方式为仓单质押。

9.2.2　预付款融资的业务流程

以四方保兑仓融资模式为例(下同)，其业务流程概述如下：①买卖双方签订购销合同，共同向经办行申请办理保兑仓业务；②买方在银行获取既定仓单质押贷款额度，专门向该供应商购买货物；③银行审查卖方资信状况和回购能力，若审查通过，签订回购及质量保证协议；④银行与仓储监管方签订仓储监管协议；⑤卖方在收到银行同意对买方融资的通知后，向指定仓库发货，并取得仓单；⑥买方向银行缴纳承兑手续费和首次承兑保证金；⑦卖方将仓单质押给银行后，银行开立以买方为出票人、以卖方为收款人的银行承兑汇票，并交予卖方；⑧买方缴存保证金，银行释放相应比例的商品提货权给买方，直至保证金账户余额等于汇票金额；⑨买方获得商品提货权，去仓库提取相应金额的货物；⑩重复步骤⑧～⑨，若汇票到期，保证金账户余额不足，卖方于到期日回购仓单项下剩余质押物(邢丽丽，2011)。

9.2.3　预付款融资的主要风险来源

根据预付款融资的内涵及业务流程，预付款融资的主要风险来源包括以下六个方面。

1) 借款企业(买方)的信用风险

借款企业(买方)的信用风险是预付款融资面临的首要风险，它是指在信贷过程中，由于各种不确定性，使借款企业(买方)不能按时偿还贷款，造成银行贷款本金及利息损失的可能性。信用风险的成因主要包括内部原因和外部原因(张瑛，2009)。内部原因是企业信用风险产生最根本的原因，主要指由于企业管理不善、经营不善、决策失误等自身因素造成不能按期偿还贷款本金和利息，或者使得企业自身信用质量下降的风险。外部原因主要指由于宏观经济环境、法律制度、政治环境等因素造成企业的信用状态发生变化。

2) 核心企业(卖方)的信用风险及回购能力

由于预付款融资需要核心企业(卖方)提供连带担保责任并承诺回购，核心企业(卖方)应在借款企业保证金不足的情况下回购剩余质押物。因此，核心企业(卖方)的信用状况及回购能力是预付款融资风险评估的重点。参照《中国人民银行信用评级管理指导意见》(银发〔2006〕95 号)，对核心企业(卖方)信用状况进行评价主要考察以下内容：①企业素质，包括法人代表素质、员工素质、管理素质、发展潜力等；②经营能力，包括销售收入增长率、流动资产周转次数、应收账款周转率、存货周转率等；③获利能力，包括资本金利润率、成本费用利润率、销售利润率等、总资产利润率；④偿债能力，包括资产负债率、流动比率、速动比率、现金流等；⑤履约情况，包括贷款到期偿还率、贷款利率偿还率等；⑥发展前景，包括宏观经济形势、行业产业政策对企业的影响；行业特征、市场需求对企业的影响；企业成长性和抗风险能力等。核心企业(卖方)的回购能力是指核心企业(卖方)于到期日回购仓单项下剩余质押物的能力。

3) 质押物权属及担保安排

质押物的产权界定及品质检验是预付款融资中合约设计风险的首要来源。前者包括所有权审核和质权审核，所有权审核是指审核物是否在法律上清晰地归出质人所有；质权审核指审查物是否能够在法律上允许质押，是否被担保给多个债权人，存在重复担保的现象(深圳发展银行-中欧国际工商学院"供应链金融"课题组，2009)。后者是对商品实质内容的审查(李毅学，2012)，包括质押物的品质检验机构是否具有法定的检验资质，采用的检验方式是否正确等。而质押率及赎(提)货期等担保安排是预付款融资中合约设计风险的关键来源。质押率即贷款额度与质押物价值的比率(李毅学，2012)，质押率的确定与业务模式、质押物的特性、企业违约概率、监管方式以及贷款利率等密切相关，能够比较全面地反映预付款融资的风险状况；赎(提)货期是指从银行承兑汇票开出之日起，到借款企业将仓库中的货物提取的时间，赎(提)货期的长短与借款企业的销售情况密切相关。

4) 质押物的变现风险

预付款融资以仓单项下货物为质押物，当借款企业违约时，银行有权对质押物进行拍卖来抵偿贷款的损失，故质押物对银行贷款起着担保作用。质押物的变现风险是预付款融资中最重要的风险来源之一，主要包括质押物价格风险、质押物形态风险、质押物销售风险等(李毅学，2011a)。质押物价格风险主要指质押物市场价格波动带来的风险；质押物形态风险指质押物的功能形态(如原材料、半成品和产成品)、质押物易损程度及配套保管条件等方面的风险；质押物销售风险指质押物的销售能力变化带来的风险。

5) 物流企业的监管风险

在预付款融资中，第三方物流企业作为监管方参与进来，负责质押物的直接监控和担保。物流企业的监管风险就是指在预付款融资中，物流企业在负责质押物的直接监控和担保过程中可能出现的风险(李莉等，2010)。例如，欺骗、不负责任、虚假上报、监管失误等。因此，银行应根据物流企业的企业规模、资金实力、信誉情况、合作意愿、地域分布、监管技术水平等构建物流企业的监管风险评估体系，从而确定物流企业在预付款融资中的监管资格。

6) 供应链的运营状况

在预付款融资中，借款企业所处供应链的整体运营状况对借款企业的信用状况具有直接的影响。供应链的整体运营状况良好，交易风险较小，可以降低借款企业的信用风险。一般主要通过供应链的生产绩效、信息化程度、竞争力、上下游企业的合作程度等要素来反映供应链的整体运营状况(雷晓燕，2012)。①生产绩效要素。生产绩效要素侧重于投入产出的量的度量，反映供应链的整体生产能力、管理水平及快速响应市场的能力，其主要衡量指标包括：核心企业的产销率、核心企业的产需率、核心企业的产品成本、核心企业产品生产循环期等。②竞争力要素。竞争力要素侧重于投入产出的质的度量，其主要衡量指标有：供应链的品牌竞争力、产品质量竞争力、客户满意率等。③信息化程度要素。信息化程度要素反映了供应链中的信息流是否畅通，直接影响供应链中每一个企业的生产流程、存货控制和配送规划等，其主要衡量指标有：信息共享程度和信息系统完备性等。④上下游企业的合作程度要素。供应链上下游企业之间合作越密切，供应链的整体实力就越强，借款企业的信用水平也相应得以提升，其主要衡量指标有：上下游企业彼此信赖程度、上下游企业合作密切程度、上下游企业产品依赖度等。

9.3　预付款融资模式下科技型中小企业信用风险评价指标体系构建

9.3.1　评价指标的选取原则

综合已有文献，预付款融资模式下科技型中小企业信用风险评价指标的选取应遵循以下原则(张杰，2007；赵峰，2009)。

(1)科学性原则。所选择的评价指标首先应建立在科学性的基础之上，指标具有清晰、明确的内涵与意义，并能充分反映预付款融资模式下科技型中小企业信用风险的本质特征或内在规律，同时结合必要的专项调查和考证，定性和定量相结合，通过综合考核评价，以得出科学、合理的评价结果。

(2)客观性原则。所选择的评价指标要尽可能以客观的数据资料为依据，以原始数据的内在信息规律为标准，能客观反映预付款融资模式下科技型中小企业信用风险的真实状况；应尽量减少主观评判过程，降低人为因素对评价结果的影响，以保证评价结论的真实性与精确性。

(3)系统性原则。预付款融资模式下科技型中小企业信用风险评价指标体系不是评价指标的简单堆积，所选择的指标之间必须功能互补，具有一定的内在技术、经济联系，并且能全面反映预付款融资模式下科技型中小企业信用风险的各个方面，不可存在重大遗漏或偏颇之处。

(4)功能性原则。反映预付款融资模式下科技型中小企业信用风险的指标众多，要重点选择对预付款融资模式下科技型中小企业信用风险有较强影响，在相关指标中功能性最强，具有足够代表性的综合指标和专业指标，以比较准确、简洁地表述所涵盖的内容。

(5)动态性原则。预付款融资模式下科技型中小企业信用风险本身是一个动态的概念，这就要求所选择的评价指标必须能切实反映其发展的动态过程，要能描述预付款融资模式下科技型中小企业信用风险的发展变化趋势与可持续性，使指标体系具有更强的生命力。

(6)相对独立性原则。选择的评价指标之间必须具有良好的协调性，要减少指标在概念上的重叠性和统计上的相关性，更不能出现严重的包容关系或重复关系，以确保各评价指标的相对独立性和优化性。

(7)可行性(或可操作性)原则。评价指标的统计过程简洁，计算方便，可以定量描述，对于难以统计或计算工作非常复杂的指标，原则上不予采用。评价指标选择应具有可获取性，能从各种统计资料或调查数据中直接或间接获取，以利于数据的收集和整理，既满足指标选择的要求，又具有实践上的可行性。

(8)可比性原则。评价指标的统计口径要一致，测度的内容相同，具有普遍的适用性，有利于不同时期、不同区域、不同行业和不同企业之间的比较。

9.3.2　预付款融资模式下科技型中小企业信用风险评价指标体系

综合国内外相关研究成果，参照《中国人民银行信用评级管理指导意见》（银发〔2006〕95 号）和平安银行供应链贸易融资客户信用评级指标体系，结合科技型中小企业特点（许进和陶克涛，2006），遵循评价指标的选取原则，本书从借款企业的信用风险、核心企业的信用风险及回购能力、质押物权属及担保安排、质押物的变现风险、物流企业的监管风险、供应链的运营状况等六个方面构建预付款融资模式下科技型中小企业信用风险评价指标体系，如表 9-1 所示。

表 9-1　预付款融资模式下科技型中小企业信用风险评价指标体系

一级指标	二级指标	三级指标
借款企业的信用风险(U_1)	偿债能力(u_{11})	流动比率(u_{111})；速动比率(u_{112})；资产负债率(u_{113})
	营运能力(u_{12})	应收账款周转率(u_{121})；流动资产周转率(u_{122})；存货周转率(u_{123})
	盈利能力(u_{13})	主营业务利润率(u_{131})；净资产收益率(u_{132})；总资产报酬率(u_{133})
	企业成长性(u_{14})	净利润增长率(u_{141})；净资产增长率(u_{142})
	技术创新能力(u_{15})	R&D 投入强度(u_{151})；申请发明专利数(u_{152})；新产品销售收入(u_{153})
	企业规模(u_{16})	从业人员数(u_{161})；销售额(u_{162})；资产总额(u_{163})
	企业素质(u_{17})	产权结构(u_{171})；管理者素质(u_{172})；员工素质(u_{173})
	行业成长性(u_{18})	行业销售收入增长率(u_{181})
	信誉状况(u_{19})	交易履约情况(u_{191})；贷款履约情况(u_{192})
核心企业的信用风险及回购能力(U_2)	企业素质(u_{21})	产权结构(u_{211})；管理者素质(u_{212})；员工素质(u_{213})
	企业规模(u_{22})	从业人员数(u_{221})；销售额(u_{222})；资产总额(u_{223})
	营运能力(u_{23})	应收账款周转率(u_{231})；流动资产周转率(u_{232})；存货周转率(u_{233})
	盈利能力(u_{24})	成本费用利润率(u_{241})；净资产收益率(u_{242})；总资产报酬率(u_{243})
	偿债能力(u_{25})	流动比率(u_{251})；速动比率(u_{252})；资产负债率(u_{253})
	履约情况(u_{26})	贷款到期偿还率(u_{261})；贷款利率偿还率(u_{262})
	行业特征(u_{27})	行业地位(u_{271})；行业集中度(u_{272})；行业生命周期(u_{273})
	回购能力(u_{28})	资产流动性（流动比）(u_{281})
质押物权属及担保安排(U_3)	质押物的权属(u_{31})	所有权是否清晰(u_{311})；是否存在重复担保(u_{312})
	质押物的品质检验(u_{32})	是否能提供合法的品质检验报告(u_{321})；品质差异是否容易检出(u_{322})
	担保安排(u_{33})	质押率(u_{331})；赎（提）货期(u_{332})
质押物的变现风险(U_4)	质押物价格风险(u_{41})	质押物的市场价格稳定性(u_{411})
	质押物形态风险(u_{42})	质押物的功能形态(u_{421})；易损程度及配套保管条件(u_{422})
	质押物销售风险(u_{43})	质押物的市场供求状况(u_{431})；质押物销售渠道的稳定性(u_{432})

续表

一级指标	二级指标	三级指标
物流企业的监管风险(U_5)	经营实力(u_{51})	企业规模(u_{511})；年净现金流量(u_{512})；仓库所在地(u_{513})；货物检验及仓库管理制度(u_{514})；质押物是否能在封闭区域单独存放(u_{515})
	技术实力(u_{52})	质押物价值评估系统(u_{521})；网络信息技术(u_{522})
	信誉状况(u_{53})	信用记录(u_{531})；与银行合作时间(u_{532})
供应链的运营状况(U_6)	生产绩效(u_{61})	供应链总成本利润率(u_{611})；核心企业产销率(u_{612})
	信息化程度(u_{62})	信息共享程度(u_{621})；信息系统完备性(u_{622})
	竞争力(u_{63})	产品质量竞争力(u_{631})；市场占有率(u_{632})
	上下游企业的合作程度(u_{64})	上下游企业的合作时间(u_{641})；上下游企业的合作频率(u_{642})

部分指标说明：

(1)技术创新能力指标：R&D 投入强度(u_{151})是指企业研发经费支出占销售收入的比例。

(2)企业素质指标：产权结构(u_{171})是指不同类型的产权主体之间以及同一类型产权内部的相互关系或者称相互连接、耦合的格局(孙淑华，2005)，可以国家资本在企业实收资本中所占比重为产权结构衡量指标。管理者素质(u_{172})指企业管理者的从业年限、职业道德、社会声誉等。员工素质(u_{173})指企业员工专业技术等级、受教育程度、职业道德等。

(3)行业特征指标：行业地位(u_{271})是指公司在所处行业中的竞争地位，主要衡量指标有行业综合排序和产品的市场占有率。行业集中度(u_{272})是指某行业的相关市场内前 N 家最大的企业所占市场份额(产值、产量、销售额、销售量、职工人数、资产总额等)的总和，是对整个行业的市场结构集中程度的测量指标，用来衡量企业的数目和相对规模的差异，是市场势力的重要量化指标。行业生命周期(u_{273})指行业从出现到完全退出社会经济活动所经历的时间，主要包括四个发展阶段：幼稚期、成长期、成熟期、衰退期；识别行业生命周期所处阶段的主要指标有：市场增长率、需求增长率、产品品种、竞争者数量、进入壁垒及退出壁垒、技术变革、用户购买行为等。

(4)回购能力指标：资产流动性(流动比)(u_{281})表示企业流动资产占所有者权益的比例，有两种计算方法：①用期末的流动资产除以所有者权益；②用平均流动资产除以平均所有者权益。前者主要衡量的是期末时点企业流动资产占所有者权益的比例，而后者是对流动资产与所有者权益比例的整体考量，考察两者的全年比例。

(5)经营实力指标：物流企业规模(u_{511})要求在中型或中型以上，各种设备、安全防护措施齐全。年净现金流量(u_{512})能够衡量企业经营状况是否良好，是否有足够的现金偿还债务，资产的变现能力等，年净现金流量(NCF)=营业收入−付现成本−所得税。货物检验及仓库管理制度(u_{514})应包括完善的、严格的货物检验化验制度、出入库制度和保管制度，能够对质押物进行全面的监管和控制(李莉等，2010)。

(6)技术实力指标：主要指应有质押物价值评估系统和网络信息技术，以对质押物进行实时监控(李电生和员丽芬，2010)。由于质押物一般是动产，因此需要建立质押物价值评估系统(u_{521})对直接监控和担保过程中的质押物进行实时监控,以保证质押物的价值在预付款融资业务过程中的损耗在可控范围之内。网络信息技术(u_{522})则需要对质押物的所有资料进行系统化的处理和分析,实时监控相关质押物信息的变化,及时发现可能出现的问题(李莉等,2010)。

(7)信息化程度指标:信息共享程度(u_{621})是衡量供应链上下游企业之间信息共享水平的一个指标,由企业的信息化程度和企业间信息系统的兼容性决定,反映了供应链系统中信息传递的时效性、有效性和准确性,影响着供应链系统对市场需求的响应速度和供应链系统的运行效率(王文杰,2009)。信息共享程度=共享信息量/总信息量×100%。

(8)竞争力指标:产品质量竞争力(u_{631})是指产品的一组固有特性较竞争对手更好地满足要求的能力,产品的每一项质量特性在满足顾客、法律法规以及企业要求方面相对于竞争对手的程度高低。产品质量竞争力可通过产品的实物质量水平、符合性质量水平和适应市场需求的水平来直接体现(温德成,2005)。市场占有率(u_{632})指产品销售量占市场上同类产品销售量的比重(邵晓峰等,2000)。

9.4 本章小结

预付款融资因参与主体的多元化,导致其运营中风险具有复杂性、主观性和模糊性。本章从借款企业的信用风险、核心企业的信用风险及回购能力、质押物权属及担保安排、质押物的变现风险、物流企业的监管风险、供应链的运营状况等六个方面构建了包含 30 个二级指标、72 个三级指标的预付款融资模式下科技型中小企业信用风险评价指标体系。该指标体系突出了技术创新能力等科技型中小企业特点,涵盖了预付款融资的主要风险来源,从而为后续评价工作奠定了基础。为确保指标体系的可靠性、稳定性和有效性,一般需要对指标体系进行信度和效度分析,以便对指标进行合理调整,获得信度和效度均较高的指标体系。另外,指标体系中可能含有冗余指标,一般需要运用粗糙集属性约简等算法对初始指标进行约简,以减少后续计算量。然而,因数据获取的困难,信度和效度分析、指标约简等工作有待于今后进一步完成。

第10章　基于主成分分析的存货质押融资模式下科技型中小企业信用评价体系

10.1　引　　言

存货质押融资模式创造性地利用中小企业拥有的大量存货作为银行授信的支持性资产，确立了"主体信用+债项"的信用评级标准，使得银行能够以较小的风险开展存货质押融资业务(史彦飞，2012)，从而为缓解中小企业融资难、融资贵问题提供了有效的解决方案。开展存货质押融资业务，需要建立健全存货质押融资风险管理机制，对存货质押融资企业信用风险评价体系进行研究，对建立健全存货质押融资风险管理机制具有重要意义。

目前，针对存货质押融资企业信用风险评价体系的国内研究成果主要有以下文献。何娟(2008)将融通仓风险因素归纳为：质押物风险、监管风险、信用风险、技术风险、法律风险，结合融通仓风险项目的复杂性、主观性等特点，运用结构方程理论建立了融通仓风险评价模型。许红莲(2009)建立了包含客户选择风险、质押农产品选择风险、农产品物流公司选择风险、农产品评估技术风险、农产品仓单风险、农产品安全风险、农产品物流银行运营风险、农产品物流银行环境风险、法律风险等因素的农产品物流银行业务风险评估指标体系，并提出了基于语言 OWA 算子的农产品物流银行业务风险评估模型。李毅学(2011b)将供应链金融的系统风险分为宏观与行业系统风险和供应链系统风险，将供应链金融的非系统风险分为信用风险、存货变现风险和操作风险，建立了评估指标体系，并简单介绍了层次分析法在供应链金融风险评估中的应用。盛巧玲和吴炎太(2012)通过对供应链存货质押融资风险进行分析，建立了包括环境风险、供应链风险、质押物风险、信用风险、操作风险、法律风险等 6 个一级指标和 19 个二级指标的供应链存货质押融资风险评价指标体系；并应用层次分析法合理确定指标权重；进而应用模糊综合评价法对融资风险进行综合评价。张维和刘骅(2013)构建了包括融资企业、物流企业、供应链运营状况、担保存货和外部环境五个因素的农产品存货质押融资风险预警指标体系，并综合 AHP 与 BPNN 分析法建立了农产品存货质押融资风险预警模型。张云丰和王勇(2014a)选取质押物风险、信用风险、操作风险、法律风险、经济环境风险构成评估存货质押融资项目风险的属性递阶层次结构，并应用突变级数模型进行存货质押融资项目风险诊断。此外，张云丰和王勇(2014b)在前述存货质押融资风险评估指标体系的基础上，运用 FLES-TOPSIS 法对存货质押融资风险进行诊断。

综上所述，国内针对存货质押融资企业信用风险评价体系的研究大体上都是遵循"存货质押融资风险分析⇒存货质押融资风险评价指标体系构建⇒存货质押融资风险评价方法及其应用"的基本思路。有鉴于此，本章首先对存货质押融资业务模式及风险来源进行分析，并在此基础上，构建存货质押融资模式下科技型中小企业信用评价指标体系；然后，运用 PCA 法构建存货质押融资模式下科技型中小企业信用评价模型；最后，以 24 家中小板上市公司为样本，运用该模型进行算例分析。

10.2 存货质押融资业务模式及风险来源

10.2.1 存货质押融资业务模式

存货质押融资业务模式主要有委托监管模式、统一授信模式和物流银行模式三种。①委托监管模式：借款企业将存货质押给银行以获取贷款，银行则委托物流企业对质押存货甚至借款企业实行相应的业务控制(简单/严密)。②统一授信模式：银行将一定的贷款额度拨给物流企业，物流企业在额度范围内提供辅助的监管服务；或者由物流企业根据实际情况自行开发存货质押融资业务，设立合乎实际的合约和确立相应的业务控制方式，银行只收取事先协商的资本收益。③物流银行模式：物流仓储企业和银行组成专门的物流银行(也称为质押银行)直接与借款企业进行存货质押融资业务联系(吴云，2012)。

10.2.2 风险来源

存货质押融资业务面临的风险主要包括：宏观与行业系统风险、供应链系统风险、违约风险、质押存货变现风险、操作风险等(吴云，2012；张艳梅，2012)。

(1)宏观与行业系统风险：包括宏观系统风险、行业系统风险、区域系统风险。宏观系统风险指宏观经济发展、政治和法律环境等的不确定性；行业系统风险指行业整体利润水平、交易水平、技术变化、发展前景等的不确定性；区域系统风险指企业所在区域的经济发展、政治和法律环境等的不确定性。

(2)供应链系统风险：包括供应链系统的竞争风险、协调风险和控制风险。供应链系统的强弱直接影响到存货的销售水平，带来了供应链系统的竞争风险；供应链上下游企业的协调合作关系不畅将带来供应链系统的协调风险；核心企业对供应链系统的控制程度将直接影响到供应链系统的发展、稳定和行业竞争力，从而形成了供应链系统的控制风险。

(3)违约风险：包括借款企业信用风险和物流企业监管风险。借款企业信用风险是指因借款企业或交易对手(核心企业)违约导致银行贷款本息遭受损失的可能性。而物流企业欺骗、不负责任、虚假上报、监管失误等违约行为带来了物流企业的监管风险。

(4)质押存货变现风险：包括存货价格风险、质押物形态风险、存货销售风险。质押存货变现风险是存货质押融资业务面临的最重要风险，而存货价格风险又是其中的重中之重。

(5)操作风险：根据《新巴塞尔资本协议》，操作风险(或商业风险)是指"直接或间接由人或系统的不适当或错误的内部处理，或外部事件所造成损失的风险"。存货质押融资业务面临的操作风险主要包括合规风险、模式风险、流程风险、具体的操作风险等。

10.3　存货质押融资模式下科技型中小企业信用评价指标体系

如表 10-1 所示，本书根据存货质押融资业务模式及风险来源，在已有文献的基础上，结合科技型中小企业特征（如技术创新能力、成长性等）和存货质押融资业务特点（田亚娟，2011），遵循科学性、客观性、系统性、功能性、动态性、相对独立性、可行性（或可操作性）和可比性等评价指标的选取原则，从借款企业信用风险、质押物风险、物流企业业务操作风险和供应链运营状况等几个方面构建了包含 4 个一级指标、14 个二级指标和 20 个三级指标的存货质押融资模式下科技型中小企业信用评价指标体系。

表 10-1　存货质押融资模式下科技型中小企业信用评价指标体系

目标层	准则层	第一层指标	第二层指标	第三层指标	计算公式/评比内容	指标代码
科技型中小企业信用状况	借款企业信用风险	企业经营风险	偿债能力	流动比率	流动资产/流动负债×100%	X_1
				权益负债率	负债总额/股东权益总额×100%	X_2
			盈利能力	销售毛利率	（销售收入−销售成本）/销售收入×100%	X_3
				净资产收益率	净利润/股东权益×100%	X_4
			营运能力	存货周转率	2×销售成本/（期初存货额+期末存货额）	X_5
				应收账款周转率	2×销售收入/（期初应收账款+期末应收账款）	X_6
				主营利润比重	主营业务利润/总利润×100%	X_7
			发展能力	净利润增长率	（期末净利润−期初净利润）/期初净利润	X_8
				总资产增长率	（期末总资产−期初总资产）/期初总资产	X_9
		企业素质	企业信用因素		企业社会信用、商业信用状况	X_{10}
			企业技术创新能力		企业技术创新成果情况	X_{11}
	质押物风险	市场风险			质押物价格是否稳定	X_{12}
					质押物变现能力强弱	X_{13}
		质押风险			质押物是否易毁、易坏	X_{14}
	物流企业业务操作风险	监管风险	物流企业监管力度		物流企业监管制度是否完善，监管人员素质高低	X_{15}
		评估风险	物流企业评估水平		物流企业评估体系是否完善，评估技术是否科学，评估人员是否专业	X_{16}
		流程风险			流程标准化、信息化程度	X_{17}
	供应链运营状况	产业风险			产业总体发展前景及利润水平	X_{18}
		供应链内部稳定性风险			供应链上下游企业的协调与合作程度	X_{19}
		供应链竞争风险			处于相同产业链系统内的不同供应链之间的竞争能力强弱	X_{20}

1)定量指标

定量指标主要包括企业偿债能力、盈利能力、营运能力以及发展能力四大类财务指标。

(1)偿债能力是指企业用其资产偿还长期债务与短期债务的能力。本书选取流动比率、权益负债率两个指标来衡量。一般说来,流动比率越高,说明企业资产的变现能力越强,短期偿债能力亦越强,反之则弱;权益负债率越高,企业偿债能力越强,权益负债率为多少属于正常在不同行业有不同标准。

(2)盈利能力是指企业获取利润的能力,也称为企业的资金或资本增值能力,通常表现为一定时期内企业收益数额的多少及其水平的高低。本书选取销售毛利率、净资产收益率两个指标来衡量。销售毛利率越大,营业成本占营业收入净额的比例越小,企业获利能力越强。净资产收益率越高,股东取得的投资报酬越高,企业盈利能力越强。

(3)营运能力是指企业的经营运行能力,即企业运用各项资产以赚取利润的能力。本书选取存货周转率、应收账款周转率、主营利润比重三个指标来衡量营运能力。存货周转率越高,表明企业存货资产变现能力越强,存货及占用在存货上的资金周转速度越快。一般来说,应收账款周转率越高,平均收账期越短,说明应收账款的收回越快。主营利润比重越高,企业主营业务利润占总利润的比例越大,企业经营越稳定。

(4)发展能力是指企业扩大规模、壮大实力的潜在能力。本书选取净利润增长率和总资产增长率两个指标来衡量。净利润增长率越高,企业盈利能力越强,发展能力越强。总资产增长率越高,企业规模增长速度越快,发展能力越强。

2)定性指标

定性指标主要包括企业素质、质押物风险、物流企业业务操作风险以及供应链运营状况等几类非财务指标。本书选取企业信用因素、企业技术创新能力来反映企业素质。企业社会信用、商业信用状况越好,企业技术创新成果情况越好,则企业信用风险越低。选取市场风险、质押风险来反映质押物风险。质押物价格越稳定,质押物变现能力越强,质押物越不易毁、易坏,则质押物风险越低。选取监管风险、评估风险、流程风险来反映物流企业业务操作风险。物流企业监管制度越完善,监管人员素质越高;评估体系越完善,评估技术越科学,评估人员越专业;流程标准化、信息化程度越高,则物流企业业务操作风险越低。选取产业风险、供应链内部稳定性风险和供应链竞争风险来反映供应链运营状况。产业总体发展前景及利润水平越好,供应链上下游企业的协调与合作程度越高,处于相同产业链系统内的不同供应链之间的竞争能力越强,则供应链运营状况越好。

10.4　存货质押融资模式下科技型中小企业信用评价模型

10.4.1　主成分分析法

主成分分析法是将一个多要素的复杂系统内具有相关性的多个要素表示为没有(或较

低)相关性的少数几个要素的统计分析方法。其中，没有(或较低)相关性的少数几个要素就称为这个复杂系统的主成分。实质上，主成分分析法是一种降低维度的分析方法。在降维后，主成分代替了原来系统内较多的变量，并尽可能多地保留了原来较多变量所涵盖的信息(张庆利等，2011)。

假设一个复杂要素系统内有 i 个样本，每个样本由 j 个变量度量，则这个复杂要素系统初始可以由一个 $i \times j$ 阶的矩阵表示：

$$X = \begin{bmatrix} x_{11} & x_{12} & \cdots & x_{1j} \\ x_{21} & x_{22} & \cdots & x_{2j} \\ \vdots & \vdots & & \vdots \\ x_{i1} & x_{i2} & \cdots & x_{ij} \end{bmatrix}$$

记原始变量指标为 x_1，x_2，…，x_j，根据主成分分析的要求，假设这些变量已经标准化(均值为 0，标准差为 1)。另假设这 j 个变量可以由 k 个($k \leqslant j$)主成分 z_1，z_2，…，z_k 表示为线性组合，即

$$\begin{cases} x_1 = a_{11}z_1 + a_{12}z_2 + \cdots + a_{1k}z_k + \varepsilon_1 \\ x_2 = a_{21}z_1 + a_{22}z_2 + \cdots + a_{2k}z_k + \varepsilon_2 \\ \cdots\cdots\cdots\cdots \\ x_j = a_{j1}z_1 + a_{j2}z_2 + \cdots + a_{jk}z_k + \varepsilon_k \end{cases}$$

上式为主成分分析的数学模型，如果用矩阵表示则为 $X = AZ + \varepsilon$。其中，X 表示 j 维原始变量向量，它的每一个分量表示一个指标或变量；Z 表示主成分向量，每一个分量表示一个主成分；A 是主成分载荷矩阵，其元素 a_{jk} 称为主成分载荷；ε 表示特殊成分，代表原始变量中不能由主成分解释的部分，均值为 0。主成分分析的实质就是确定主成分载荷 a_{jk}。

进行主成分分析的基本步骤是：先把指标数据标准化，再对指标之间的相关性进行判定，接着确定主成分个数，从而就可以写出主成分表达式，最后计算出各主成分得分。

以上步骤可以通过 SPSS 软件实现。运用 SPSS 软件进行主成分分析时，首先把数据录入或调入 SPSS 软件；沿着主菜单的"分析(Analyze)→降维(Data Reduction)→因子(Factor)"路径打开因子分析选项框；将原始变量调入变量(Variables)栏中；分别设置描述(Descriptive)选项、提取(Extraction)选项和得分(Scores)选项中后，点击确定(OK)按钮 SPSS 软件即会自动计算并输出各相关值。

10.4.2　存货质押融资模式下科技型中小企业信用评价步骤

基于主成分分析法的存货质押融资模式下科技型中小企业信用评价步骤如下所示。

步骤 1：对指标原始数据进行标准化处理，使之符合主成分分析的要求。

步骤 2：对标准化后的指标数据进行 KMO 检验和 Bartlett 检验，当 KMO 统计量的系数值>0.5、Bartlett 检验为显著时，表明使用主成分分析是合适的。

步骤 3：假设选择了 s 个主成分，则科技型中小企业的信用综合得分为

$$S_i = a_1 z_1^{(i)} + a_2 z_2^{(i)} + \cdots + a_s z_s^{(i)} \tag{10-1}$$

其中，S_i $(i=1,2,\cdots,m)$ 为第 i 个科技型中小企业的信用综合得分，$z_k^{(i)}$ $(k=1,2,\cdots,s)$ 为第 k 个主成分，a_k 为第 k 个主成分的方差贡献率(Robert，1985；李建平等，2004)。

$z_k^{(i)}$ 又可表示为 n 个指标变量的线性组合

$$z_k^{(i)} = b_{k1}y_{i1} + b_{k2}y_{i2} + \cdots + b_{kn}y_{in} \tag{10-2}$$

其中，$b_{k1},b_{k2},\cdots,b_{kn}$ 为第 k 个主成分的因子得分系数(Hotelling，1933)。

步骤 4：将式(10-2)代入式(10-1)可得

$$S_i = c_1y_{i1} + c_2y_{i2} + \cdots + c_ny_{in} \tag{10-3}$$

其中，$c_1,c_2,\cdots,c_n$ 为指标权重系数。

即有

$$c_j = \sum_{k=1}^{s} a_k b_{kj}, \quad j=1,2,\cdots,n \tag{10-4}$$

10.5 算例分析

10.5.1 样本数据

(1) 定量指标原始数据。本书选取 24 家中小板上市公司组成实验样本集 $A=\{A_1,A_2,\cdots,A_{24}\}$，行业涉及通用设备制造业、专用设备制造业、电气机械和器材制造业、医药制造业、计算机、通信和其他电子设备制造业、互联网和相关服务等多个行业。样本区间设定为 2013 年 6 月 30 日。定量指标原始数据来源于深圳证券交易所 XBRL 上市公司信息服务平台，具体详见表 10-2。

表 10-2 定量指标原始数据

样本企业	流动比率(X_1)	权益负债率(X_2)	销售毛利率(X_3)	净资产收益率(X_4)	存货周转率(X_5)	应收账周转率(X_6)	主营利润比重(X_7)	净利润增长率(X_8)	总资产增长率(X_9)
A_1	1.377	1.522	0.308	2.926	0.646	1.198	3.590	0.284	0.222
A_2	3.612	1.310	0.590	6.704	1.015	2.601	1.493	−0.223	0.077
A_3	1.756	0.900	0.233	1.986	1.006	2.186	7.987	−0.289	0.845
A_4	3.852	0.271	0.432	5.403	0.928	1.288	2.762	0.034	0.118
A_5	2.507	0.808	0.222	3.865	3.687	3.204	3.830	−0.026	0.350
A_6	6.870	0.157	0.151	0.517	2.723	2.742	5.726	−3.391	0.796
A_7	1.274	0.732	0.312	3.419	1.098	0.741	2.495	−0.412	0.145
A_8	2.208	2.036	0.370	6.694	1.107	1.278	1.212	0.098	0.070
A_9	0.434	0.351	0.567	2.730	0.689	2.820	1.875	−0.268	−0.159
A_{10}	1.428	1.172	0.290	4.465	1.784	1.252	4.715	0.222	0.150
A_{11}	1.187	1.425	0.261	1.182	1.117	1.009	5.120	−0.592	−0.547
A_{12}	0.679	2.491	0.213	7.359	6.299	9.431	1.866	11.387	16.031
A_{13}	2.298	0.346	0.379	5.668	2.462	3.096	2.513	0.093	−0.112

续表

样本企业	流动比率 (X_1)	权益负债率 (X_2)	销售毛利率 (X_3)	净资产收益率 (X_4)	存货周转率 (X_5)	应收账周转率 (X_6)	主营利润比重 (X_7)	净利润增长率 (X_8)	总资产增长率 (X_9)
A_{14}	2.011	0.567	0.220	4.113	1.003	2.252	2.19	-0.045	0.248
A_{15}	1.487	0.525	0.043	-3.651	5.590	7.134	-1.330	1.282	0.099
A_{16}	2.075	0.345	0.285	2.901	1.017	2.386	3.215	-0.327	-0.003
A_{17}	1.260	0.832	0.415	4.314	1.632	3.995	4.615	0.970	0.150
A_{18}	3.046	0.376	0.401	3.604	0.966	1.086	3.587	0.503	0.148
A_{19}	1.017	1.904	0.203	2.126	1.281	1.856	9.040	0.632	0.160
A_{20}	2.438	0.470	0.203	5.735	1.471	2.401	2.009	0.035	0.402
A_{21}	1.312	1.173	0.176	-5.469	0.518	0.978	-1.136	4.137	-0.161
A_{22}	3.626	0.267	0.212	5.577	2.643	3.106	1.701	-0.042	0.394
A_{23}	5.463	0.155	0.488	14.944	1.368	4.450	1.435	0.273	0.129
A_{24}	1.733	0.568	0.504	9.100	2.282	1.167	2.764	0.418	0.338

(2)定性指标原始数据。根据上市公司半年报及相关信息，采用专家打分法给出定性指标原始数据。即，将定性指标划分为四个等级，分别记为 3 分、2 分、1 分和 0 分，某项指标分数越高，表明该项指标越好，定性指标评分标准如表 10-3 所示。根据表 10-3 的定性指标评分标准，得出定性指标原始数据，如表 10-4 所示。

表 10-3　定性指标评分标准

指标代码	指标名称	评比内容	评分细则
X_{10}	企业信用因素	企业社会信用、商业信用状况	很好记 3 分，良好记 2 分，一般记 1 分，不好记 0 分
X_{11}	企业技术创新能力	企业技术创新成果情况	很好记 3 分，良好记 2 分，一般记 1 分，不好记 0 分
X_{12}	市场风险	质押物价格是否稳定	很稳定记 3 分，较稳定记 2 分，一般记 1 分，不稳定记 0 分
X_{13}		质押物变现能力强弱	很强记 3 分，较强记 2 分，一般记 1 分，不强记 0 分
X_{14}	质押风险	质押物是否易毁、易坏	很不容易记 3 分，不容易记 2 分，一般记 1 分，很容易记 0 分
X_{15}	监管风险	物流企业监管力度	很强记 3 分，较强记 2 分，一般记 1 分，不强记 0 分
X_{16}	评估风险	物流企业评估水平	很高记 3 分，较高记 2 分，一般记 1 分，不高记 0 分
X_{17}	流程风险	流程标准化、信息化程度	很高记 3 分，较高记 2 分，一般记 1 分，不高记 0 分
X_{18}	产业风险	产业总体发展前景及利润水平	很好记 3 分，良好记 2 分，一般记 1 分，不好记 0 分
X_{19}	供应链内部稳定性风险	供应链上下游企业的协调与合作程度	很高记 3 分，较高记 2 分，一般记 1 分，不好记 0 分
X_{20}	供应链竞争风险	处于相同产业链系统内的不同供应链之间的竞争能力强弱	很强记 3 分，较强记 2 分，一般记 1 分，不强记 0 分

表 10-4　定性指标原始数据

样本企业	企业信用因素(X_{10})	技术创新产出能力(X_{11})	质押物价格稳定性(X_{12})	质押物变现能力(X_{13})	质押风险(X_{14})	监管风险(X_{15})	评估风险(X_{16})	流程风险(X_{17})	产业风险(X_{18})	供应链内部稳定性风险(X_{19})	供应链竞争风险(X_{20})
A_1	2	2	1	1	2	2	2	1	2	2	1
A_2	1	1	1	2	2	1	2	2	2	1	1
A_3	2	3	1	2	2	2	2	1	1	1	1
A_4	3	3	1	2	2	2	2	2	1	1	1
A_5	1	3	1	2	2	1	2	2	2	2	2
A_6	1	3	1	2	2	2	1	3	2	2	2
A_7	2	1	1	3	3	2	2	1	2	1	1
A_8	2	2	1	2	1	1	2	1	1	3	1
A_9	3	3	0	2	1	2	2	1	1	1	1
A_{10}	2	3	1	2	1	2	2	1	1	1	1
A_{11}	2	3	0	1	2	2	2	1	2	1	1
A_{12}	2	1	3	1	2	2	2	1	3	2	3
A_{13}	2	3	0	2	2	2	2	2	2	1	2
A_{14}	1	2	1	1	2	1	2	1	2	1	1
A_{15}	1	3	1	1	1	1	1	1	3	1	3
A_{16}	2	3	0	1	1	1	2	1	2	2	1
A_{17}	3	3	1	3	2	2	2	1	1	1	1
A_{18}	2	2	1	2	3	2	2	2	1	2	1
A_{19}	2	2	1	2	3	2	2	1	2	3	1
A_{20}	2	1	1	2	2	2	2	2	1	2	1
A_{21}	2	2	0	1	2	2	1	1	1	1	1
A_{22}	2	3	1	2	1	2	2	2	3	1	1
A_{23}	3	2	1	3	2	2	3	3	1	2	1
A_{24}	3	2	1	2	2	2	3	1	1	2	1

10.5.2　主成分分析及信用综合评分

（1）KMO 检验和 Bartlett 检验。运用 IBM SPSS Statistics 20 软件对表 10-2 和表 10-4 中的原始数据进行标准化处理，然后导入数据框中，单击"分析"菜单中的"降维"，在"降维"的子菜单中点击"因子分析"，打开因子分析对话框，选择所有变量，点击"描述"按钮 ，在"相关矩阵"中选择"KMO 和 Bartlett 的球形度检验"，点击"继续"按钮，最后点击"确定"按钮。KMO 统计量的系数值在 0 到 1 之间，0.9 以上表示非常适合，0.7 以上表示可以接受，0.5 以下表示极不适合。Bartlett 检验的显著性 Sig.<0.05 才可以接受。由表 10-5 所示的输出结果可知，KMO 统计量的系数值 = 0.525>0.5，Bartlett 检验的显著性 Sig.= 0.000<0.05，这说明变量适宜作主成分分析。

表 10-5　KMO 检验和 Bartlett 检验

取样足够度的 KMO 度量		0.525
Bartlett 的球形度检验	近似卡方	386.265
	df	190
	Sig.	0.000

(2) 主成分的提取。设置收敛的最大迭代次数为 25 进行主成分分析，以特征值大于 1 作为截取因子的标准。软件输出的主成分的统计信息如表 10-6 所示。

表 10-6　软件输出的主成分的统计信息

成分	初始特征值			提取平方和载入		
	特征值	方差贡献率/%	累计方差贡献率/%	特征值	方差贡献率/%	累计方差贡献率/%
1	5.676	28.379	28.379	5.676	28.379	28.379
2	3.583	17.916	46.296	3.583	17.916	46.296
3	2.775	13.875	60.171	2.775	13.875	60.171
4	1.941	9.706	69.878	1.941	9.706	69.878
5	1.622	8.112	77.989	1.622	8.112	77.989
6	1.171	5.854	83.843	1.171	5.854	83.843
7	0.732	3.658	87.501	—	—	—
8	0.499	2.496	89.997	—	—	—
9	0.450	2.252	92.250	—	—	—
10	0.425	2.127	94.377	—	—	—
11	0.363	1.816	96.193	—	—	—
12	0.209	1.046	97.239	—	—	—
13	0.173	0.867	98.106	—	—	—
14	0.149	0.746	98.852	—	—	—
15	0.091	0.457	99.309	—	—	—
16	0.055	0.275	99.584	—	—	—
17	0.036	0.179	99.763	—	—	—
18	0.025	0.127	99.890	—	—	—
19	0.013	0.067	99.957	—	—	—
20	0.009	0.043	100.000	—	—	—

表 10-6 显示了主成分的统计信息，包括特征值由大到小的次序排列，各主成分的方差贡献率及累计方差贡献率。第一主成分的特征值为 5.676，它解释了 20 个原变量的总方差的 28.379%；第二主成分的特征值为 3.583，它解释了 20 个原变量的总方差的 17.916%；前 6 个主成分的特征值的累计方差贡献率为 83.843%，即前 6 个主成分包含了原有 20 个变量的 83.843%的信息，原始变量所涵盖的信息丢失不多。另外，根据主成分的提取原则，主成分的特征值要大于 1，表 10-6 中结果显示前 6 个成分的特征值都大于

1。因此，综合来看，提取 6 个主成分为宜，将其分别定义为 Z_1、Z_2、Z_3、Z_4、Z_5、Z_6。

(3) 主成分得分函数。运用 IBM SPSS Statistics 20 软件，选用回归法得出主成分得分系数矩阵，如表 10-7 所示。

表 10-7 主成分得分系数矩阵

指标	成分					
	1	2	3	4	5	6
流动比率	-0.237	0.033	0.856	0.257	-0.018	-0.064
权益负债比率	0.476	0.273	-0.614	0.263	-0.119	0.116
销售毛利率	-0.561	0.500	0.015	-0.347	-0.248	-0.094
净资产收益率	-0.221	0.818	0.330	-0.124	-0.279	0.184
存货周转率	0.863	0.066	0.326	-0.157	0.113	0.159
应收账周转率	0.805	0.213	0.301	-0.300	0.051	0.086
主营利润比重	-0.260	0.097	-0.159	0.492	0.479	0.586
净利润增长率	0.737	0.415	-0.325	-0.212	0.071	-0.191
总资产增长率	0.780	0.505	-0.081	-0.059	0.134	0.001
企业信用因素	-0.451	0.510	-0.220	-0.529	0.257	0.078
企业技术创新能力	-0.199	-0.557	0.191	-0.362	0.297	0.569
质押物价格稳定性	0.621	0.606	0.111	0.203	0.054	0.054
质押物变现能力	-0.506	0.454	0.350	-0.019	0.222	-0.017
质押风险	-0.138	0.366	-0.105	0.619	0.376	-0.343
监管风险	-0.241	0.351	-0.118	-0.096	0.796	-0.139
监管风险	-0.396	0.744	-0.016	-0.167	-0.219	0.273
流程风险	-0.203	0.147	0.883	0.185	0.079	-0.151
产业风险	0.719	-0.114	0.296	0.034	0.045	0.033
供应链内部稳定性风险	0.100	0.323	-0.038	0.592	-0.380	0.355
供应链竞争风险	0.855	-0.096	0.330	-0.089	0.133	0.054

由表 10-7，根据式 (10-2) 得出主成分得分函数

$$Z_1 = -0.237X_1 + 0.476X_2 - 0.561X_3 - 0.221X_4 + 0.863X_5 + 0.805X_6$$
$$-0.260X_7 + 0.737X_8 + 0.780X_9 - 0.451X_{10} - 0.199X_{11} + 0.621X_{12} - 0.506X_{13}$$
$$-0.138X_{14} - 0.241X_{15} - 0.396X_{16} - 0.203X_{17} + 0.719X_{18} + 0.100X_{19} + 0.855X_{20}$$

$$Z_2 = 0.033X_1 + 0.273X_2 + 0.500X_3 + 0.818X_4 + 0.066ZX_5 + 0.213X_6 + 0.097X_7$$
$$+0.415X_8 + 0.505X_9 + 0.510X_{10} - 0.557X_{11} + 0.606X_{12} + 0.454X_{13} + 0.366X_{14}$$
$$+0.351X_{15} + 0.744X_{16} + 0.147X_{17} - 0.114X_{18} + 0.323X_{19} - 0.096X_{20}$$

$$Z_3 = 0.856X_1 - 0.614X_2 + 0.015X_3 + 0.330X_4 + 0.326X_5 + 0.301X_6 - 0.159X_7$$
$$-0.325X_8 - 0.081X_9 - 0.220X_{10} + 0.191X_{11} + 0.111X_{12} + 0.350X_{13} - 0.105X_{14}$$
$$-0.118X_{15} - 0.016X_{16} + 0.883X_{17} + 0.296X_{18} - 0.038X_{19} + 0.330X_{20}$$

$$Z_4 = 0.257X_1 + 0.263X_2 - 0.347X_3 - 0.124X_4 - 0.157X_5 - 0.300X_6 + 0.492X_7$$
$$-0.212X_8 - 0.059X_9 - 0.529X_{10} - 0.362X_{11} + 0.203X_{12} - 0.019X_{13}$$
$$+0.619X_{14} - 0.096X_{15} - 0.167X_{16} + 0.185X_{17} + 0.034X_{18} + 0.592X_{19} - 0.089X_{20}$$

$$Z_5 = -0.018X_1 - 0.119X_2 - 0.248X_3 - 0.279X_4 + 0.113X_5 + 0.051X_6 + 0.479X_7$$
$$+0.071X_8 + 0.134X_9 + 0.257X_{10} + 0.297X_{11} + 0.054X_{12} + 0.222X_{13} + 0.376X_{14}$$
$$+0.796X_{15} + 0.219X_{16} + 0.079X_{17} + 0.045X_{18} - 0.380X_{19} + 0.133X_{20}$$

$$Z_6 = -0.064X_1 + 0.116X_2 - 0.094X_3 + 0.184X_4 + 0.159X_5 + 0.086X_6 + 0.586X_7$$
$$-0.191X_8 + 0.001X_9 + 0.078X_{10} + 0.569X_{11} + 0.054X_{12} - 0.017X_{13} - 0.343X_{14}$$
$$-0.139X_{15} + 0.273X_{16} - 0.151X_{17} + 0.033X_{18} + 0.335X_{19} + 0.054X_{20}$$

(4) 信用综合评分。由前 6 个主成分的方差贡献率、主成分得分函数及式(10-1)，计算得出样本企业的信用综合得分 S_i

$$S_i = 0.28379Z_1 + 0.17916Z_2 + 0.13875Z_3 + 0.09706Z_4 + 0.08112Z_5 + 0.05854Z_6$$

由此得出 24 家样本企业的信用综合得分与排序，如表 10-8 所示。表 10-8 反映了 24 家样本企业的信用状况，信用综合得分越高，信用状况越好，信用风险越小；反之，信用状况越差，信用风险越大。由表 10-8 样本企业的信用综合得分与排序可以看出，样本企业 A_{12} 的信用综合得分最高，其信用状况最好，信用风险最小；样本企业 A_{11} 的信用综合得分最低，其信用状况最差，信用风险最大。

表 10-8　样本企业的信用综合得分与排序

样本企业	信用综合得分	排名	样本企业	信用综合得分	排名
A_{12}	16.86	1	A_{14}	3.22	13
A_{15}	6.61	2	A_4	3.20	14
A_{23}	6.52	3	A_{19}	3.11	15
A_5	5.24	4	A_{18}	3.07	16
A_{22}	5.12	5	A_{10}	2.98	17
A_{13}	4.49	6	A_3	2.75	18
A_6	4.41	7	A_1	2.74	19
A_2	4.30	8	A_{16}	2.74	20
A_{24}	4.04	9	A_7	2.71	21
A_{20}	4.03	10	A_9	2.18	22
A_{17}	3.95	11	A_{21}	1.45	23
A_8	3.40	12	A_{11}	1.42	24

10.6　本章小结

本章在对存货质押融资业务模式及风险来源进行分析的基础上，从借款企业信用风险、质押物风险、物流企业业务操作风险和供应链运营状况等几个方面构建了包含 4 个一级指标、14 个二级指标和 20 个三级指标的存货质押融资模式下科技型中小企业信用评价指标体系，并运用 PCA 法构建了存货质押融资模式下科技型中小企业信用评价模型，从而建立起一个较为完整的存货质押融资企业信用风险评价体系。以 24 家中小板上市公司为样本，算例分析结果证明了上述评价体系的可行性和有效性。主成分分析法在对原始变量指标进行变换后形成了彼此相互独立的主成分，基本消除了指标之间的相关性，不仅减少了指标选取的工作量，而且只提取少数几个主成分，从而减少了计算量。然而，由于对原始变量指标进行了降维，增加了主成分解释的困难；同时，主成分得分系数有正有负，导致综合评价函数的实际意义不甚明确。此外，本章采用专家打分法给出定性指标原始数据，具有较强的主观性和随机性。因此，运用基于模糊集合理论的专家群决策方法确定定性指标原始数据有待于今后进一步研究。

第 11 章　存货质押融资模式下科技型中小企业信用评价指标组合赋权方法研究

11.1　引　言

在多指标综合评价过程中，指标权重的确定对综合评价结果具有重要的影响，而确定指标权重的方法很多，但从大范围上看，可以分为两大类：主观赋权法和客观赋权法(汪泽焱等，2003)。前者是由评价人员根据主观上对各指标的重视程度来决定权系数的一类方法，常见的有专家调查法、循环打分法、二项系数法和层次分析法等。后者则是指利用指标值所反映的客观信息确定权系数的一种方法，其原始数据由各指标在被评价对象中的实际数据形成，常见的方法有均方差法、主成分分析法、离差最大化法、熵值法、代表计数法等。这两类方法各有优缺点：主观赋权法解释性较强，但客观性较差；客观赋权法确定的权系数虽然大多数情况下客观性较强，但有时会与各指标的实际重要程度相悖，而且解释性较差，对所得的结果难以给出明确的解释(汪泽焱等，2003)。

考虑到主观赋权法与客观赋权法各有优缺点，学者们提出了一类综合主、客观赋权结果的赋权方法——组合赋权法(曾宪报，1997；郭显光，1989；魏巍贤和冯佳，1998；白雪梅和赵松山，1998)，该方法体现了将决策方案的客观信息与决策者主观偏好相结合的系统分析思想。组合赋权法一般有两种类型：乘法合成法和加法合成法(刘仁等，2012)。乘法合成法由于具有"倍增效应"(曾宪报，1997)，使得大的权重越大，小的权重越小，仅适用于指标个数较多且各指标权重分配均匀的情形。加法合成法一般是指线性加权组合法。加法合成法具有较为坚实的数学理论基础，可以更好地兼顾主观偏好信息和客观信息，能够得到比较合理的指标权重，因而得到了广泛的研究与应用。加法合成中需要合理确定单一赋权结果的权重系数，考虑到各种单一赋权方法带来的不确定性影响，本章引入基于相对熵的组合赋权法(周宇峰和魏法杰，2006)，对存货质押融资模式下科技型中小企业信用评价指标组合赋权方法进行研究。其具体结构安排如下：首先，分别采用主观赋权法中的 AHP 法和客观赋权法中的 EWM 法对指标进行赋权；然后，运用基于相对熵的组合赋权法综合主、客观赋权结果，从而实现指标的组合赋权；最后，基于线性加权和法，构建信用综合评价模型，并以中小板上市公司为样本进行算例分析。

11.2　基于相对熵的组合赋权法

11.2.1　基于 AHP 法的指标权重计算

AHP 法就是将复杂的决策问题按决策过程将各种因素进行分解，形成层次化的分析模型，包括目标层、准则层、方案层等，通过两两因素的相对比较，经一致性检验，确定各决策因素的重要性权重或相对优劣的排序值，从而对多目标决策过程提供决策支持(Saaty, 1978)。运用 AHP 法来确定指标权重，可以分为以下四个步骤(汪应洛, 1999; 邓雪等, 2012):

1)步骤 1 建立层次结构模型

在深入分析实际问题的基础上，将有关的各个因素按照不同属性自上而下地分解成若干层次，同一层的诸因素从属于上一层的因素或对上层因素有影响，同时又支配下一层的因素或受到下层因素的作用。最上层为目标层，通常只有一个因素，最下层通常为方案或对象层，中间可以有一个或几个层次，通常为准则层或指标层。

2)步骤 2 构造判断矩阵

如表 11-1 所示，从层次结构模型的第二层开始，对于从属于(或影响)上一层每个因素的同一层诸因素的重要性进行两两比较，按 1~9 标度进行赋值，构造两两比较判断矩阵

$$A = (a_{ij})_{n \times n}$$

表 11-1 1~9 标度及其含义

标度	含义
1	表示两个因素相比，具有相同的重要性
3	表示两个因素相比，前者比后者稍微重要
5	表示两个因素相比，前者比后者明显重要
7	表示两个因素相比，前者比后者强烈重要
9	表示两个因素相比，前者比后者极端重要
2, 4, 6, 8	表示上述相邻判断的中间值
倒数	若因素 i 与因素 j 的重要性之比为 a_{ij}，那么因素 j 与因素 i 的重要性之比为 $a_{ji}=1/a_{ij}$

3)步骤 3 计算相对权向量

对于每一个判断矩阵计算其最大特征值及对应的特征向量，利用一致性指标、随机一致性指标和一致性比率进行一致性检验。若通过一致性检验，则特征向量(归一化后)即为相对权向量；若未通过一致性检验，则需重新构造判断矩阵，直至通过一致性检验。

(1)一致性检验方法有以下步骤。

①计算一致性指标 CI

$$CI = \frac{\lambda_{\max} - n}{n - 1} \tag{11-1}$$

其中，$\lambda_{\max}$ 为判断矩阵的最大特征值。

②查找随机一致性指标 RI。根据判断矩阵阶数，依据表 11-2 查找平均随机一致性指标 RI。

表 11-2　平均随机一致性指标

矩阵阶数	1	2	3	4	5	6	7	8	9	10
RI	0.00	0.00	0.58	0.90	1.12	1.24	1.32	1.41	1.45	1.49

③计算一致性比率 CR

$$CR = \frac{CI}{RI} \tag{11-2}$$

当 $CR<0.10$ 时，认为判断矩阵的一致性可以接受，否则应对判断矩阵作适当修正。

(2) 相对权向量计算方法有以下几种(李荣钧和邝英强，2002)。

①几何平均法(根法)：A 的元素按行归一化，则有

$$w_i = \frac{\sqrt[n]{\prod_{j=1}^{n} a_{ij}}}{\sum_{i=1}^{n} \sqrt[n]{\prod_{j=1}^{n} a_{ij}}} \tag{11-3}$$

②算术平均法(和法)：A 的元素按列归一化，则有

$$w_i = \frac{1}{n} \sum_{j=1}^{n} \frac{a_{ij}}{\sum_{k=1}^{n} a_{kj}} \tag{11-4}$$

③特征向量法

$$AW = \lambda_{\max} W \tag{11-5}$$

其中，W 为权向量，对 W 进行归一化处理即为相对权向量。

④最小二乘法。以残差平方和最小为目标，求解如下的最优化模型

$$\min \quad Z = \sum_{i=1}^{n} \sum_{j=1}^{n} (a_{ij} w_j - w_i)^2$$

$$\text{s.t.} \quad \sum_{i=1}^{n} w_i = 1, w_i > 0 \tag{11-6}$$

4) 步骤 4　计算全局权向量

将从属于(或影响)上一层每个因素的同一层诸因素的相对权重乘以其从属的上一层因素的相对权重，以此类推，即可得出某一准则层或指标层对目标层的全局权向量。

11.2.2　基于熵权法的指标权重计算

在信息论中，信息熵(邱菀华，2002)被定义为

$$H(x) = -\sum_i p(x_i) \ln p(x_i)$$

其中，$p(x_i) \in [0,1]$，$\sum_i p(x_i) = 1$。

对于原始指标数据矩阵 $X = (x_{ij})_{m \times n}$，指标权重计算步骤如下所示。

(1) 步骤 1 将 x_{ij} 转化为 p_{ij}

$$p_{ij} = \frac{x_{ij}}{\sum\limits_{i=1}^{m} x_{ij}}, \quad i=1,2,\cdots,m ; \quad j=1,2,\cdots,n \tag{11-7}$$

(2) 步骤 2 定义第 j 个指标的熵为

$$H_j = -k \sum_{i=1}^{m} p_{ij} \ln p_{ij} \tag{11-8}$$

其中，$k = \dfrac{1}{\ln m}$。

引入常数 k 可保证第 j 个指标的 p_{ij} 都相等时，满足 $H_j = 1$，此时该指标不能提供任何信息。当 $p_{ij} = 0$ 时，令 $p_{ij} \ln p_{ij} = 0$，从而保证 $H_j \in [0,1]$。

(3) 步骤 3 定义第 j 个指标的熵权为

$$w_j = \frac{1 - H_j}{\sum\limits_{j=1}^{n} (1 - H_j)} = \frac{1 - H_j}{n - \sum\limits_{j=1}^{n} H_j} \tag{11-9}$$

其中，$w_j \in [0,1]$，且 $\sum\limits_{j=1}^{n} w_j = 1$。

11.2.3 基于相对熵的组合权重计算

定义 11.1：设 $x_i, y_i \geqslant 0$，$i=1,2,\cdots,n$，且 $1 = \sum\limits_{i=1}^{n} x_i \geqslant \sum\limits_{i=1}^{n} y_i$，则称 $h(x,y) = \sum\limits_{i=1}^{n} x_i \log \dfrac{x_i}{y_i}$ 为 x 相对于 y 的相对熵，其主要性质如下(雷功炎，1995)：① $\sum\limits_{i=1}^{n} x_i \log \dfrac{x_i}{y_i} \geqslant 0$；② $\sum\limits_{i=1}^{n} x_i \log \dfrac{x_i}{y_i} = 0$ 的充要条件是对于 $\forall i$，$x_i = y_i$。当 x，y 为离散分布时，相对熵可以作为二者符合程度的一个度量。

根据定义 11.1，任意两个 m 维权向量 $\boldsymbol{u}_i$ 和 $\boldsymbol{u}_j$（$i,j=1,2,\cdots,p$）之间的相对熵为

$$h(\boldsymbol{u}_i, \boldsymbol{u}_j) = \sum_{l=1}^{m} u_{il} \log \frac{u_{il}}{u_{jl}} \tag{11-10}$$

其中，$h(u_i, u_j) = 0$ 的充要条件是对于 $\forall l \in M(M=1,2,\cdots,m)$，$u_{il} = u_{jl}$。

因此，相对熵 $h(\boldsymbol{u}_i, \boldsymbol{u}_j)$ 可用于度量任意两种不同赋权方法所得权向量 $\boldsymbol{u}_i$ 和 $\boldsymbol{u}_j$ 的符合程度(周宇峰和魏法杰，2006)。

对 p 种赋权方法给出的赋权结果进行集结得到集结权重 $\boldsymbol{d} = (d_1, d_2, \cdots, d_m)$ 的问题就可以转化为如下的最优化问题(周宇峰和魏法杰，2006)

$$\min \quad H(d) = \sum_{j=1}^{p} \sum_{i=1}^{m} d_i \log \frac{d_i}{u_{ji}} \tag{11-11}$$

$$\text{s.t.} \quad \sum_{i=1}^{m} d_i = 1, d_i > 0, i \in M$$

最优化模型 (11-11) 有全局最优解 $d^* = (d_1^*, d_2^*, \cdots, d_m^*)$ (邱菀华，2002；魏存平等，1999)，其中

$$d_i^* = \frac{\prod_{j=1}^p \sqrt[p]{u_{ji}}}{\sum_{i=1}^m \prod_{j=1}^p \sqrt[p]{u_{ji}}} \qquad (11\text{-}12)$$

由此得出指标组合权重的计算步骤如下所示。

(1) 步骤 1：从主、客观赋权法中选出 p 种方法对指标进行赋权，得到 p 个权向量
$$\boldsymbol{u}_k = (u_{k1}, u_{k2}, \cdots, u_{km}), \quad k = 1, 2, \cdots, p$$

(2) 步骤 2：建立最优化模型 (11-11)，由式 (11-12) 计算得出指标的集结权重
$$d^* = (d_1^*, d_2^*, \cdots, d_m^*)$$

(3) 步骤 3：由式 (11-10) 计算 p 个权向量与集结权重 $d^* = (d_1^*, d_2^*, \cdots, d_m^*)$ 的贴近度 $h(\boldsymbol{u}_k, d^*)$ (周宇峰和魏法杰，2006)

$$h(\boldsymbol{u}_k, d^*) = \sum_{i=1}^m u_{ki} \log \frac{u_{ki}}{d_i^*} \qquad (11\text{-}13)$$

(4) 步骤 4：根据贴近度 $h(\boldsymbol{u}_k, d^*)$ 计算 p 个权向量的可信度权重，贴近度越大，在组合赋权中的作用就越大，则第 k 个权向量的可信度权重为 (周宇峰和魏法杰，2006)

$$\alpha_k = \frac{h(\boldsymbol{u}_k, d^*)}{\sum_{k=1}^p h(\boldsymbol{u}_k, d^*)} \qquad (11\text{-}14)$$

(5) 步骤 5：根据 p 个权向量的可信度权重计算第 i 个指标的组合权重 (周宇峰和魏法杰，2006)

$$w_i = \sum_{k=1}^p \alpha_k \boldsymbol{u}_{ki}, \quad i \in M \qquad (11\text{-}15)$$

11.3　信用综合评价模型

设有 m 个评价指标，n 个评价对象，对指标原始数据进行无量纲化处理。在无量纲化过程中，对大者为优的指标而言有

$$S_{ij} = \frac{x_{ij} - \min_j \{x_{ij}\}}{\max_j \{x_{ij}\} - \min_j \{x_{ij}\}} \qquad (11\text{-}16)$$

对于小者为优的指标而言则有

$$S_{ij} = \frac{\max_j \{x_{ij}\} - x_{ij}}{\max_j \{x_{ij}\} - \min_j \{x_{ij}\}} \qquad (11\text{-}17)$$

在对指标原始数据进行无量纲化处理后，即可运用线性加权和法，构建存货质押融资模式下科技型中小企业信用综合评价模型：

$$F_j = \sum_{i=1}^{m} w_i S_{ij} \qquad (11\text{-}18)$$

式中，F_j 为第 j 个科技型中小企业的信用综合得分，w_i 为第 i 个指标的组合权重，S_{ij} 为第 j 个科技型中小企业第 i 个指标的无量纲化值。

11.4 算例分析

11.4.1 指标体系与样本数据

本书第 10 章构建了存货质押融资模式下科技型中小企业信用评价指标体系(表 10-1)，在此基础上，选取 24 家中小板上市公司组成实验样本集 $A = \{A_1, A_2, \cdots, A_{24}\}$，行业涉及通用设备制造业，专用设备制造业，电气机械和器材制造业，医药制造业，计算机、通信和其他电子设备制造业，互联网和相关服务等多个行业。样本区间设定为 2013 年 6 月 30 日。定量指标原始数据来源于深圳证券交易所 XBRL 上市公司信息服务平台(表 10-2)，定性指标原始数据由专家打分给出(表 10-4)。

11.4.2 组合权重的计算

(1)层次分析法的赋权结果。首先，建立层次结构模型(表 10-1)；然后，构造两两比较判断矩阵。例如，由专家根据表 11-1 给出准则层的判断矩阵，如表 11-3 所示。

表 11-3　准则层的判断矩阵

A	B_1	B_2	B_3	B_4	$\prod$	$\prod$的 4 次方根	权重
B_1	1	3	2	3	18	2.0598	0.45500
B_2	1/3	1	1/2	1	0.1667	0.6389	0.14115
B_3	1/2	2	1	2	2	1.1892	0.26270
B_4	1/3	1	1/2	1	0.1667	0.6389	0.14115

由表 11-3 计算得出判断矩阵的最大特征值为 $\lambda_{\max} = 4.01$。由式(11-1)计算得出一致性指标 $CI=0.003$；根据判断矩阵阶数($n=4$)，依据表 11-2 查找随机一致性指标 $RI=0.90$；由式(11-2)计算得出一致性比率 $CR=0.004<0.10$，则认为准则层的判断矩阵通过了一致性检验。采用几何平均法(根法)，由式(11-3)计算得出准则层的相对权向量，如表 11-3 所示。其中，$\prod$的 4 次方根之和为 4.5269。同理可得其余各层指标的相对权重，计算结果如表 11-4 所示。

进一步由步骤 4 计算得出第三层指标的全局权重，计算结果见表 11-5。例如，流动比率(X_1)的全局权重为

$$w_1^1 = 0.3660 \times 0.2274 \times 0.6340 \times 0.45500 = 0.0240$$

(2)熵权法的赋权结果。由式(11-7)对指标原始数据进行转化；由式(11-8)计算得出各项指标的熵值依次为：0.9104，0.9682，0.9561，0.9672，0.8520，0.8620，0.9497，0.9510，0.6942，0.9091，0.9269，0.9086，0.8772，0.8957，0.9095，0.9487，0.6752，

0.7369，0.7681，0.4877。其中，常数 $k=0.3147$，各项指标的熵值之和为 17.1544。

表 11-4　各层指标的相对权重

目标层	准则层	指标层		
		第一层指标	第二层指标	第三层指标
科技型中小企业信用状态	0.45500	0.6340	0.2274	0.3660
				0.6340
			0.4231	0.4142
				0.5858
			0.2274	0.1994
				0.3121
				0.4885
			0.1221	0.4142
				0.5858
		0.3660	0.6340	1
			0.3660	1
	0.14115	0.5858	0.5858	
			0.4142	
		0.4142	1	
	0.26270	0.3854	1	1
		0.3854	1	1
		0.2292	1	
	0.14115	0.3121	1	
		0.4885	1	
		0.1994	1	

进一步由式(11-9)计算各项指标的熵权，计算结果见表 11-5。例如，流动比率(X_1)的熵权为

$$w_1^2 = 1 - 0.9104 \Big/ 20 - 17.1544 = 0.0315$$

(3)组合赋权法的赋权结果。根据表 11-5，将 AHP 法和 EWM 的赋权结果代入式(11-12)，计算得出各项指标的集结权重

$d^* = (d_1^*, d_2^*, \cdots, d_{20}^*) = (0.0171，0.0105，0.0176，0.0186，0.0154，0.0224，0.0128，0.0057，0.0501，0.0761，0.0353，0.0351，0.0333，0.0483，0.0727，0.0412，0.1551，0.0919，0.1267，0.1143)$

进一步由式(11-13)分别计算每一赋权结果与集结权重 $d^* = (d_1^*, d_2^*, \cdots, d_{20}^*)$ 的贴近度 $h(u_k, d^*)$：$h(u_1, d^*) = 0.1240$；$h(u_2, d^*) = 0.0664$。

由式(11-14)计算得出各赋权结果的可信度权重 α_k：$\alpha_1 = 0.6514$；$\alpha_2 = 0.3486$。将

α_k 代入式(11-15)计算得出各项指标的组合权重,指标组合权重计算结果见表 11-5。例如,流动比率(X_1)的组合权重为

$$w_1 = 0.6514 \times 0.0240 + 0.3486 \times 0.0315 = 0.0266$$

表 11-5　指标权重计算结果

指标	X_1	X_2	X_3	X_4	X_5	X_6	X_7
AHP	0.0240	0.0416	0.0506	0.0715	0.0131	0.0205	0.0321
排序	16	12	9	4	20	18	14
EWM	0.0315	0.0112	0.0154	0.0115	0.0520	0.0485	0.0177
排序	13	20	18	19	6	7	16
相对熵法	0.0266	0.0310	0.0383	0.0506	0.0267	0.0302	0.0270
排序	17	16	14	10	19	15	18
指标	X_8	X_9	X_{10}	X_{11}	X_{12}	X_{13}	X_{14}
AHP	0.0146	0.0207	0.1056	0.0609	0.0484	0.0342	0.0584
排序	19	17	1	6	10	13	8
EWM	0.0172	0.1075	0.0319	0.0257	0.0321	0.0432	0.0367
排序	17	3	11	14	10	8	9
相对熵法	0.0155	0.0509	0.0799	0.0487	0.0427	0.0373	0.0509
排序	20	8	3	11	12	13	9
指标	X_{15}	X_{16}	X_{17}	X_{18}	X_{19}	X_{20}	Σ
AHP	0.1012	0.1012	0.0602	0.0440	0.0689	0.0281	1
排序	2	3	7	11	5	15	—
EWM	0.0318	0.0180	0.1141	0.0924	0.0815	0.1800	1
排序	12	15	2	4	5	1	—
相对熵法	0.0770	0.0722	0.0790	0.0609	0.0733	0.0811	1
排序	4	6	2	7	5	1	—

11.4.3　信用综合评价

由式(11-16)和式(11-17)对定量指标原始数据(表 10-2)和定性指标原始数据(表 10-4)进行无量纲化处理。根据表 11-5 给出的指标组合权重,由式(11-18)计算得出样本企业的信用综合得分与排序,如表 11-6 所示。

表 11-6　样本企业的信用综合得分与排序

样本企业	综合得分	排序	样本企业	综合得分	排序
A_{23}	0.5996	1	A_{24}	0.4626	5
A_{12}	0.5776	2	A_4	0.4477	6
A_6	0.4896	3	A_{22}	0.4430	7
A_{13}	0.4706	4	A_{19}	0.4391	8

续表

样本企业	综合得分	排序	样本企业	综合得分	排序
A_{18}	0.4382	9	A_{10}	0.3188	17
A_{17}	0.4229	10	A_{15}	0.2959	18
A_5	0.3984	11	A_{11}	0.2911	19
A_{20}	0.3805	12	A_8	0.2848	20
A_7	0.3644	13	A_{16}	0.2844	21
A_9	0.3566	14	A_2	0.2803	22
A_1	0.3546	15	A_{14}	0.2231	23
A_3	0.3490	16	A_{21}	0.2024	24

11.5　本 章 小 结

在多指标综合评价中，指标赋权问题的研究占有重要地位，指标权重的合理性直接影响着综合评价的准确性。组合赋权法能够综合主、客观赋权结果，体现了将决策方案的客观信息与决策者主观偏好相结合的系统分析思想。考虑到各种单一赋权方法带来的不确定性影响，本章引入基于相对熵的组合赋权法(周宇峰和魏法杰，2006)，对存货质押融资模式下科技型中小企业信用评价指标组合赋权方法进行研究。即，分别采用层次分析法和熵权法从主观、客观的角度进行指标赋权；在此基础上，建立最优化模型求解指标的集结权重，并利用相对熵对各赋权结果与集结权重的贴近度进行测度，根据贴近度计算各赋权结果的可信度权重，进而获得指标的组合权重。以中小板上市公司为样本进行算例分析，算例分析结果证明了上述方法的可行性和有效性。基于相对熵的组合赋权法可以更好地兼顾主观偏好信息和客观信息，能够得到比较合理的指标权重，由此提高了信用综合评价结果的准确性与可靠性。组合赋权法是一种较新颖的系统赋权方法，其机理和应用还有待进一步研究和改进。

第12章 存货质押融资模式下科技型中小企业信用状态的模糊综合评价模型

12.1 引 言

供应链融资是把供应链上的核心企业及其相关的上下游配套企业作为一个整体，根据供应链中企业的交易关系和行业特点制定基于货权及现金流控制的整体金融解决方案的一种融资模式(孙天宏，2011)。开展供应链融资业务，需要建立健全供应链融资风险管理机制，对供应链融资企业信用风险评价方法进行研究，对建立健全供应链融资风险管理机制具有重要意义。

信用评价是由信用服务机构根据规范的指标体系和科学的评估方法，以客观公正的立场，对被评估对象履行经济责任所承担的能力及其可信程度进行评价，并以一定的符号表示其信用等级的一种有组织的活动。目前，已有文献中采用的供应链融资企业信用风险评价方法主要有 Logistic 模型(熊熊等，2009)、贝叶斯分类法(牟伟明，2014)、决策树(王琪，2010)、BP 神经网络(杜跃平和任宇哲，2013)、支持向量机(胡海青等，2011；2012)、熵值法(田美玉和何文玉，2016)、模糊 TOPSIS 法(周文坤和王成付，2015)、灰色综合评价法(李勤和龚科，2014；刘艳春和崔永生，2016)等；此外，由于信用风险评价过程存在着模糊性(如：信用数据的模糊性、信用等级边界的模糊性等)，模糊综合评价法等基于模糊集合理论(Zadeh，1965)的综合评价方法被逐渐引入到供应链融资企业信用风险评价中。例如，白少布(2011)针对供应链融资企业信用水平，提出了阀值模糊评价、隶属度向量模糊评价以及典型模糊综合评价方法。张涛和李丽娜(2011)采用基于层次分析法和熵值法的模糊综合评价法对供应链融资的中小企业进行信用评价。刘长义和孙刚(2011)建立了基于聚类分析和模糊可拓 AHP 的供应链金融中小企业信用评价模型，把区间模糊数的基本理论引入到 AHP 群组评价中，利用聚类分析法来确定专家的权重，并结合模糊综合评价法得出评价对象的信用评价值。盛巧玲和吴炎太(2012)建立了供应链存货质押融资风险评价指标体系，然后应用层次分析法，合理地确定了各指标的权重；最后应用模糊综合评价法对融资风险进行综合评价。夏立明等(2013)构建了基于时间维的供应链金融视角下中小企业信用风险评价模型，根据评价指标特点，在各个时间点上选用微粒群算法和模糊综合评价方法对其进行信用风险评价。此外，孔媛媛等(2010)在分析供应链金融模式的信用风险评价体系的基础上，结合模糊集和影响图理论建立了模糊影响图评价模型。范黎波等(2014)在供应链金融模式中引入了神经模糊系统，构建了中小企业信用风险评级的神经模糊模型。

综上所述，模糊综合评价法是一种基于模糊数学的综合评价方法，它根据模糊数学的隶属度理论把定性评价转化为定量评价，即用模糊数学对受到多种因素制约的事物或对象做出一个总体的评价，具有结果清晰、系统性强等特点，能较好地解决模糊的、难以量化的问题，适合各种非确定性问题的解决（肖位枢，1992；李柏年，2007；刘林等，2008）。

有鉴于此，本章根据模糊综合评价原理，构建存货质押融资模式下科技型中小企业信用状态的模糊综合评价模型。其中，为减少主观性和简化计算，选用正态隶属函数来确定因素集中的每个因素隶属于每个备择元素的隶属度。其基本思路如下：首先，构建存货质押融资模式下科技型中小企业信用评价指标体系；然后，经过确定样本企业的信用类别，指标值的归一化处理，确定指标的组合权重，确定指标的隶属函数，单因素模糊评价，模糊综合评价等评价步骤后，根据最大隶属度原则，得出科技型中小企业信用状态的最终评价结果；最后，通过一个算例来证明上述评价模型的可行性和适用性。

12.2　模糊综合评价原理

12.2.1　一级模糊综合评价

(1) 建立因素集。由影响评价对象的各种因素组成因素集 $U = \{u_1, u_2, \cdots, u_n\}$。

(2) 建立备择集。由评价者对评价对象可能做出的各种总的评价结果组成备择集（或评价集）$V = \{v_1, v_2, \cdots, v_m\}$。

(3) 建立因素权重集。采用基于相对熵的组合赋权法（详见本书 11.2 节）计算各种因素的组合权重，得出因素的组合权重集 $\widetilde{W} = (w_1, w_2, \cdots, w_n)$，其中，$\sum\limits_{i=1}^{n} w_i = 1$，$w_i \geqslant 0$。

(4) 单因素模糊评价。建立一个从 U 到 $F(V)$ 的模糊映射（肖位枢，1992）

$$\tilde{f}: U \to F(V), \forall u_i \in U, u_i \big| \to \tilde{f}(u_i) = \frac{r_{i1}}{v_1} + \frac{r_{i2}}{v_2} + \cdots + \frac{r_{im}}{v_m} \tag{12-1}$$

式中，r_{ij} 表示 u_i 属于 v_j 的隶属度。

由 $\tilde{f}(u_i)$ 可得到单因素评价集 $\tilde{R}_i = (r_{i1}, r_{i2}, \cdots, r_{im})$，以单因素评价集为行可组成单因素评价矩阵。

(5) 模糊综合评价。单因素模糊评价仅反映了一个因素对评价对象的影响，要综合考虑所有因素的影响，则要进行模糊综合评价。模糊综合评价可表示为

$$\tilde{B} = \widetilde{W} \cdot \boldsymbol{R} = (w_1, w_2, \cdots, w_n) \begin{pmatrix} r_{11} & \cdots & r_{1m} \\ \vdots & \ddots & \vdots \\ r_{n1} & \cdots & r_{nm} \end{pmatrix} = (b_1, b_2, \cdots, b_m) \tag{12-2}$$

式中，b_j 称为模糊综合评价指标，b_j 反映了在综合考虑所有因素的影响时，评价对象对备择集中第 j 个元素的隶属度。

在合成因素的组合权重矩阵与单因素评价矩阵时，通常采用 $M = (\cdot, \oplus)$ 模型，即

$$b_j = \sum_{i=1}^{n} (w_i \cdot r_{ij})$$

(6) 评价结果的确定。按照最大隶属度原则，取与最大的模糊综合评价指标 $\max\{b_j\}$ 相对应的备择元素 v_j 为评价对象的最终评价结果。

12.2.2　多级模糊综合评价

将因素集 U 按属性的类型划分成 s 个子集，记作 $U_1, U_2, \cdots, U_s$，根据问题的需要，每一个子集还可以进一步划分。对每一个子集 U_i 进行一级模糊综合评价，得到一级模糊综合评价 $\tilde{B}_i$。将每一个子集 U_i 作为一个因素，用 $\tilde{B}_i$ 作为它的单因素评价集，又可构成单因素评价矩阵 $\tilde{\boldsymbol{R}} = \left[\tilde{B}_1 \tilde{B}_2 \cdots \tilde{B}_s \right]^{\mathrm{T}}$，从而有二级模糊综合评价 $\tilde{B} = \tilde{W} \cdot \tilde{\boldsymbol{R}}$。以此类推，即有多级模糊综合评价。

12.3　算例分析

12.3.1　指标体系与样本数据

本书第 10 章构建了存货质押融资模式下科技型中小企业信用评价指标体系(表 10-1)，在此基础上，选取 24 家中小板上市公司组成实验样本集 $A = \{A_1, A_2, \cdots, A_{24}\}$，行业涉及通用设备制造业，专用设备制造业，电气机械和器材制造业，医药制造业，计算机、通信和其他电子设备制造业，互联网和相关服务等多个行业。样本区间设定为 2013 年 6 月 30 日。定量指标原始数据来源于深圳证券交易所 XBRL 上市公司信息服务平台(表 10-2)，定性指标原始数据由专家打分给出(表 10-4)。

12.3.2　模糊综合评价步骤

第一步：确定样本企业的信用类别。对存货质押融资模式下科技型中小企业信用状态进行模糊综合评价，就是要指出科技型中小企业信用状态的相对优劣，即很好、较好、一般、较差、很差等。本书根据我国商业银行贷款五级分类的实际需要，将备择集设定为：$V = \{$很好，较好，一般，较差，很差$\} = \{V_1, V_2, V_3, V_4, V_5\}$，如表 12-1 所示。

表 12-1　样本企业的信用类别

企业信用类别	企业信用类别含义
V_1	企业信用状态很好
V_2	企业信用状态较好
V_3	企业信用状态一般
V_4	企业信用状态较差
V_5	企业信用状态很差

第二步：指标值的归一化处理。为消除各评价指标的量纲、统一各评价指标的变化范围和方向，须对表 10-2 和表 10-4 中的指标值进行极值归一化处理。

对于成本型指标，令

$$y_{ij} = \frac{x_j^{\max} - x_{ij}}{x_j^{\max} - x_j^{\min}}, \quad i = 1, 2, \cdots, m; j = 1, 2, \cdots, n \qquad (12\text{-}3)$$

对于效益型指标，令

$$y_{ij} = \frac{x_{ij} - x_j^{\min}}{x_j^{\max} - x_j^{\min}}, \quad i = 1, 2, \cdots, m; j = 1, 2, \cdots, n \qquad (12\text{-}4)$$

式 (12-3) 和式 (12-4) 中，$x_j^{\max}$、$x_j^{\min}$ 分别为第 j 个指标的最大值和最小值。

对于固定型指标，即指标值越接近某一固定值越好的指标，有

$$y_{ij} = 1 - \frac{\left| x_{ij} - x_j^* \right|}{\max_i \left| x_{ij} - x_j^* \right|}, \quad i = 1, 2, \cdots, m; j = 1, 2, \cdots, n \qquad (12\text{-}5)$$

式中，x_j^* 为第 j 个指标的最佳稳定值。

以样本企业 A_1 为例，其归一化后的指标值如表 12-2 所示。

表 12-2　样本企业 A_1 归一化后的指标值

指标	X_1	X_2	X_3	X_4	X_5	X_6	X_7
指标值	0.1465	0.4148	0.4845	0.4113	0.0221	0.0526	0.4745
指标	X_8	X_9	X_{10}	X_{11}	X_{12}	X_{13}	X_{14}
指标值	0.2487	0.0464	0.5000	0.5000	0.3333	0.0000	0.5000
指标	X_{15}	X_{16}	X_{17}	X_{18}	X_{19}	X_{20}	—
指标值	1.0000	0.5000	0.0000	0.5000	0.5000	0.0000	—

第三步：确定指标的组合权重。由本书 11.2 节计算得出指标的组合权重，如表 12-3 所示。

表 12-3　指标的组合权重

指标	X_1	X_2	X_3	X_4	X_5	X_6	X_7
组合权重	0.0266	0.0310	0.0383	0.0506	0.0267	0.0302	0.0270
指标	X_8	X_9	X_{10}	X_{11}	X_{12}	X_{13}	X_{14}
组合权重	0.0155	0.0509	0.0799	0.0487	0.0427	0.0373	0.0509
指标	X_{15}	X_{16}	X_{17}	X_{18}	X_{19}	X_{20}	Σ
组合权重	0.0770	0.0722	0.0790	0.0609	0.0733	0.0811	1

第四步：确定指标的隶属函数。单因素模糊评价需要建立因素集中的每个因素对备择集的隶属函数，以确定其隶属于每个备择元素的隶属度。目前，隶属函数的选择还没有统一的模式，为减少主观性和简化计算，本书选用正态隶属函数 (李德毅和刘常昱，2004) 来确定因素集中的每个因素隶属于每个备择元素的隶属度，即有：

$$\mu v_i(u) = e^{-a(u-c)^b} \qquad (12\text{-}6)$$

其中，u 为归一化后的指标值，$\mu v_i(u)$ 为 u 属于信用类别 v_i 的隶属度；$a > 0$，b 为正偶

数，a、b 均为待定常数，c 为当 u 属于信用类别 v_i 的隶属度 $\mu v_i(u)=1$ 时的常数。

不妨设 $a=1$，$b=2$（刘国强，2009），则五个信用类别的指标隶属函数如表 12-4 所示。

表 12-4　五个信用类别的指标隶属函数

企业信用类别	正向及中性指标隶属函数	逆向指标隶属函数
V_1	$v(u)=\mathrm{e}^{-(u-1)^2}$	$v(u)=\mathrm{e}^{-(u-0.2)^2}$
V_2	$v(u)=\mathrm{e}^{-(u-0.8)^2}$	$v(u)=\mathrm{e}^{-(u-0.4)^2}$
V_3	$v(u)=\mathrm{e}^{-(u-0.6)^2}$	$v(u)=\mathrm{e}^{-(u-0.6)^2}$
V_4	$v(u)=\mathrm{e}^{-(u-0.4)^2}$	$v(u)=\mathrm{e}^{-(u-0.8)^2}$
V_5	$v(u)=\mathrm{e}^{-(u-0.2)^2}$	$v(u)=\mathrm{e}^{-(u-1)^2}$

第五步：单因素模糊评价。由归一化后的指标值和表 12-4 可计算得出样本企业的单因素评价集。以样本企业 A_1 为例，其流动比率 (X_1) 隶属于五个信用类别的隶属度分别为

$$v_1(u_1)=\mathrm{e}^{-(0.1465-1)^2}=0.4827 ；\quad v_2(u_1)=\mathrm{e}^{-(0.1465-0.8)^2}=0.6524 ；\quad v_3(u_1)=\mathrm{e}^{-(0.1465-0.6)^2}=0.8141 ；$$
$$v_4(u_1)=\mathrm{e}^{-(0.1465-0.4)^2}=0.9378 ；\quad v_5(u_1)=\mathrm{e}^{-(0.1465-0.2)^2}=0.9971$$

则流动比率 (X_1) 的单因素评价集为

$$\widetilde{R}_1=(0.4827,0.6524,0.8141,0.9378,0.9971)$$

同理可得其余指标的单因素评价集。以单因素评价集为行组成样本企业 A_1 的单因素评价矩阵，如表 12-5 所示。

表 12-5　样本企业 A_1 的单因素评价矩阵

指标	V_1	V_2	V_3	V_4	V_5
X_1	0.4827	0.6524	0.8141	0.9378	0.9971
X_2	0.7100	0.8621	0.9663	0.9998	0.9549
X_3	0.7666	0.9052	0.9867	0.9929	0.9223
X_4	0.7071	0.8597	0.9650	0.9999	0.9564
X_5	0.3843	0.5460	0.7161	0.8669	0.9689
X_6	0.4076	0.5720	0.7411	0.8863	0.9785
X_7	0.7587	0.8994	0.9844	0.9945	0.9274
X_8	0.5687	0.7379	0.8839	0.9774	0.9976
X_9	0.4028	0.5667	0.7360	0.8825	0.9767
X_{10}	0.7788	0.9139	0.9900	0.9900	0.9139
X_{11}	0.7788	0.9139	0.9900	0.9900	0.9139
X_{12}	0.6412	0.8043	0.9314	0.9956	0.9824
X_{13}	0.3679	0.5273	0.6977	0.8521	0.9608
X_{14}	0.7788	0.9139	0.9900	0.9900	0.9139
X_{15}	1.0000	0.9608	0.8521	0.6977	0.5273

指标	V_1	V_2	V_3	V_4	V_5
X_{16}	0.7788	0.9139	0.9900	0.9900	0.9139
X_{17}	0.3679	0.5273	0.6977	0.8521	0.9608
X_{18}	0.7788	0.9139	0.9900	0.9900	0.9139
X_{19}	0.7788	0.9139	0.9900	0.9900	0.9139
X_{20}	0.3679	0.5273	0.6977	0.8521	0.9608

第六步：模糊综合评价。根据表 12-5 所示的单因素评价矩阵及表 12-3 中的指标组合权重，运用式(12-2)计算得出样本企业 A_1 的模糊综合评价指标为

$$\tilde{B} = (w_1, w_2, \cdots, w_n)\begin{pmatrix} r_{11} & \cdots & r_{1m} \\ \vdots & \ddots & \vdots \\ r_{n1} & \cdots & r_{nm} \end{pmatrix} = (0.6499, 0.7792, 0.8739, 0.9164, 0.8981)$$

同理可得其余样本企业的模糊综合评价指标。24 家样本企业的模糊综合评价指标计算结果见表 12-6。

表 12-6　模糊综合评价指标值及信用评价结果

样本企业 ＼ 信用类别	V_1	V_2	V_3	V_4	V_5	语言评价值
A_1	0.6499	0.7792	0.8739	0.9164	0.8981	较差
A_2	0.5889	0.7307	0.8466	0.9158	0.9246	很差
A_3	0.6258	0.7498	0.8446	0.8935	0.8865	较差
A_4	0.6904	0.7936	0.8590	0.8755	0.8397	较差
A_5	0.6836	0.8181	0.9109	0.9439	0.9103	较差
A_6	0.7184	0.8177	0.8753	0.8807	0.8326	较差
A_7	0.6335	0.7516	0.8399	0.8831	0.8726	较差
A_8	0.5852	0.7213	0.8333	0.9015	0.9123	很差
A_9	0.6119	0.7174	0.7989	0.8440	0.8436	较差
A_{10}	0.60461	0.7320	0.8333	0.8907	0.8929	很差
A_{11}	0.5820	0.7107	0.8169	0.8828	0.8951	很差
A_{12}	0.7664	0.8386	0.8645	0.8406	0.7713	一般
A_{13}	0.7255	0.8409	0.9102	0.9199	0.8679	较差
A_{14}	0.5471	0.6971	0.8276	0.9154	0.9430	很差
A_{15}	0.5657	0.6759	0.7696	0.8329	0.8533	很差
A_{16}	0.5871	0.7248	0.8377	0.9058	0.9157	很差
A_{17}	0.6668	0.7691	0.8381	0.8625	0.8375	较差
A_{18}	0.6985	0.8154	0.8908	0.8908	0.8708	一般
A_{19}	0.6840	0.7928	0.8647	0.8866	0.8538	较差
A_{20}	0.6614	0.7916	0.8852	0.9243	0.9010	较差

续表

信用类别 样本企业	V_1	V_2	V_3	V_4	V_5	语言评价值
A_{21}	0.5206	0.6573	0.7836	0.8762	0.9169	很差
A_{22}	0.6905	0.7999	0.8707	0.8903	0.8544	较差
A_{23}	0.7755	0.8401	0.8582	0.8279	0.7550	一般
A_{24}	0.6973	0.7949	0.8545	0.8662	0.8276	较差

第七步：信用评价结果的确定。根据最大隶属度原则，取与最大的模糊综合评价指标相对应的备择元素为评价对象的最终评价结果。由此得出 24 家样本企业的信用评价结果，见表 12-6。由表 12-6 可知，样本企业 A_{12}、A_{18} 和 A_{23} 的信用状态一般；样本企业 A_1、A_3、A_4、A_5、A_6、A_7、A_9、A_{13}、A_{17}、A_{19}、A_{20}、A_{22} 和 A_{24} 的信用状态较差；其余 8 家样本企业的信用状态很差。

12.4　本章小结

本章根据模糊综合评价原理，利用正态隶属函数确定指标的隶属度，构建了存货质押融资模式下科技型中小企业信用状态的模糊综合评价模型，该模型具有以下特点：①根据模糊数学的隶属度理论把定性评价转化为定量评价，较大限度地保留了不确定信息，具有科学性和可操作性；②可以根据问题的实际需要设定备择集，具有灵活性；③利用正态隶属函数确定指标的隶属度，减少了主观性，简化了计算；④用模糊数学对受到多种因素制约的事物或对象做出一个总体的评价，具有系统性；⑤最终评价结果是语言评价值，具有直观性。以 24 家中小板上市公司为样本，算例分析证明了上述评价模型的可行性和适用性。隶属函数是对模糊概念的定量描述，隶属函数的选择在很大程度上影响最终的评价结果，但隶属函数的选择目前尚无统一的模式；此外，隶属函数的确定往往带有主观性，对于同一个模糊概念，不同的人会建立不完全相同的隶属函数，在解决和处理实际模糊信息的问题时会产生不同的结果。因此，如何合理选择、确定隶属函数有待于进一步研究。

第13章 存货质押融资模式下科技型中小企业信用状态的组合评价模型研究

13.1 引　　言

本书第 10 章从借款企业信用风险、质押物风险、物流企业业务操作风险和供应链运营状况等几个方面构建了存货质押融资模式下科技型中小企业信用评价指标体系，并运用主成分分析法构建了存货质押融资模式下科技型中小企业信用评价模型。考虑到各种单一赋权方法带来的不确定性影响，本书第 11 章引入基于相对熵的组合赋权法，对存货质押融资模式下科技型中小企业信用评价指标组合赋权方法进行了研究。在此基础上，本书第 12 章根据模糊综合评价原理，利用正态隶属函数确定指标的隶属度，构建了存货质押融资模式下科技型中小企业信用状态的模糊综合评价模型。

然而，单一方法的适用范围存在着局限性，仅从一个角度、用单一方法进行评价，其结果很难令人信服。组合评价法通过将多种方法的评价结果进行组合，能够有效发挥单一方法的优点，弥补单一方法的不足，在一定程度上克服了单一方法的局限性，提高了评价的全面性、科学性和合理性(郭显光，1995；苏为华和陈骥，2006)。目前，组合评价方法主要有：平均值法、Copeland 法、Borda 法和模糊 Borda 法等，前三种方法都是根据每种方法所排名次进行组合，没有考虑每种方法得分差异的因素(郭显光，1995；苏为华和陈骥，2006)。模糊 Borda 法在组合多种单一方法的评价结果时，既考虑了各种方法得分差异的因素，又考虑了排序中的位次因素，因而得到了广泛应用(苏为华和陈骥，2006)。例如，徐英和胡伟(2010)运用改进的模糊 Borda 法对 2006 年广州市六所医学院校的附属医院工作质量进行了评价。刘玉芬和张目(2010)运用模糊 Borda 法对西部地区高技术产业自主创新能力进行了组合评价。张中文等(2012)分别应用因子分析法、综合指数法、加权 TOPSIS 法、主成分分析法以及层次分析法对某医院 2002～2010 年的工作质量进行综合评价，并利用平均值法、Borda 法、Copeland 法以及模糊 Borda 法对评价结果进行组合，最后采用循环修正的办法得到最优的评价结果。刘敏霞等(2012)利用改进的模糊 Borda 法对熵值法、因子分析法和综合指数法等三种方法得到的工作疲劳评价结果进行组合。张目等(2014)运用模糊 Borda 法对战略性新兴产业企业信用进行了组合评价。贺颖等(2014)利用模糊 Borda 法对正态云模型和熵权法的评价结果进行组合，得出毕节地区干旱灾害风险的组合评价结果。李彬和戴桂林(2014)通过引入模糊 Borda 数法和 Kendall 一致性检验，构建了由多种评价方法组成的区域海洋科技创新能力组合评价模型。周永卫和范贺花(2015)分别利用综合指数、加权平均、主成分分析和因子分析法对河南省 18 个主要城市的城镇化水平进行评价，并基于模糊 Borda 法建立了组合评价模型。汪晶晶和马惠兰(2015)采用基于改进模糊 Borda 法的组合评价模型对中亚五国农业投资环境进行了评价。

　　有鉴于此，本章利用模糊 Borda 法对主成分分析法和模糊综合评价法这两种单一方法的评价结果进行组合，得出组合评价结果，从而构建基于模糊 Borda 法的存货质押融资模式下科技型中小企业信用状态的组合评价模型，并以 24 家中小板上市公司为样本，运用该模型进行算例分析。与单一方法相比，组合评价结果具有较高的可信度，可为商业银行进行信贷决策提供参考。

13.2　模糊 Borda 法

　　记 $y_i^{(j)}$ 为第 j（$1 \leqslant j \leqslant m$）种评价方法对第 i（$1 \leqslant i \leqslant n$）个方案的评价得分，则模糊 Borda 法的基本步骤为（郭显光，1995；苏为华和陈骥，2006；苏为华和陈骥，2007）：

　　步骤 1：计算每一种评价方法对于方案 i 的得分的隶属优度 $\mu_i^{(j)}$。

$$\mu_i^{(j)} = \frac{y_i^{(j)} - \min\left\{y_1^{(j)}, y_2^{(j)}, \cdots, y_n^{(j)}\right\}}{\max\left\{y_1^{(j)}, y_2^{(j)}, \cdots, y_n^{(j)}\right\} - \min\left\{y_1^{(j)}, y_2^{(j)}, \cdots, y_n^{(j)}\right\}} \times 0.9 + 0.1 \tag{13-1}$$

　　步骤 2：计算第 i 个方案处于第 h（$1 \leqslant h \leqslant n$）位的模糊频数 f_{ih} 及模糊频率 w_{ih}。

$$f_i = \delta_i \hat{\mu}_i E = (f_{i1} \quad f_{i2} \quad \cdots \quad f_{in})^T \tag{13-2}$$

$$w_{ih} = f_{ih} \Big/ \sum_{k=1}^{n} f_{ik} \tag{13-3}$$

其中，$\hat{\mu}_i = \mathrm{diag}(\mu_i^{(1)} \quad \mu_i^{(2)} \quad \cdots \quad \mu_i^{(m)})$，$E$ 为单位阵，$\delta_i = [\delta_{ih}^{(j)}]_{n \times m}$，若第 j 种评价方法给第 i 个方案的排序是第 h 名，则记 $\delta_{ih}^{(j)} = 1$，其余的 $\delta_{il}^{(j)} = 0$（$l \neq h$）。

　　步骤 3：计算"名次" h（$1 \leqslant h \leqslant n$）的转换分，则

$$Q_h = \frac{1}{2}(n - h)(n - h + 1) \tag{13-4}$$

由此，可构成转换分向量 $Q = (Q_1 \quad Q_2 \quad \cdots \quad Q_n)^T$，实际上，$Q$ 是一个确定的序列。

　　步骤 4：计算第 i 个方案的模糊 Borda 分数 FB_i。

$$FB_i = \sum_{h=1}^{n} w_{ih} Q_h \tag{13-5}$$

　　最后，根据 FB_i 的大小进行排序。

13.3　算例分析

13.3.1　指标体系与样本数据

　　本书第 10 章构建了存货质押融资模式下科技型中小企业信用评价指标体系（表 10-1），在此基础上，本章选取 24 家中小板上市公司组成实验样本集 $A = \{A_1, A_2, \cdots, A_{24}\}$，行业涉及通用设备制造业，专用设备制造业，电气机械和器材制造业，医药制造业，计算机、通信和其他电子设备制造业，互联网和相关服务等多个行业。样本区间设定为 2013 年 6 月 30 日。定量指标原始数据来源于深圳证券交易所 XBRL 上市公司信息服务平台（表 10-2），定性指标原始数据由专家打分给出（表 10-4）。

13.3.2　主成分分析法的评价结果

运用 IBM SPSS Statistics 20 软件对表 10-2 和表 10-4 中的原始数据进行标准化处理，经过 KMO 检验和 Bartlett 检验、主成分的提取，得出主成分得分函数。由前 6 个主成分的方差贡献率、主成分得分函数及式(10-1)，计算得出 24 家样本企业的信用综合得分与排序，如表 13-1 所示。

表 13-1　主成分分析法的样本企业的信用综合得分与排序

A_i	A_1	A_2	A_3	A_4	A_5	A_6	A_7	A_8
S_i	2.74	4.3	2.75	3.2	5.24	4.41	2.71	3.4
名次	19	8	18	14	4	7	21	12
A_i	A_9	A_{10}	A_{11}	A_{12}	A_{13}	A_{14}	A_{15}	A_{16}
S_i	2.18	2.98	1.42	16.86	4.49	3.22	6.61	2.74
名次	22	17	24	1	6	13	2	20
A_i	A_{17}	A_{18}	A_{19}	A_{20}	A_{21}	A_{22}	A_{23}	A_{24}
S_i	3.95	3.07	3.11	4.03	1.45	5.12	6.52	4.04
名次	11	16	15	10	23	5	3	9

13.3.3　模糊综合评价法的评价结果

对存货质押融资模式下科技型中小企业信用状态进行模糊综合评价，就是要指出科技型中小企业信用状态的相对优劣，即很好、较好、一般、较差、很差等。本书根据我国商业银行贷款五级分类的实际需要，将备择集设定为：$V=\{$很好，较好，一般，较差，很差$\}=\{V_1, V_2, V_3, V_4, V_5\}$。

根据模糊综合评价步骤，对指标值进行归一化处理；由本书 11.2 节计算得出指标的组合权重；选用正态隶属函数来确定因素集中的每个因素隶属于每个备择元素的隶属度；经过单因素模糊评价和模糊综合评价，得出 24 家样本企业的模糊综合评价指标，计算结果见表 12-6。为实现组合评价，需要对模糊综合评价指标 b_{i1}、b_{i2}、b_{i3}、b_{i4}、b_{i5} 进行单值化处理(许前等，2006)，则第 i 个样本企业的信用综合得分为

$$S_i = (100b_{i1} + 80b_{i2} + 60b_{i3} + 40b_{i4} + 20b_{i5}) / 300 , \quad i = 1, 2, \cdots, 24 \qquad (13\text{-}6)$$

例如，样本企业 A_1 的模糊综合评价指标为

$$\tilde{B} = (0.6499, 0.7792, 0.8739, 0.9164, 0.8981)$$

则样本企业 A_1 的信用综合得分为

$$S_1 = (100 \times 0.6499 + 80 \times 0.7792 + 60 \times 0.8739 + 40 \times 0.9164 + 20 \times 0.8981) / 300 = 0.7813$$

由式(13-6)计算得出 24 家样本企业的信用综合得分与排序，计算结果见表 13-2。

表 13-2　模糊综合评价法的样本企业的信用综合得分与排序

A_i	A_1	A_2	A_3	A_4	A_5	A_6	A_7	A_8
S_i	0.7813	0.7442	0.7557	0.7863	0.8147	0.8055	0.7555	0.7351
名次	12	16	14	10	4	5	15	19
A_i	A_9	A_{10}	A_{11}	A_{12}	A_{13}	A_{14}	A_{15}	A_{16}
S_i	0.7238	0.7417	0.7243	0.8155	0.8286	0.7187	0.6907	0.7388
名次	21	17	20	2	1	22	23	18
A_i	A_{17}	A_{18}	A_{19}	A_{20}	A_{21}	A_{22}	A_{23}	A_{24}
S_i	0.7658	0.8053	0.7875	0.7919	0.6835	0.7933	0.8149	0.7860
名次	13	6	9	8	24	7	3	11

13.3.4　基于模糊 Borda 法的组合评价

由式(13-1)计算 PCA 法和 FCE 法对于样本企业 i 的得分的隶属优度，结果见表 13-3。本书的样本企业个数为 24，即 $n=24$，因此，由式(13-2)计算第 i 个样本企业处于第 h （$1\leqslant h\leqslant 24$）位的模糊频数，结果见表 13-4。

表 13-3　隶属优度

A_i	A_1	A_2	A_3	A_4	A_5	A_6	A_7	A_8
PCA	0.1769	0.2679	0.1775	0.2038	0.3227	0.2743	0.1752	0.2154
FCE	0.7063	0.4766	0.5478	0.7374	0.9139	0.8567	0.5465	0.4200
A_i	A_9	A_{10}	A_{11}	A_{12}	A_{13}	A_{14}	A_{15}	A_{16}
PCA	0.1443	0.1909	0.1000	1	0.2790	0.2049	0.4025	0.1769
FCE	0.3501	0.4609	0.3530	0.9186	1	0.3184	0.1445	0.4401
A_i	A_{17}	A_{18}	A_{19}	A_{20}	A_{21}	A_{22}	A_{23}	A_{24}
PCA	0.2475	0.1962	0.1985	0.2521	0.1017	0.3157	0.3973	0.2579
FCE	0.6105	0.8551	0.7449	0.7723	0.1000	0.7808	0.9148	0.7355

表 13-4　模糊频数

h	1	2	3	4	5	6	7	8
A_1								
A_2								0.2679
A_3								
A_4								
A_5				1				
A_6					0.8567		0.2743	
A_7								
A_8								
A_9								
A_{10}								

续表

h	1	2	3	4	5	6	7	8
A_{11}								
A_{12}	1	0.9186						
A_{13}	1							
A_{14}								
A_{15}		0.4025				0.2790		
A_{16}								
A_{17}								
A_{18}						0.8551		
A_{19}								
A_{20}								0.7723
A_{21}								
A_{22}					0.3157		0.7808	
A_{23}			1					
A_{24}								

h	9	10	11	12	13	14	15	16
A_1				0.7063				
A_2								0.4766
A_3						0.5478		
A_4		0.7374				0.2038		
A_5								
A_6								
A_7							0.5465	
A_8				0.2154				
A_9								
A_{10}								
A_{11}								
A_{12}								
A_{13}								
A_{14}					0.2049			
A_{15}								
A_{16}								
A_{17}			0.2475		0.6105			
A_{18}								0.1962
A_{19}	0.7449						0.1985	
A_{20}		0.2521						
A_{21}								
A_{22}								
A_{23}								
A_{24}	0.2527		0.7355					

续表

h	17	18	19	20	21	22	23	24
A_1			0.1769					
A_2								
A_3		0.1775						
A_4								
A_5								
A_6								
A_7					0.1752			
A_8				0.4200				
A_9					0.3501	0.1443		
A_{10}	1							
A_{11}				0.3530				0.1000
A_{12}								
A_{13}								
A_{14}						0.3184		
A_{15}							0.1445	
A_{16}		0.4401		0.1769				
A_{17}								
A_{18}								
A_{19}								
A_{20}								
A_{21}							0.1017	0.1000
A_{22}								
A_{23}								
A_{24}								

然后，由式(13-3)计算第 i 个样本企业处于第 h（$1 \leqslant h \leqslant 24$）位的模糊频率，结果见表13-5。

表 13-5　模糊频率

h	1	2	3	4	5	6	7	8
A_1								
A_2								0.3598
A_3								
A_4								
A_5				1				
A_6					0.7575		0.2425	
A_7								
A_8								
A_9								
A_{10}								

续表

h	1	2	3	4	5	6	7	8
A_{11}								
A_{12}	0.5212	0.4718						
A_{13}	0.7819							
A_{14}								
A_{15}		0.7358				0.2181		
A_{16}								
A_{17}								
A_{18}						0.8134		
A_{19}								
A_{20}								0.7539
A_{21}								
A_{22}					0.2879		0.7121	
A_{23}			1					
A_{24}								

h	9	10	11	12	13	14	15	16
A_1				0.7997				
A_2								0.6402
A_3						0.7552		
A_4		0.7835				0.2165		
A_5								
A_6								
A_7							0.7572	
A_8				0.3390				
A_9								
A_{10}								
A_{11}								
A_{12}								
A_{13}								
A_{14}					0.3916			
A_{15}								
A_{16}								
A_{17}			0.2884		0.7116			
A_{18}								0.1866
A_{19}	0.7896						0.2104	
A_{20}		0.2461						
A_{21}								
A_{22}								
A_{23}								
A_{24}	0.2557		0.7443					

续表

h	17	18	19	20	21	22	23	24
A_1			0.2003					
A_2								
A_3		0.2448						
A_4								
A_5								
A_6								
A_7					0.2428			
A_8			0.6610					
A_9					0.7082	0.2918		
A_{10}	1							
A_{11}			0.7792					0.2208
A_{12}								
A_{13}								
A_{14}						0.6084		
A_{15}							0.2642	
A_{16}		0.7133		0.2867				
A_{17}								
A_{18}								
A_{19}								
A_{20}								
A_{21}							0.5043	0.4957
A_{22}								
A_{23}								
A_{24}								

　　根据式(13-4)计算"名次"h（1≤h≤24）的转换分，得出转换分向量：

$$\boldsymbol{Q} = (276,253,231,210,190,171,153,136,120,105,91,78,66,55,45,36,28,21,15,10,6,3,1,0)^{\mathrm{T}}$$

　　根据式(13-5)计算第 i 个样本企业的模糊 Borda 分，并得出排序结果。24 家样本企业的模糊 Borda 分与排序见表 13-6。

表 13-6　模糊 Borda 分与排序

A_i	A_1	A_2	A_3	A_4	A_5	A_6	A_7	A_8
分数	66.38	71.98	46.68	94.17	210	181.03	35.53	36.36
名次	15	14	16	12	4	6	18	17
A_i	A_9	A_{10}	A_{11}	A_{12}	A_{13}	A_{14}	A_{15}	A_{16}
分数	5.12	28.00	7.79	264.99	253.10	27.67	186.43	17.85
名次	23	19	22	1	2	14	5	21
A_i	A_{17}	A_{18}	A_{19}	A_{20}	A_{21}	A_{22}	A_{23}	A_{24}
分数	73.21	145.81	104.22	128.37	0.50	163.65	231.00	98.42
名次	17	8	10	9	24	7	3	11

13.4　本 章 小 结

为了提高综合评价的全面性、科学性和合理性，本章利用组合评价法中的模糊 Borda 法对 PCA 法和 FCE 法这两种单一方法的评价结果进行组合，得出组合评价结果，从而构建了基于模糊 Borda 法的存货质押融资模式下科技型中小企业信用状态的组合评价模型。以 24 家中小板上市公司为样本，算例分析结果证明了组合评价模型的可行性和有效性。与单一方法相比，组合评价结果具有较高的可信度，可为商业银行进行信贷决策提供参考。由于考虑了各种方法得分的差异以及排序中的位次因素。因此，在实践中，模糊 Borda 法具有很强的应用前景。但模糊 Borda 法也存在着诸多问题 (苏为华和陈骥，2007)，如："名次"转换函数的非线性增加了集成技术的不确定性、对具有不同凹凸性的评价结果的集成容易与"加权"初衷相背离等，如何改进模糊 Borda 法 (例如，建立将定性序关系与定量决策关系相结合的转化机制)，使组合评价结果更为合理，有待于今后进一步研究。

第14章 存货质押融资模式下科技型中小企业信用评价的模糊积分模型

14.1 引 言

供应链融资作为一种能够实现多方共赢的新型融资方式，在一定程度上缓解了中小企业融资难、融资贵的问题。开展供应链融资业务，需要建立健全供应链融资风险管理机制，如何构建科学的供应链融资企业信用风险评价体系，是建立健全供应链融资风险管理机制的基础性和关键性课题，而供应链融资企业信用风险评价方法又是其中的重要研究内容之一。目前，已有文献中采用的供应链融资企业信用风险评价方法主要有Logistic 模型（白少布，2010）、模糊综合评价法（白少布，2011）、熵值法（龙云飞，2013）、贝叶斯分类法（牟伟明，2014）、模糊 TOPSIS 法（周文坤和王成付，2015）等。上述评价方法在不同程度上均假定指标间是相互独立的，且大多以加法性的方法为评价基础。但是在现实情况中，供应链融资企业信用风险评价指标之间往往存在一定的交互关系。例如，在存货质押融资模式下，借款企业信用风险与供应链运营状况之间存在一定的重复性，而物流企业业务操作风险与供应链运营状况之间又存在一定的互补性，从而导致加法性方法的评价结果失真。

模糊积分是定义在模糊测度基础上的一种非线性函数，以模糊测度作为衡量多指标重要程度的基础，并不需要假设指标间相互独立，在量测方面用约束条件较弱的单调性和连续性取代了经典概率中的可加性（哈明虎和吴从炘，1998），是一种非可加法的评价方法，可应用于指标间具有交互性的情况，适合处理主观价值判断的评价问题，对大量的指标都可采用专家意见，实践中较好操作（张群等，2007；许永平等，2010）。有鉴于此，本章引入信息集成能力较强的 Choquet 模糊积分，构建存货质押融资模式下科技型中小企业信用评价的模糊积分模型。其中，模糊测度选用能够较好解决复杂性和表现能力之间矛盾的 2-可加模糊测度（武建章和张强，2010；张延禄和杨乃定，2013）；考虑到主、客观赋权法的局限性，采用基于相对熵的组合赋权法确定指标权重；指标间的交互关系和交互度由专家确定。本章具体结构安排如下：首先，构建存货质押融资模式下科技型中小企业信用评价指标体系；然后，由 2-可加模糊测度和 Choquet 模糊积分的定义，构建存货质押融资模式下科技型中小企业信用评价模型；最后，以中小板中的科技类上市公司为样本，运用该模型进行算例分析。

14.2 存货质押融资模式下科技型中小企业信用评价指标体系

本书根据存货质押融资的内涵及其面临的主要风险，在前人研究的基础上，结合科技型中小企业特征(如技术创新能力、成长性等)和存货质押融资业务特点,遵循科学性、客观性、系统性、功能性、动态性、相对独立性、可行性(或可操作性)和可比性等评价指标的选取原则,从借款企业信用风险、质押物风险、物流企业业务操作风险和供应链运营状况等几个方面构建了包含 4 个一级指标、14 个二级指标和 20 个三级指标的存货质押融资模式下科技型中小企业信用评价指标体系,如表 14-1 所示。

表 14-1　存货质押融资模式下科技型中小企业信用评价指标体系

一级指标	二级指标	三级指标
借款企业信用风险(U_1)	偿债能力(U_{11})	流动比率(U_{111})
		权益负债比率(U_{112})
	盈利能力(U_{12})	销售毛利率(U_{121})
		净资产收益率(U_{122})
	营运能力(U_{13})	存货周转率(U_{131})
		应收账款周转率(U_{132})
		主营利润比重(U_{133})
	发展能力(U_{14})	净利润增长率(U_{141})
		总资产增长率(U_{142})
	企业信用因素(U_{15})	企业社会信用、商业信用状况(U_{151})
	企业技术创新能力(U_{16})	企业技术创新成果情况(U_{161})
质押物风险(U_2)	市场风险(U_{21})	质押物价格是否稳定(U_{211})
		质押物变现能力强弱(U_{212})
	质押风险(U_{22})	质押物是否易毁、易坏(U_{221})
物流企业业务操作风险(U_3)	临管风险(U_{31})	物流企业监管制度是否完善,监管人员素质高低(U_{311})
	评估风险(U_{32})	物流企业评估体系是否完善,评估技术是否科学,评估人员是否专业(U_{321})
	流程风险(U_{33})	流程标准化、信息化程度(U_{331})
供应链运营状况(U_4)	产业风险(U_{41})	产业总体发展前景及利润水平(U_{411})
	供应链内部稳定性风险(U_{42})	供应链上下游企业的协调与合作程度(U_{421})
	供应链竞争风险(U_{43})	处于相同产业链系统内的不同供应链之间的竞争能力强弱(U_{431})

14.3　2-可加模糊测度与 Choquet 模糊积分

定义 14.1:设 $X = \{x_1, x_2, \cdots, x_n\}$ 为属性集,$P(X)$ 是 X 的幂集,集函数 $g : P(X) \to [0,1]$ 满足以下两个条件:①$g(\varnothing) = 0$,$g(X) = 1$;②$K \in P(X)$,$T \in P(X)$,$K \subseteq T$,则 $g(K) \leqslant g(T)$。称 g 是 $P(X)$ 上的一个模糊测度(Sugeno,1974)。

Grabisch(1997)从伪布尔函数和默比乌斯变换出发提出了 k-可加模糊测度,并在此基础之上定义了 2-可加模糊测度

$$g(K) = \sum_{i \in K} m_i + \sum_{\{i,j\} \subset K} m_{ij}, \forall K \subseteq X \tag{14-1}$$

其中，m_i 是单个属性 x_i 的默比乌斯变换系数，它是一种全局重要程度；m_{ij} 是两两属性 $\{x_i, x_j\}$ 的默比乌斯变换系数，它表示属性 x_i 和 x_j 之间的交互程度。

定义 14.2 设 $X = \{x_1, x_2, \cdots, x_n\}$ 为属性集，$W = \{w_1, w_2, \cdots, w_n\}$ 为属性集 X 的权重集，单个属性 x_i 和两两属性 $\{x_i, x_j\}$ 的默比乌斯变换系数（常志朋和程龙生，2015）分别为

$$\begin{cases} m_i = {w_i}\big/{P} \\ m_{ij} = {\xi_{ij} w_i w_j}\big/{P} \end{cases} \quad i, j = 1, 2, \cdots, n \tag{14-2}$$

式中，$P = \sum_{i \in X} w_i + \sum_{\{i,j\} \subset X} \xi_{ij} w_i w_j$ 为所有单个属性 x_i 和两两属性 $\{x_i, x_j\}$ 的重要程度之和；ξ_{ij} 为属性 x_i 和 x_j 之间的交互度，$\xi_{ij} \in [-1, 1]$。

定义 14.3：设 $h: X \rightarrow [0, 1]$ 为 X 上的一个可测函数，则 h 在集合 X 上关于模糊测度 g 的 Choquet 模糊积分值（Murofushi and Sugeno，1989）为

$$H = \int_X h(x)g(K) = \sum_{i=1}^{n} \left[h(x_{(i)}) - h(x_{(i-1)}) \right] g(X_{(i)}) \tag{14-3}$$

其中，(i) 为按照 $h(x_{(1)}) \leqslant h(x_{(2)}) \leqslant \cdots \leqslant h(x_{(n)})$ 排序后的下标，$X_{(i)} = \{x_{(i)}, x_{(i+1)}, \cdots, x_{(n)}\}$，$h(x_{(0)}) = 0$。

14.4 存货质押融资模式下科技型中小企业信用评价模型

14.4.1 确定指标权重

存货质押融资模式下科技型中小企业信用评价指标体系分为三个层次，即有

$$U = (U_1, U_2, \cdots, U_i, \cdots, U_n)，\quad i = 1, 2, \cdots, n$$
$$U_i = (U_{i1}, U_{i2}, \cdots, U_{ik}, \cdots, U_{in_i})，\quad k = 1, 2, \cdots, n_i$$
$$U_{ik} = (U_{ik1}, U_{ik2}, \cdots, U_{ikl}, \cdots, U_{ikn_{ik}})，\quad l = 1, 2, \cdots, n_{ik}$$

式中，n 表示一级指标的个数；n_i 表示第 i 个一级指标下二级指标的个数；n_{ik} 表示第 i 个一级指标下第 k 个二级指标中三级指标的个数。

根据表 11-3 给出的三级指标组合权重，三级指标的全局权重向量为

$$\boldsymbol{W}_{ik} = (w_{ik1}, w_{ik2}, \cdots, w_{ikl}, \cdots, w_{ikn_{ik}})$$

则第 i 个一级指标下第 k 个二级指标的全局权重为

$$w_{ik} = \sum_{l=1}^{n_{ik}} w_{ikl} \tag{14-4}$$

则第 i 个一级指标的全局权重为

$$w_i = \sum_{k=1}^{n_i} w_{ik} \tag{14-5}$$

由此得出一级指标的全局权重向量为 $\boldsymbol{W} = (w_1, w_2, \cdots, w_i, \cdots, w_n)$。则二级指标相对于一级指标的相对权重为

$$w'_{ik} = \frac{w_{ik}}{w_i} \qquad (14-6)$$

三级指标相对于二级指标的相对权重为：

$$w'_{ikl} = \frac{w_{ikl}}{w_{ik}} \qquad (14-7)$$

14.4.2 指标评价语意变量与直觉模糊数

语意变量是以人类的自然语言中的语词为值。考虑到指标评价的模糊性和主观性，指标评价采用语意变量来表示。指标评价语意变量取 7 个等级：非常差、差、较差、一般、较好、好、非常好。指标评价语意变量与直觉模糊数的对应关系如表 14-2 所示。

表 14-2 指标评价语意变量与直觉模糊数的对应关系

指标评价语意变量	直觉模糊数
非常差	(0.05, 0.95, 0.00)
差	(0.20, 0.75, 0.05)
较差	(0.35, 0.50, 0.15)
一般	(0.50, 0.30, 0.20)
较好	(0.65, 0.20, 0.15)
好	(0.80, 0.15, 0.05)
非常好	(0.95, 0.05, 0.00)

14.4.3 存货质押融资模式下科技型中小企业信用评价步骤

设有待评价的科技型中小企业 E，同时考虑 n 个一级指标，且每个一级指标有若干个二级指标和相应的三级指标，则存货质押融资模式下科技型中小企业信用评价的具体步骤如下所示。

步骤 1：由 14.4.1 节，计算得出一级指标的全局权重 w_i、二级指标相对于一级指标的相对权重 w'_{ik}、三级指标相对于二级指标的相对权重 w'_{ikl}。

步骤 2：针对待评价科技型中小企业 E 在各一级指标下的每个三级指标，由 m 位专家根据表 14-2 分别给出指标评价语意变量 $\tilde{x}_{iklj} = (\mu_{\tilde{x}_{iklj}}, v_{\tilde{x}_{iklj}})$ $(j=1,2,\cdots,m)$。给定专家权重 w_j^p $(j=1,2,\cdots,m)$，$w_j^p \in [0,1]$，且 $\sum\limits_{j=1}^{m} w_j^p = 1$，则直觉模糊加权平均算子（IFWA 算子）（Xu，2007）为

$$\text{IFWA}_{w^p}(\tilde{x}_{ikl1}, \tilde{x}_{ikl2}, \cdots, \tilde{x}_{iklm}) = w_1^p \tilde{x}_{ikl1} \oplus w_2^p \tilde{x}_{ikl2} \oplus \cdots \oplus w_m^p \tilde{x}_{iklm} = \left(1 - \prod_{j=1}^{m}(1 - \mu_{\tilde{x}_{iklj}})^{w_j^p}, \prod_{j=1}^{m} v_{\tilde{x}_{iklj}}^{w_j^p}\right) \ (14-8)$$

由式 (14-8) 集结 m 位专家意见，得出待评价科技型中小企业 E 在第 i 个一级指标下第 k 个二级指标中第 l 个三级指标的直觉模糊评价值为 $\tilde{x}_{ikl} = (\mu_{\tilde{x}_{ikl}}, v_{\tilde{x}_{ikl}})$。

步骤 3：由三级指标相对于二级指标的相对权重 w'_{ikl}，构造 IFWA 算子可得待评价科

技型中小企业 E 在第 i 个一级指标下第 k 个二级指标的直觉模糊评价值

$$\tilde{x}_{ik} = (\mu_{\tilde{x}_{ik}}, \nu_{\tilde{x}_{ik}}) = (1 - \prod_{l=1}^{n_{ik}} (1 - \mu_{\tilde{x}_{ikl}})^{w'_{ikl}}, \prod_{l=1}^{n_{ik}} \nu_{\tilde{x}_{ikl}}^{w'_{ikl}}) \tag{14-9}$$

由二级指标相对于一级指标的相对权重 w'_{ik}，构造 IFWA 算子可得待评价科技型中小企业 E 在第 i 个一级指标下的直觉模糊评价值

$$\tilde{x}_{i} = (\mu_{\tilde{x}_{i}}, \nu_{\tilde{x}_{i}}) = (1 - \prod_{k=1}^{n_i} (1 - \mu_{\tilde{x}_{ik}})^{w'_{ik}}, \prod_{k=1}^{n_i} \nu_{\tilde{x}_{ik}}^{w'_{ik}}) \tag{14-10}$$

步骤 4：由直觉模糊数得分函数(刘华文, 2004)，可得待评价科技型中小企业 E 在第 i 个一级指标下的综合评价得分

$$S_L(\tilde{x}_i) = \mu_{\tilde{x}_i} + \mu_{\tilde{x}_i}(1 - \mu_{\tilde{x}_i} - \nu_{\tilde{x}_i}), \quad S_L(\tilde{x}_i) \in [0,1] \tag{14-11}$$

步骤 5：确定一级指标 U_i 和 $U_j (i \neq j)$ 之间的交互关系和交互度。根据专家经验和偏好对 n 个一级指标进行成对分析，若 U_i 和 U_j 之间具有互补性，则交互度 $\xi_{ij} > 0$，且 ξ_{ij} 越大互补性越强；若 U_i 和 U_j 之间具有重复性，则交互度 $\xi_{ij} < 0$，且 ξ_{ij} 越小重复性越强；若 U_i 和 U_j 之间相互独立，则交互度 $\xi_{ij} = 0$。两两指标间的交互度打分标准(常志朋和程龙生, 2015)见表 14-3。

表 14-3 两两指标间的交互度打分标准

交互关系	重复性	重复性	重复性	重复性	独立性	互补性	互补性	互补性	互补性
模糊等级	极强	非常强	很强	强	独立	强	很强	非常强	极强
打分标准	-0.90	-0.70	-0.50	-0.30	0.00	0.30	0.50	0.70	0.90

步骤 6：根据一级指标的全局权重 w_i、U_i 和 U_j 之间的交互度 ξ_{ij}，利用式(14-2)计算一级指标的默比乌斯变换系数 m_i、m_{ij}。

步骤 7：根据一级指标的默比乌斯变换系数 m_i、m_{ij}，利用式(14-1)计算 2-可加模糊测度 g_K。

步骤 8：将一级指标的综合评价得分 $S_L(\tilde{x}_i)$ $(i = 1, 2, \cdots, n)$ 按从小到大重新排序，得到 $S_L(\tilde{x}_{(i)})$；将 $S_L(\tilde{x}_{(i)})$ 与 2-可加模糊测度 g_K 代入式(14-3)，求出待评价科技型中小企业 E 的 Choquet 模糊积分值 H_E，$H_E \in [0,1]$，H_E 越大，其信用状况越好，信用风险越低。

14.5 算例分析

14.5.1 样本数据

本书选取中小板中的科技类上市公司——金智科技(002090)、思源电气(002028)、达安基因(002030)组成实验样本集{A，B，C}。样本企业 A 和 B 所属证监会行业为：制造业-电气机械和器材制造业；样本企业 C 所属证监会行业为：制造业-医药制造业。样本区间设定为 2013 年 6 月 30 日。定量指标原始数据来源于深圳证券交易所 XBRL 上市公司信息服务平台(表 10-2)，定性指标原始数据由专家打分给出(表 10-4)。

14.5.2　Choquet 模糊积分值的计算

(1)确定指标权重。由 14.4.1 节，计算得出一级指标的全局权重 w_i、二级指标相对于一级指标的相对权重 w'_{ik}、三级指标相对于二级指标的相对权重 w'_{ikl}，计算结果见表 14-4。

表 14-4　指标权重

一级指标	全局权重	二级指标	相对权重	三级指标	相对权重
U_1	0.4254	U_{11}	0.1354	U_{111}	0.4621
				U_{112}	0.5379
		U_{12}	0.2090	U_{121}	0.4310
				U_{122}	0.5690
		U_{13}	0.1973	U_{131}	0.3176
				U_{132}	0.3603
				U_{133}	0.3221
		U_{14}	0.1561	U_{141}	0.2336
				U_{142}	0.7664
		U_{15}	0.1878	U_{151}	1.0000
		U_{16}	0.1144	U_{161}	1.0000
U_2	0.1310	U_{21}	0.6116	U_{211}	0.5337
				U_{212}	0.4663
		U_{22}	0.3884	U_{221}	1.0000
U_3	0.2283	U_{31}	0.3375	U_{311}	1.0000
		U_{32}	0.3164	U_{321}	1.0000
		U_{33}	0.3461	U_{331}	1.0000
U_4	0.2153	U_{41}	0.2829	U_{411}	1.0000
		U_{42}	0.3405	U_{421}	1.0000
		U_{43}	0.3766	U_{431}	1.0000

(2)计算样本企业在第 i 个一级指标下第 k 个二级指标中第 l 个三级指标的直觉模糊评价值。针对样本企业 A 在各一级指标下的每个三级指标值，由 3 位专家根据表 14-2 分别给出指标评价语意变量，其对应的直觉模糊数如表 14-5 所示。

表 14-5　样本企业 A 的三级指标评价直觉模糊数

三级指标	专家 1	专家 2	专家 3
U_{111}	(0.65，0.20)	(0.65，0.20)	(0.50，0.30)
U_{112}	(0.65，0.20)	(0.50，0.30)	(0.50，0.30)
U_{121}	(0.65，0.20)	(0.65，0.20)	(0.50，0.30)
U_{122}	(0.35，0.50)	(0.35，0.50)	(0.20，0.75)
U_{131}	(0.35，0.50)	(0.35，0.50)	(0.50，0.30)
U_{132}	(0.35，0.50)	(0.35，0.50)	(0.20，0.75)

三级指标	专家 1	专家 2	专家 3
U_{133}	(0.50，0.30)	(0.50，0.30)	(0.65，0.20)
U_{141}	(0.65，0.20)	(0.50，0.30)	(0.50，0.30)
U_{142}	(0.50，0.30)	(0.35，0.50)	(0.35，0.50)
U_{151}	(0.80，0.15)	(0.80，0.15)	(0.65，0.20)
U_{161}	(0.95，0.05)	(0.95，0.05)	(0.80，0.15)
U_{211}	(0.50，0.30)	(0.50，0.30)	(0.35，0.50)
U_{212}	(0.80，0.15)	(0.80，0.15)	(0.65，0.20)
U_{221}	(0.50，0.30)	(0.50，0.30)	(0.35，0.50)
U_{311}	(0.80，0.15)	(0.80，0.15)	(0.65，0.20)
U_{321}	(0.80，0.15)	(0.80，0.15)	(0.65，0.20)
U_{331}	(0.50，0.30)	(0.50，0.30)	(0.35，0.50)
U_{411}	(0.50，0.30)	(0.50，0.30)	(0.35，0.50)
U_{421}	(0.50，0.30)	(0.50，0.30)	(0.35，0.50)
U_{431}	(0.50，0.30)	(0.50，0.30)	(0.35，0.50)

给定专家权重(0.40,0.30,0.30)，由式(14-8)集结 3 位专家意见，得出样本企业 A 在第 i 个一级指标下第 k 个二级指标中第 l 个三级指标的直觉模糊评价值，如表 14-6 所示。例如

$$\tilde{x}_{A111} = \left(1 - (1-0.65)^{0.40} \times (1-0.65)^{0.30} \times (1-0.50)^{0.30}, 0.20^{0.40} \times 0.20^{0.30} \times 0.30^{0.30}\right) = (0.610, 0.226)$$

同理可得样本企业 B 和 C 在第 i 个一级指标下第 k 个二级指标中第 l 个三级指标的直觉模糊评价值，如表 14-6 所示。

表 14-6　样本企业的三级指标直觉模糊评价值

三级指标	样本企业 A	样本企业 B	样本企业 C
U_{111}	(0.610，0.226)	(0.689，0.201)	(0.763，0.164)
U_{112}	(0.566，0.255)	(0.158，0.805)	(0.264，0.638)
U_{121}	(0.610，0.226)	(0.763，0.164)	(0.885，0.097)
U_{122}	(0.308，0.565)	(0.248，0.664)	(0.704，0.183)
U_{131}	(0.399，0.429)	(0.098，0.885)	(0.459，0350)
U_{132}	(0.308，0.565)	(0.264，0.638)	(0.308，0.565)
U_{133}	(0.551，0.266)	(0.459，0.350)	(0.415，0.408)
U_{141}	(0.566，0.255)	(0.868，0.108)	(0.763，0.164)
U_{142}	(0.415，0.408)	(0.415，0.408)	(0.704，0.183)
U_{151}	(0.763，0.164)	(0.763，0.164)	(0.924，0.070)
U_{161}	(0.924，0.070)	(0.763，0.164)	(0.763，0.164)
U_{211}	(0.459，0.350)	(0.459，0.350)	(0.459，0.350)

续表

三级指标	样本企业 A	样本企业 B	样本企业 C
U_{212}	(0.763, 0.164)	(0.763, 0.164)	(0.763, 0.164)
U_{221}	(0.459, 0.350)	(0.924, 0.070)	(0.763, 0.164)
U_{311}	(0.763, 0.164)	(0.763, 0.164)	(0.763, 0.164)
U_{321}	(0.763, 0.164)	(0.763, 0.164)	(0.924, 0.070)
U_{331}	(0.459, 0.350)	(0.763, 0.164)	(0.459, 0.350)
U_{411}	(0.459, 0.350)	(0.459, 0.350)	(0.459, 0.350)
U_{421}	(0.459, 0.350)	(0.763, 0.164)	(0.763, 0.164)
U_{431}	(0.459, 0.350)	(0.459, 0.350)	(0.459, 0.350)

(3)计算样本企业在第 i 个一级指标下的直觉模糊评价值。根据表 14-4 和表 14-6，由式(14-9)和式(14-10)计算得出样本企业在第 i 个一级指标下的直觉模糊评价值，如表 14-7所示。

表 14-7　样本企业的一级指标直觉模糊评价值

一级指标	样本企业 A	样本企业 B	样本企业 C
U_1	(0.6387, 0.2529)	(0.5894, 0.3103)	(0.7531, 0.1830)
U_2	(0.5727, 0.5815)	(0.8008, 0.1503)	(0.6901, 0.2096)
U_3	(0.6850, 0.2127)	(0.7634, 0.1635)	(0.7803, 0.1623)
U_4	(0.4591, 0.3497)	(0.5918, 0.2700)	(0.5918, 0.2700)

(4)计算样本企业在第 i 个一级指标下的综合评价得分。根据样本企业在第 i 个一级指标下的直觉模糊评价值，由式(14-11)计算可得样本企业在第 i 个一级指标下的综合评价得分

$$S_L(\tilde{x}_{A1}) = 0.6387 + 0.6387 \times (1 - 0.6387 - 0.2529) = 0.7079,$$
$$S_L(\tilde{x}_{A2}) = 0.6562, \quad S_L(\tilde{x}_{A3}) = 0.7551, \quad S_L(\tilde{x}_{A4}) = 0.5469;$$
$$S_L(\tilde{x}_{B1}) = 0.5894 + 0.5894 \times (1 - 0.5894 - 0.3103) = 0.6485,$$
$$S_L(\tilde{x}_{B2}) = 0.8399, \quad S_L(\tilde{x}_{B3}) = 0.8192, \quad S_L(\tilde{x}_{B4}) = 0.6736;$$
$$S_L(\tilde{x}_{C1}) = 0.7531 + 0.7531 \times (1 - 0.7531 - 0.1830) = 0.8012,$$
$$S_L(\tilde{x}_{C2}) = 0.7593, \quad S_L(\tilde{x}_{C3}) = 0.8251, \quad S_L(\tilde{x}_{C4}) = 0.6736。$$

(5)确定两两指标间的交互度。专家对一级指标 U_i 和 $U_j(i \neq j)$ 之间的交互关系进行分析，根据表 14-3 的交互度打分标准，得到两两指标 $\{U_i, U_j\}$ 之间的交互度为 $\xi_{12} = -0.25$；$\xi_{13} = 0.00$；$\xi_{14} = -0.15$；$\xi_{23} = 0.30$；$\xi_{24} = -0.10$；$\xi_{34} = 0.20$。

(6)计算一级指标的默比乌斯变换系数。利用式(14-2)计算一级指标的默比乌斯变换系数，结果见表 14-8。其中，$P = 0.988$。

表 14-8　默比乌斯变换系数

m_1	m_2	m_3	m_4	m_{12}
0.431	0.132	0.231	0.218	-0.014
m_{13}	m_{14}	m_{23}	m_{24}	m_{34}
0.000	-0.014	0.009	-0.003	0.010

(7)计算 2-可加模糊测度 g_K。利用式(14-1)计算 2-可加模糊测度 g_K，结果见表 14-9。

表 14-9　2-可加模糊测度

K	$\{\varnothing\}$	$\{1\}$	$\{2\}$	$\{3\}$
g_K	0.000	0.431	0.132	0.231
K	$\{4\}$	$\{1, 2\}$	$\{1, 3\}$	$\{1, 4\}$
g_K	0.218	0.549	0.662	0.635
K	$\{2, 3\}$	$\{2, 4\}$	$\{3, 4\}$	$\{1, 2, 3\}$
g_K	0.373	0.348	0.459	0.789
K	$\{1, 2, 4\}$	$\{1, 3, 4\}$	$\{2, 3, 4\}$	$\{1, 2, 3, 4\}$
g_K	0.750	0.876	0.598	1.000

(8)计算 Choquet 模糊积分值。将样本企业 A 的一级指标综合评价得分 $S_L(\tilde{x}_{Ai})$ $(i=1,2,\cdots,4)$ 按从小到大重新排序

$$S_L(\tilde{x}_{A4}) < S_L(\tilde{x}_{A2}) < S_L(\tilde{x}_{A1}) < S_L(\tilde{x}_{A3})$$

相应记为 $S_L(\tilde{x}_{A(1)}) < S_L(\tilde{x}_{A(2)}) < S_L(\tilde{x}_{A(3)}) < S_L(\tilde{x}_{A(4)})$。

将 $S_L(\tilde{x}_{A(i)})$ 与 2-可加模糊测度 g_K 代入式(14-3)，求出样本企业 A 的 Choquet 模糊积分值

$$\begin{aligned} H_A &= (0.5469 - 0.0000) \times 1.000 + (0.6562 - 0.5469) \times 0.789 + (0.7079 - 0.6562) \times 0.662 + \\ & (0.7551 - 0.7079) \times 0.231 = 0.6783 \end{aligned}$$

同理可得：$H_B = 0.7211$，$H_C = 0.7750$。由此可见，样本企业的 Choquet 模糊积分值排序为 $H_C \succ H_B \succ H_A$，表明样本企业 C 的信用状况相对较好，信用风险相对较低；样本企业 A 的信用状况相对较差，信用风险相对较高。

14.6　本　章　小　结

本章针对供应链融资企业信用风险评价指标之间存在的交互性，引入信息集成能力较强的 Choquet 模糊积分，构建存货质押融资模式下科技型中小企业信用评价的模糊积分模型。其中，采用基于指标权重和指标间交互度的默比乌斯变换系数计算 2-可加模糊测度。考虑到主、客观赋权法的局限性，采用基于相对熵的组合赋权法确定指标权重；指标间的交互关系和交互度由专家确定。以中小板中的科技类上市公司为样本，算例分析结果证明了该模型的可行性和有效性。Choquet 模糊积分能够考虑指标间存在的交互

性，从而为解决加法性方法的评价结果失真问题提供有效工具。2-可加模糊测度只涉及指标的相对重要性和 2 个指标间的交互性，较好地解决了复杂性和表现能力之间的矛盾（武建章和张强，2010；张延禄和杨乃定，2013），具有柔性好、建模准确度高等优点（Grabisch，1997）。在 2-可加模糊测度的计算过程中，本章根据专家经验和偏好来确定指标间的交互关系和交互度，具有一定的随机性和主观性。因此，有必要对菱形成对比较方法（武建章和张强，2010）、基于最大 Marichal 熵原则的优化方法（张延禄和杨乃定，2013）等确定指标间交互作用的方法进行深入研究。

参 考 文 献

白少布, 2011. 供应链融资企业信用水平模糊综合评价[J]. 经济经纬, (5): 108-112.

白少布, 2010. 基于有序 logistic 模型的企业供应链融资风险预警研究[J]. 经济经纬, (6): 66-71.

白少布, 2009. 面向供应链融资企业信用风险评估指标体系设计[J]. 经济经纬, (6): 90-94.

白少布, 刘洪, 2011. 供应链融资运作中的委托代理激励机制研究[J]. 软科学, 25(2): 40-46.

白少布, 刘洪, 2010. 供应链融资的供应商与制造商委托代理激励机制研究[J]. 软科学, 24(10): 23-29.

白少布, 刘洪, 2009. 基于供应链保兑仓融资的企业风险收益合约研究[J]. 软科学, 23(10): 118-122.

白雪梅, 赵松山, 1998. 根据系统分析理论确定权数的方法——组合赋权法[J]. 江苏统计, (7): 24-26.

鲍彬彬, 邵俊岗, 2014. 基于 AHP 的中小企业供应链融资风险评估[J]. 企业经济, (5): 88-92.

贝一辉, 杨磊, 王跃辉, 2012. 汽车制造业在供应链金融模式下的信用风险评估[J]. 物流技术, 31(23): 379-382.

常志朋, 程龙生, 2015. 灰模糊积分关联度决策模型[J]. 中国管理科学, 23(11): 105-111.

陈长彬, 盛鑫, 2013. 供应链金融中信用风险的评价体系构建研究[J]. 福建师范大学学报(哲学社会科学版), (2): 79-86.

陈畴镛, 黄贝拉, 2015. 互惠性偏好下的供应链金融委托代理模型比较研究[J]. 商业经济与管理, (12): 52-60.

陈丹, 何广文, 2010. 应收账款质押贷款的风险及其模糊综合研究[J]. 金融理论与实践, (9): 17-21.

陈福录, 2007. 应收账款质押贷款的风险及其防范[J]. 新金融, (7): 60-63.

陈君, 2013. 供应链融资概念析辨[J]. 学理论, (9): 118-119.

陈伟, 但斌, 2010. 考虑零售商多任务参与下的供应链激励合约研究[J]. 商业经济与管理, (12): 10-17.

陈晓红, 刘剑, 2004. 基于银行贷款下的中小企业信用行为的博弈分析[J]. 管理学报, (2): 173-177, 125.

陈燕娟, 2016. 供应链金融应收账款融资模式下供应商的融资激励分析[J]. 肇庆学院学报, 37(1): 34-37.

程帆, 2016. 季节性存货质押融资合作模式分析[J]. 中国管理科学, 24(S1): 439-447.

仇荣国, 2014. 中小企业存货质押供应链金融博弈及数值分析[J]. 企业经济, (3): 102-105.

戴建华, 薛恒新, 2004. 基于 Shapley 值法的动态联盟伙伴企业利益分配策略[J]. 中国管理科学, 12(4): 34-37.

邓卫华, 陈武红, 1998. 有色企业预付款融资风险探析[J]. 有色金属工业, (6): 30-32.

邓雪, 李家铭, 曾浩健, 等, 2012. 层次分析法权重计算方法分析及其应用研究[J]. 数学的实践与认识, 42(7): 93-100.

邓哲锋, 徐鹏, 王勇, 2009. 基于第四方物流参与的融通仓模式研究[J]. 科技与经济, 22(6): 44-47.

董保民, 王运通, 郭桂霞, 2008. 合作博弈论[M]. 北京: 中国市场出版社.

杜跃平, 任宇哲, 2013. 供应链融资的客观信用风险评价方法研究[J]. 西安电子科技大学学报(社会科学版), 23(6): 57-67.

范黎波, 贾军, 贾立, 2014. 供应链金融模式下中小企业信用风险评级模型研究[J]. 国际经济合作, (1): 90-94.

冯耕中, 2007. 物流金融业务创新分析[J]. 预测, (1): 49-54.

高凡雅, 王喜, 2016. "块状"中小企业集群供应链融资模式之创新——基于"三流一池"融合[J]. 财会月刊, (20): 96-99.

高更君, 黄芳, 2017. 基于云重心 Shapley 值的供应链融资联盟收益分配研究[J]. 工业技术经济, 36(2): 104-109.

顾婧, 程翔, 邓翔, 2017. 中小企业供应链金融模式创新研究[J]. 软科学, 31(2): 83-86, 97.

郭菊娥, 史金召, 王智鑫, 2014. 基于第三方 B2B 平台的线上供应链金融模式演进与风险管理研究[J]. 商业经济与管理, (1): 13-22.

郭显光, 1995. 一种新的综合评价方法——组合评价法[J]. 统计研究, (5): 56-59.

郭显光, 1989. 多指标综合评价中权数的确定[J]. 数量经济技术经济研究, (11): 49-52, 81.

哈明虎, 吴从炘, 1998. 模糊测度与模糊积分理论[M]. 北京: 科学出版社.

韩仁哲, 2015. 存货质押融资的法律风险点及防范措施[J]. 财政研究, (6): 95-97.

何娟, 2008. 基于结构方程模型的融通仓风险因素评价研究[J]. 南京社会科学, (7): 30-38.

何明珂, 钱文彬, 2010. 物流金融风险管理全过程[J]. 系统工程, 28(5): 30-35.

何宜庆, 郭婷婷, 2010. 供应链融资模式下中小企业融资行为的博弈模型分析[J]. 南昌大学学报(工科版), 32(2): 183-187, 191.

贺颖, 张目, 李伟, 等, 2014. 基于模糊 Borda 法的毕节地区干旱灾害风险组合评价研究[J]. 数学的实践与认识, 44(9): 25-36.

候定丕, 2004. 博弈论导论[M]. 合肥: 中国科学技术大学出版社.

胡海青, 张琅, 张道宏, 等, 2011. 基于支持向量机的供应链金融信用风险评估研究[J]. 软科学, 25(5): 26-30, 36.

胡海青, 张琅, 张道宏, 2012. 供应链金融视角下的中小企业信用风险评估研究——基于 SVM 与 BP 神经网络的比较研究[J]. 管理评论, 24(11): 70-80.

胡涵芬, 2011. 供应链中的保兑仓融资决策研究[D]. 长沙: 中南大学.

胡连, 胡波, 2014. 模糊积分 SVM 集成的供应链金融信用风险评估研究[J]. 物流技术, 33(9): 362-364.

胡连, 2014. AdaBoost 集成 SVM 的供应链金融信用风险评估[J]. 征信, 32(11): 19-22.

黄斯赫, 2006. 企业开展应收账款证券化的模式研究[J]. 南方金融, (3): 21-23.

黄彦菁, 2014. 基于供应链金融的中小企业存货质押融资合作博弈分析[J]. 物流技术, 33(21): 319-322, 330.

江莹, 陈德良, 2012. 基于合作博弈的融通仓业务模式研究[J]. 现代商贸工业, 24(5): 110-111.

蒋巧琴, 2009. 应收账款质押融资发展研究[EB/OL]. 中国贸易金融网/2009-05-05.

金波, 郭巧英, 李忠卫, 2013. 基于 Shapley 值法的供应链融资收益的供给与分配[J]. 工业技术经济, 32(4): 43-48.

金波, 2013. 供应链融资收益分配博弈模型的构建[J]. 统计与决策, (5): 51-54.

孔媛媛, 王恒山, 朱珂, 等, 2010. 模糊影响图评价算法在供应链金融信用风险评估中的应用[J]. 数学的实践与认识, 40(21): 80-86.

雷功炎, 1995. 关于将相对熵用于层次分析的简单注记[J]. 系统工程理论与实践, 15(3): 65-68.

雷蕾, 史金召, 2014. 供应链金融理论综述与研究展望[J]. 华东经济管理, 28(6): 158-162.

雷晓燕, 2012. 基于供应链金融的应收账款融资风险控制研究[D]. 重庆: 重庆大学.

李柏年, 2007. 模糊数学及其应用[M]. 合肥: 合肥工业大学出版社.

李彬, 戴桂林, 2014. 基于组合模型的山东半岛蓝色经济区海洋科技创新能力综合评价[J]. 科技管理研究, 34(21): 61-65, 75.

李德毅, 刘常昱, 2004. 论正态云模型的普适性[J]. 中国工程科学, 6(8): 28-34.

李电生, 员丽芬, 2010. 基于物流金融模式的中小型企业融资风险评价研究[J]. 技术经济与管理研究, (1): 62-64.

李浩, 黄晓峰, 2014. 浅谈我国商业银行供应链金融的主要问题及相关建议[J]. 农村金融研究, (5): 8-12.

李建平, 徐伟宣, 石勇, 2004. 基于主成分线性加权综合评价的信用评分方法及应用[J]. 系统工程, 22(8): 64-68.

李莉, 苑德江, 车静, 2010. 我国物流金融风险评价体系研究[J]. 物流技术, (7): 51-54.

李茜, 2011. 基于供应链金融的应收账款证券化模式探究[J]. 现代管理科学, (7): 89-90, 99.

李勤, 龚科, 2014. 供应链金融模式下中小企业信用风险的案例分析[J]. 金融理论与实践, (8): 66-71.

李荣钧, 邝英强, 2002. 运筹学[M]. 广州: 华南理工大学出版社.

李瑞, 2010. 供应链融资模式分析[J]. 商业时代, (31): 35-36.

李蜀湘, 颜浩龙, 2014. 基于违约风险的农产品供应链金融模式研究[J]. 物流技术, 33(9): 365-367, 377.

李思昊, 2016. 基于供应链金融的应收账款融资操作风险评价研究[J]. 商业会计, (7): 84-86.

李思远, 2012. 基于物流银行模式下的银行保兑仓业务风险评价研究[D]. 北京: 北京化工大学.

李霞, 2010. 中小企业供应链融资模式及比较研究[J]. 中国物流与采购, (16): 72-73.

李小金, 胡雯莉, 2017. 基于 B2B 平台的供应链金融模式与实践研究[J]. 经济与管理, 31(5): 35-38.

李晓宇, 张鹏杰, 2014. 中国商业银行供应链融资的风险评价研究[J]. 金融论坛, 19(9): 49-56.

李艳华, 2012. 供应链金融模式分析[J]. 物流技术, 31(13): 352-353, 366.

李毅学, 张媛媛, 汪寿阳, 等, 2010. 物流与供应链金融创新——存货质押融资风险管理[M]. 北京: 科学出版社.

李毅学, 徐渝, 冯耕中, 2007. 国内外物流金融业务比较分析及案例研究[J]. 管理评论, (10): 55-62, 64.

李毅学, 2012. 物流金融创新下存货质押融资合约设计风险控制——以江西邮政速递物流公司开展的质押监管为例[J]. 华东经济管理, 26(7): 141-144.

李毅学, 2011a. 基于金融系统工程的物流金融风险识别分析[J]. 华东经济管理, 25(10): 35-39.

李毅学, 2011b. 供应链金融风险评估[J]. 中央财经大学学报, (10): 36-41.

李志赟, 2002. 银行结构与中小企业融资[J]. 经济研究, (6): 38-45, 94.

梁益琳, 张玉明, 2012. 创新型中小企业与商业银行的演化博弈及信贷稳定策略研究[J]. 经济评论, (1): 16-24.

林树红, 2010. 商业银行供应链融资的风险及其管理[J]. 南方金融, (10): 80-82.

林英晖, 屠梅曾, 2005. 核心型供应链企业协调的激励合同设计[J]. 上海交通大学学报, 39(10): 1656-1659.

刘斌, 胡莎, 2016. 互联网视角下我国中小企业供应链融资模式创新[J]. 商业经济研究, (10): 110-111.

刘长义, 孙刚, 2011. 基于聚类分析与模糊可拓 AHP 的中小企业信用评价——一个供应链金融的视角[J]. 现代管理科学, (5): 83-85.

刘桂荣, 2012. 供应链金融: 应收账款融资逆向选择的解决方案[J]. 上海经济研究, (10): 59-64.

刘国强, 2009. 企业赊销客户选择与赊销风险管理研究[D]. 成都: 电子科技大学.

刘华文, 2004. 多目标模糊决策的 Vague 集方法[J]. 系统工程理论与实践, 24(5): 103-109.

刘佳, 隋超, 2017. 存货质押融资模式下煤炭供应链收益分配模型研究[J]. 中国商论, (21): 142-143.

刘堃, 张静, 田应雄, 2010. 商业银行押品价值内部重估简约模型及其应用[J]. 新金融, (5): 37-41.

刘林, 曹艳平, 王婷, 2008. 应用模糊数学(第二版)[M]. 西安: 陕西科学技术出版社.

刘敏霞, 柯家伟, 谢剑, 等, 2012. 基于改进模糊 Borda 法的工作疲劳评价应用[J]. 科技导报, 30(25): 58-62.

刘圻, 应畅, 王春芳, 2011. 供应链融资模式在农业企业中的应用研究[J]. 农业经济问题, 32(4): 92-98, 112.

刘仁, 卞树檀, 谭营, 2012. 相对熵在多指标系统评估中的应用[J]. 四川兵工学报, 33(5): 116-118.

刘维奇, 高超, 2006. 中小企业贷款问题的进化博弈分析[J]. 中国软科学, (12): 94-102.

刘小冬, 2011. 合作博弈理论模型(第二版)[M]. 北京: 科学出版社.

刘艳春, 崔永生, 2016. 供应链金融下中小企业信用风险评价——基于 SEM 和灰色关联度模型[J]. 技术经济与管理研究, (12): 14-19.

刘玉芬, 张目, 2010. 西部地区高技术产业自主创新能力组合评价研究[J]. 数学的实践与认识, 40(14): 27-32.

刘园, 陈浩宇, 任淮源, 2016. 中小企业供应链融资模式及风险管理研究[J]. 经济问题, (5): 57-61.

刘远亮, 高书丽, 2013. 供应链金融模式下的小企业信用风险识别——基于北京地区信贷数据的实证研究[J]. 新金融, (1): 45-49.

刘云枫, 王海燕, 2013. 供应链融资视角下中小企业信用风险评估研究[J]. 会计之友, (5): 66-69.

龙云飞, 2013. 基于熵值法的中小企业供应链融资信用风险评价[J]. 统计与决策, (13): 177-179.

龙子泉, 张小辉, 2004. 水电工程项目管理中的激励研究[J]. 武汉大学学报(工学版), 37(2): 95-98.

楼霁月, 2013. 科技型中小企业信用评价影响因素分析[J]. 统计与决策, (16): 186-188.

卢慧芳, 董国姝, 2016. 我国新能源汽车供应链融资模式探讨[J]. 上海金融, (8): 81-84.

逯宇铎, 金艳玲, 2016. 基于 Lasso-logistic 模型的供应链金融信用风险实证研究[J]. 管理现代化, 36(2): 98-100.

罗齐, 朱道立, 陈伯铭, 2002. 第三方物流服务创新: 融通仓及其运作模式初探[J]. 中国流通经济, (2): 11-14.

罗勇, 陈治亚, 2015. 基于模糊综合法构建供应链金融客户信用评价指标体系[J]. 财会月刊, (14): 43-46.

梅强, 马国建, 杜建国, 2009. 中小企业信用担保路径演化研究[J]. 系统工程学报, 24(3): 280-285, 321.

牟伟明, 2014. 中小企业供应链融资模式及其信用风险测评[J]. 财会月刊, (10): 42-47.

聂辉华, 2006. 取消农业税对乡镇政府行为的影响: 一个多任务委托代理模型[J]. 世界经济, 29(8): 71-78.

牛晓健, 郭东博, 裘翔, 等, 2012. 供应链融资的风险测度与管理——基于中国银行交易数据的实证研究[J]. 金融研究, (11): 138-151.

彭磊, 郑晗, 2011. 我国汽车行业供应链金融模式研究[J]. 金融与经济, (9): 32-34.

祁洪祥, 2010. 基于供应链的融通仓业务模式研究[J]. 铁道运输与经济, 32(11): 61-64.

邱菀华, 2002. 管理决策与应用熵学[M]. 北京: 机械工业出版社.

全国人大常委会法制工作委员会民法室, 2007. 中华人民共和国物权法: 条文说明、立法理由及相关规定[M]. 北京: 北京大学出版社.

任慧军, 李智慧, 方毅, 2013. 物流金融下保兑仓模式中的风险分析[J]. 物流技术, 32(13): 24-26.

任兰英, 2008. 应收账款质押贷款的法律意义及其风险防范[J]. 金融理论与实践, (2): 77-80.

阮平南, 张文婧, 2012. 基于融资体系效益最大化的供应链融资模式创新[J]. 商业时代, (13): 66-67.

邵娴, 2013. 农业供应链金融模式创新——以马王堆蔬菜批发大市场为例[J]. 农业经济问题, 34(8): 62-68, 111.

邵晓峰, 季建华, 黄培清, 2000. 供应链竞争力评价指标体系的研究[J]. 预测, (6): 52-56.

深圳发展银行-中欧国际工商学院 "供应链金融" 课题组, 2009. 供应链金融: 新经济下的新金融[M]. 上海: 上海远东出版社.

盛巧玲, 吴炎太, 2012. 基于层次分析法的供应链存货质押融资风险模糊综合评价[J]. 科技管理研究, (11): 52-57.

施锡铨, 2000. 博弈论[M]. 上海: 上海财经大学出版社.

史彦飞, 2012. 考虑供应链金融风险因素的存货质押融资模式研究[D]. 天津: 天津大学.

宋华, 卢强, 2017. 基于虚拟产业集群的供应链金融模式创新: 创捷公司案例分析[J]. 中国工业经济, (5): 172-192.

苏为华, 陈骥, 2007. 模糊 Borda 法的缺陷分析及其改进思路[J]. 统计研究, 24(7): 58-64.

苏为华, 陈骥, 2006. 综合评价技术的扩展思路[J]. 统计研究, (2): 32-37, 81.

孙铭悦, 2012. 我国普通仓单质押贷款业务的流程与风险分析[D]. 北京: 北京物资学院.

孙世民, 张吉国, 王继永, 2008. 基于 Shapley 值法和理想点原理的优质猪肉供应链合作伙伴利益分配研究[J]. 运筹与管理, 17(6): 87-91.

孙淑华, 2005. 公司产权结构与法人治理结构的探讨[J]. 商业研究, (11): 136-138.

孙天宏, 2011. 贸易金融产品设计[M]. 北京: 中国金融出版社.

孙天琦, 杨岚, 李培培, 等. 2007a. 美国货币监理署(OCC)关于应收账款与存货融资(ARIF)的监管要求[J]. 西部金融, (06): 19-33.

孙天琦, 刘社芳, 何嘉萍, 等. 2007b. 美国货币监理署(OCC)关于应收账款与存货融资(ARIF)的监管手册(续)[J]. 西部金融, (08): 19-31.

谭秀丽, 李金华, 艾明月, 2015. 仓单质押业务的风险管理与控制[J]. 物流技术, 34(17): 61-63, 66.

汤振羽, 陈曜, 2001. 我国商业银行信贷博弈分析[J]. 国际金融研究, (4): 23-28.

唐星星, 2014. 面向供应链的应收账款融资操作风险研究[D]. 重庆: 重庆工商大学.

唐中君, 崔骏夫, 牛志嘉, 2016. 基于发行商的完片担保供应链融资模式探究[J]. 管理现代化, 36(2): 11-13.

陶永宏, 宋玉, 2012. 供应链融资模式在造船业中的应用[J]. 财会通讯, (35): 12-13.

天津市科学技术委员会, 2010. 天津市科技型中小企业认定管理办法(试行)(津科计[2010]196 号)[EB/OL]. http: //www. tstc. gov. cn/.

田美玉, 何文玉. 2016. 供应链金融融资模式下中小企业信用风险评估——以汽车行业实证研究为例[J]. 工业技术经济, 35(6): 154-160.

田亚娟, 2011. 供应链存货质押融资模式与风险评估指标体系改进研究[D]. 成都: 成都理工大学.

屠建平, 杨雪, 2013. 基于电子商务平台的供应链融资模式绩效评价研究[J]. 管理世界, (7): 182-183.

汪传雷, 王栋梓, 2014. 基于"平台+基地"的供应链金融模式分析[J]. 商业研究, (10): 137-142.

汪晶晶, 马惠兰, 2015. 基于改进模糊 Borda 法的中亚农业投资环境组合评价分析[J]. 干旱区地理, 38(5): 1069-1076.

汪应洛, 1999. 系统工程(第二版)[M]. 北京: 机械工业出版社.

汪泽焱, 顾红芳, 益晓新, 等, 2003. 一种基于熵的线性组合赋权法[J]. 系统工程理论与实践, 23(3): 112-116.

王超, 2011. 从保兑仓角度研究供应链金融[J]. 金融经济, (20): 60-62.

王东, 黄勃, 任莹, 2009. 应收账款质押融资业务风险及其控制措施探析[J]. 区域金融研究, (7): 67-70.

王芬, 苏丹, 2014. 基于供应链金融模式的中小企业融资创新及引导政策研究[J]. 物流技术, 33(9): 375-377.

王凤鸣, 2013. 应收账款池融资业务风险及其防控[J]. 商业时代, (19): 65-66.

王海峰, 罗发友, 2009. 多任务委托代理下营销渠道中间商的激励机制研究[J]. 统计与决策, (20): 174-175.

王海涛, 2011. 中小企业应收账款质押与保理融资方式比较[J]. 西南金融, (10): 47-49.

王海侠, 2000. 以博弈理论分析我国信贷市场效率[J]. 金融研究, (10): 60-68.

王琪, 2010. 基于决策树的供应链金融模式信用风险评估[J]. 新金融, (4): 38-41.

王青, 2015. 基于风险因子的供应链金融利益分配合作博弈研究[D]. 青岛: 青岛理工大学.

王文杰, 2009. 供应链融资下中小企业信用评价研究[D]. 天津: 天津大学.

王晓东, 李文兴, 2015. 供应链金融研究综述与展望——基于产业与金融互动机理[J]. 技术经济与管理研究, (7): 100-103.

王勇, 邓哲锋, 徐鹏, 2010. 基于参与各方相互关系的融通仓运作模式研究[J]. 华东经济管理, 24(2): 128-132.

王玥, 秦学志, 2008. 双重违约风险下的银企共赢信用机理研究[J]. 运筹与管理, 17(6): 127-133.

魏存平, 邱菀华, 杨继平, 1999. 群决策问题的 REM 集结模型[J]. 系统工程理论与实践, 19(8): 38-41.

魏巍贤, 冯佳, 1998. 多目标权系数的组合赋值方法研究[J]. 系统工程与电子技术, (2): 15-17.

温德成, 2005. 产品质量竞争力及其构成要素研究[J]. 世界标准化与质量管理, (6): 4-8.

吴晶妹, 赵睿, 2017. 供应链融资模式中的中小企业信用评价体系构建——兼论三维信用评价指标体系的应用[J]. 现代管理科学, (6): 12-14.

吴屏, 刘宏, 刘首龙, 2015. 试析线上供应链金融信用风险——基于 BP 神经网络的模型设计[J]. 财会月刊, (23): 104-108.

吴庆田, 2010. 企业年金基金投资管理人的激励机制优化——基于多任务委托代理模型的研究[J]. 财经理论与实践, 31(2): 40-44.

吴云, 2012. 基于存货质押融资的物流金融质押率风险评价研究[J]. 商场现代化, (18): 80.

武建章, 张强, 2010. 基于 2-可加模糊测度的多准则决策方法[J]. 系统工程理论与实践, 30(7): 1229-1237.

夏立明, 边亚男, 宗恒恒, 2013. 基于供应链金融的中小企业信用风险评价模型研究[J]. 商业研究, (10): 171-177.

夏立明, 宗恒恒, 孟丽, 2011. 中小企业信用风险评价指标体系的构建——基于供应链金融视角的研究[J]. 金融论坛, 16(10): 73-79.

肖位枢, 1992. 模糊数学基础及应用[M]. 北京: 航空工业出版社.

谢启明, 2011. 科技型中小企业融资困境成因与对策文献综述[J]. 行政事业资产与财务, (4 下): 84-85.

谢识予, 2002. 经济博弈论[M]. 上海: 复旦大学出版社.

谢世清, 何彬, 2013. 国际供应链金融三种典型模式分析[J]. 经济理论与经济管理, (4): 80-86.

辛玉红, 李小莉, 2013. 基于 SCF 的多任务委托代理激励机制[J]. 工业工程, 16(5): 39-44.

邢丽丽, 2011. 基于供应链金融的应收账款质押融资模式分析[D]. 北京: 北京交通大学.

熊熊, 马佳, 赵文杰, 等, 2009. 供应链金融模式下的信用风险评价[J]. 南开管理评论, 12(4): 92-98, 106.

徐鼎亚, 2009. 物流服务营销管理[M]. 上海: 上海交通大学出版社.

徐鲲, 丁慧平, 鲍新中, 等, 2016. 基于第四方物流双边平台的供应链融资模式及收益分配研究[J]. 北京交通大学学报(社会科学版), 15(4): 93-101.

徐亮, 2012. 基于供应链融资的企业信用风险评价体系研究[D]. 武汉: 武汉理工大学.

徐庆, 朱道立, 李善良, 2007. 不对称信息下供应链最优激励契约的设计[J]. 系统工程理论与实践, 27(4): 27-33.

徐欣彦, 2009. 应收账款融资的典型形式及其风险防范[J]. 浙江金融, (8): 26-27.

徐鑫, 2013. 基于多任务委托代理的第三方物流激励机制[J]. 安徽大学学报(自然科学版), 37(2): 25-30.

徐英, 胡伟, 2010. 改进模糊 Borda 法在医院工作质量评价中的应用[J]. 中国卫生统计, 27(2): 187-188.

许红莲, 2009. 现代农产品物流银行业务风险评价[J]. 中国流通经济, 23(11): 22-24.

许进, 陶克涛, 2006. 科技型中小企业信用评估的指标体系设计[J]. 科学管理研究, 24(3): 55-58.

许前, 王雪梅, 万薇, 2006. 企业质量竞争力的模糊综合评价[J]. 统计与决策, (7): 145-146.

许圣道, 程少卿, 2011. 供应链融资与完善中小企业信用评价指标体系[J]. 征信, 29(2): 13-16.

许永平, 朱延广, 杨峰, 等, 2010. 基于 ANP 和模糊积分的多准则决策方法及其应用[J]. 系统工程理论与实践, 30(6): 1099-1105.

闫俊宏, 许祥秦, 2007. 基于供应链金融的中小企业融资模式分析[J]. 上海金融, (2): 14-16.

杨斌, 朱未名, 赵海英, 2016. 供应商主导型的供应链金融模式研究[J]. 金融研究, (12): 175-190.

杨光, 梁玲, 刘鲁浩, 2015. 电商购物节环境下供应链融资模式及风险研究[J]. 会计之友, (13): 49-51.

杨光, 谢家平, 2016. 新能源汽车供应链金融模式研究[J]. 管理现代化, 36(2): 21-23.

杨怀珍, 谢冬美, 冯中伟, 2014. 基于 ANP 的供应链融资企业信用风险模糊综合评价[J]. 财会通讯, (17): 120-122.

杨军, 房姿含, 2017. 供应链金融视角下农业中小企业融资模式及信用风险研究[J]. 农业技术经济, (9): 95-104.

杨森, 2014. 物流企业仓单质押业务风险类型及其防范[J]. 物流技术, 33(19): 68-70.

杨绍辉, 2005. 从商业银行的业务模式看供应链融资服务[J]. 物流技术, (10): 179-182.

姚润民, 2013. 存货质押融资三方博弈研究[D]. 广州: 华南理工大学.

易余胤, 肖条军, 2003. 我国信贷市场的进化与调控[J]. 东南大学学报, 33(4): 483-486.

于辉, 李西, 王亚文, 2017. 电商参与的供应链融资模式: 银行借贷 vs 电商借贷[J]. 中国管理科学, 25(7): 134-140.

于洋, 冯耕中, 2003. 物资银行业务运作模式及风险控制研究[J]. 管理评论, 15(9): 45-50.

余国杰, 赵红梅, 2009. 国内预付账款贸易融资模式简介[J]. 财会月刊, (8 中旬): 57-58.

俞雯, 2015. 第四方物流参与下的融通仓运作模式研究[J]. 价格月刊, (1): 71-74.

袁江天, 张维, 2006. 多任务委托代理模型下国企经理激励问题研究[J]. 管理科学学报, 9(3): 45-53.

袁姣, 刘杨正, 左克源, 等, 2017. 基于药品集中采购的供应链融资模式研究[J]. 卫生经济研究, (1): 50-52.

曾宪报, 1997. 组合赋权法新探[J]. 预测, (5): 70-73.

张杰, 2007. 基于灰色聚类的企业自主创新能力评价[J]. 统计与决策, (6): 161-163.

张敬峰, 王平, 2013. 供应链融资及其管理框架研究[J]. 北京工商大学学报(社会科学版), 28(3): 55-58.

张明, 韩瑞珠, 2010. 中小企业融通仓融资博弈分析[J]. 金融经济, (2): 83-84.

张目, 李伟, 贺颖, 2014. 基于模糊 Borda 法的战略性新兴产业企业信用评价[J]. 科技管理研究, 34(5): 65-68.

张庆利, 等, 2011. SPSS 宝典(第 2 版)[M]. 北京: 电子工业出版社.

张群, 李岭, 邵球军, 等, 2007. 模糊积分在多目标决策中的应用研究[J]. 管理学报, (4): 390-392.

张涛, 李丽娜, 2011. 基于供应链融资的中小企业信用模糊综合评价法[J]. 财会通讯, (8): 12-14.

张维, 刘骅, 2013. 农产品存货质押融资风险预警研究[J]. 金融评论, 5(5): 115-121, 126.

张维迎, 2004. 博弈论与信息经济学[M]. 上海: 上海人民出版社.

张晓建, 2012. 应收账款保理融资业务探析[J]. 现代管理科学, (2): 98-100.

张晓杰, 余万林, 2017. 基于供应链金融的银企合作研究[J]. 山东理工大学学报(社会科学版), 33(6): 23-26.

张晓洁, 2010. 保兑仓业务模式探究[J]. 中国储运, (5): 85-87.

张兴光, 2008. 应收账款质押贷款的风险及防范[J]. 金融发展研究, (6): 49-51.

张延禄, 杨乃定, 2013. 基于 2-可加模糊测度的 NPD 项目复杂性评价[J]. 运筹与管理, 22(5): 196-202.

张艳梅, 2012. 基于存货质押融资的供应链金融合作博弈模式研究[D]. 北京: 北京交通大学.

张瑛, 2009. 新兴技术企业信用风险评估方法研究[D]. 成都: 电子科技大学.

张云丰, 王勇, 2014a. 基于突变级数模型的存货质押融资风险诊断[J]. 工业技术经济, 33(7): 66-74.

张云丰, 王勇, 2014b. 基于 FLES-TOPSIS 法的存货质押融资风险诊断[J]. 重庆文理学院学报(社会科学版), 33(6): 92-98.

张智勇, 彭东亮, 石永强, 2013. 基于集中采购的医药供应链金融模式分析[J]. 中国卫生经济, 32(8): 58-59.

张中文, 徐天和, 高永, 等, 2012. 带循环修正的组合评价方法在医院工作质量评价中的应用[J]. 中国卫生统计, 29(6): 861-863.

赵道致, 白马鹏, 2008. 基于应收票据管理的物流金融模式研究——NRF-LC 物流金融模式[J]. 预测, (3): 43-49.

赵峰, 2009. 企业创新项目 R&D 中的知识管理绩效评价研究[J]. 科技进步与对策, 26(19): 134-137.

赵艳, 2014. 企业应收账款质押融资研究[J]. 商业会计, (20): 30-32.

赵忠, 2011. 供应链下应收账款融资模式的风险及防范[J]. 江苏商论, (1): 132-134.

周良凤, 蒲艳萍, 2014. 中小型农业企业供应链融资模式分析[J]. 湖北农业科学, 53(12): 2955-2957.

周盛世, 王青, 赵敏敏, 2015. 统一授信存货质押融资业务的风险分担[J]. 物流技术, 34(15): 133-135.

周文坤, 王成付, 2015. 供应链融资模式下中小企业信用风险评估研究——基于左右得分的模糊 TOPSIS 算法[J]. 运筹与管理, 24(1): 209-215.

周永卫, 范贺花, 2015. 城镇化水平评价指数体系构建与实证[J]. 统计与决策, (7): 58-61.

周宇峰, 魏法杰, 2006. 基于相对熵的多属性决策组合赋权方法[J]. 运筹与管理, 15(5): 48-53.

邹宗峰, 佐思琪, 张鹏, 2016. 大数据环境下的数据质押供应链融资模式研究[J]. 科技管理研究, 36(20): 201-205, 233.

Barsky N P, Catanach J A H, 2005. Evaluating business risks in the commercial lending decision[J]. Commercial Lending Review, 20(3): 3-10.

Basu P, Nair S K, 2012. Supply chain finance enabled early pay: unlocking trapped value in B2B logistics[J]. International Journal of Logistics Systems and Management, 12(3): 334-353.

Beck T, Demirguc-Kunt A, 2006. Small and medium-size enterprises: access to finance as a growth constraint[J]. Journal of Banking & Finance, 30(11): 2931-2943.

Berger A N, Udell G F, 2004. A More Complete Conceptual Framework for SME Finance[C]. World Bank Conference on Small and Medium Enterprises: Overcoming Growth Constraints, World Bank, MC 13-121, October, 14-15.

Buzacott J A, Zhang R Q, 2004. Inventory management with asset-based financing[J]. Management Science, 50(9): 1274-1292.

Cachon G P, 2003. Supply Chain Coordination with Contracts[A]. de Kok A G & Graves S C, Eds., Handbooks In Operations Research And Management Science-Vol 11 Supply Chain Management-Design, Coordination And Operation[M]. North Holland: Elsevier B. V. : 229-339.

Corbett C J, Zhou D M, Tang C S, 2004. Designing supply contracts: contract type and information asymmetry[J]. Management Science, 50(4): 550-559.

David G, 2005. Emerging trends in supply chain finance[J]. World Trade, 18(8): 52-53.

Diercks L A, 2004. Identifying and managing troubled borrowers in asset-based-lending scenarios[J]. Commercial Lending Review, 19(3): 38-41.

Eisenstadt M, 1966. A finance company's approach to warehouse receipt Loans[J]. New York Certified Public Accountant, 36: 661-670.

Fenmore E, 2004. Making purchase-order financing work for you[J]. Secured Lender, 60(2): 20-25.

Gan X H, Sethi S, Yan H M, 2005. Channel coordination with a risk-neutral supplier and a downside-risk-averse retailer[J]. Production & Operations Management, 14(1): 80-89.

Grabisch M, 1997. K-order additive discrete fuzzy measures and their representation[J]. Fuzzy Sets and Systems, 92(2): 167-189.

Hartley-Urquhart W R, 2000. Supply Chain Financing System and Method[M]. Washington DC: Patent and Trademark Office.

Hofmann E, 2009. Inventory financing in supply chains: a logistics service provider-approach[J]. International Journal of Physical Distribution & Logistics Management, 39(9): 716-740.

Holmstrom B, Milgrom P, 1991. Multi-task principal-agent analyses: Incentive contracts, asset ownership and job design[J]. Journal of Law, Economics and Organization, 7(Special Issue): 24-52.

Hotelling H, 1933. Analysis of a complex of statistical variables into principal components[J]. Journal of Educational Psychology, 24(6): 417-441, 498-520.

Iacono U D, Reindorp M, Dellaert N, 2015. Market adoption of reverse factoring[J]. International Journal of Physical Distribution & Logistics Management, 45(3): 286-308.

Klapper L, 2006. The role of factoring for financing small and medium enterprises[J]. Journal of Banking & Finance, 30(11): 3111-3130.

Klapper L, 2004. The role of "reverse factoring" in supplier financing of small and medium sized enterprises[R]. World Bank.

Koch A R, 1948. Economic aspects of inventory and receivables financing[J]. Law and Contemporary Problems, 13(4): 566-578.

Krishnan H, Kapuscinski R, Butz D A, 2004. Coordinating contracts for decentralized supply chains with retailer promotional Effort[J]. Management Science, 50(1): 48-63.

Lamoureux M, 2007. A supply chain finance prime[J]. Supply Chain Finance, 4(5): 34-48.

Li Y X, Xu Y, Feng G Z, He G L, 2006. Research on loan-to-value ratios of inventory financing [C]. 2006 IEEE International Conference on Service Operations and Logistics, and Informatics Proceedings, Shanghai China, 21-23 June, 107-112.

Liebl J, Hartmann E, Feisel E, 2016. Reverse factoring in the supply chain: objectives, antecedents and implementation barriers[J]. International Journal of Physical Distribution & Logistics Management, 46(4): 393-413.

Murofushi T, Sugeno M, 1989. An interpretation of fuzzy measures and the choquet integral as an integral with respect to a fuzzy measure[J]. Fuzzy Sets and Systems, 29(2): 201-227.

Qin Z, Ding X, 2011. Risk migration in supply chain inventory financing service[J]. Journal of Service Science and Management,

4(2): 222-226.

Robert C W, 1985. A factor-analytic approach to bank condition[J]. Journal of Banking and Finance, 9(2): 253-266.

Saaty T L, 1978. Modeling unstructured decision problems—the theory of analytical hierarchies[J]. Mathematics and Computers in Simulation, 20(3): 147-158.

Saulnier R J, Jacoby N H, 1943. The Development of Accounts Receivable Financing[M]. Cambridge: NBER: 15-31.

Shapley L S, 1953. A Value for n-Person Games[A]. Kuhn H W, Tucker A W（Eds.）. Contributions to the Theory of Games II, Annals of Mathematics Studies[M]. Princeton: Princeton University Press, 28: 307-317.

Shearer A T, Diamond S K, 1999. Shortcomings of risk ratings impede success in commercial lending[J]. Commercial Lending Review, 14(1): 22-29.

Sidney R, 2002. Financing the supply chain by piggy-backing on the massive distribution clout of united parcel service[J]. The Secured lender, 58(3): 40-46.

Siskin E, 1998. Risks and rewards of asset-based lending to retailers[J]. Commercial Lending Review, 13(1): 10-15.

Sopranzetti B J, 1999. Selling accounts receivable and the underinvestment problem[J]. The Quarterly Review of Economics and Finance, 39(2): 291-301.

Sopranzetti B J, 1998. The economics of factoring accounts receivable[J]. Journal of economics and business, 50(4): 339-359.

Srinivasa R N R, Mishra V K, 2011. Short-term financing in a cash-constrained supply chain[J]. International Journal of Production Economics, 134(2): 407-412.

Sugeno M, 1974. Theory of Fuzzy Integrals and Its Application[D]. Tokyo: Tokyo Institute of Technology.

Sutkowski E F, 1963. Inventory financing under the UCC, the secured creditor's dream[J]. Commercial Lending Journal, 68(4): 90-95.

Tsai C Y, 2008. On supply chain cash flow risks[J]. Decision Support Systems, 44(4): 1031-1042.

Wessman M B, 1990. Purchase money inventory financing: The case for limitedcross-collateralization[J]. The Ohio State Law Journal, 51(3): 1283-1447.

Xu Z S, 2007. Intuitionistic fuzzy aggregation operators[J]. IEEE Transactions on Fuzzy Systems, 15(6): 1179-1187.

Zadeh L A, 1965. Fuzzy sets[J]. Information and Control, 8(3): 338-353.

Zhao X D, Yeung K H, Huang Q P, Song X, 2015. Improving the predictability of business failure of supply chain finance clients by using external big dataset[J]. Industrial Management & Data Systems, 115(9): 1683-1703.